吳家駒 注譯
黃志民 校閱

新譯菜根譚

三民書局

刊印古籍今注新譯叢書緣起

劉振強

人類歷史發展，每至偏執一端，往而不返的關頭，總有一股新興的反本運動繼起，要求回顧過往的源頭，從中汲取新生的創造力量。孔子所謂的述而不作，溫故知新，以及西方文藝復興所強調的再生精神，都體現了創造源頭這股日新不竭的力量。古典之所以重要，古籍之所以不可不讀，正在這層尋本與啟示的意義上。處於現代世界而倡言讀古書，並不是迷信傳統，更不是故步自封；而是當我們愈懂得聆聽來自根源的聲音，我們就愈懂得如何向歷史追問，也就愈能夠清醒正對當世的苦厄。要擴大心量，冥契古今心靈，會通宇宙精神，不能不由學會讀古書這一層根本的工夫做起。

基於這樣的想法，本局自草創以來，即懷著注譯傳統重要典籍的理想，由第一部的四書做起，希望藉由文字障礙的掃除，幫助有心的讀者，打開禁錮於古老話語中的豐沛寶藏。我們工作的原則是「兼取諸家，直注明解」。一方面熔鑄眾說，擇善而從；一方面也力求明白可喻，達到學術普及化的要求。叢書自陸續出刊以來，頗受各界的喜愛，使我們得到很大的鼓勵，也有信心繼續推廣這項工作。隨著海峽兩岸的交流，我們注譯的成員，也由臺灣各大學的教授，擴及大陸各有專長的學者。陣容的充實，使我們有更多的資源，整理更多樣化的古籍。兼採經、史、子、集四部的要典，重拾對通才器識的重視，將是我們進一步工作的目標。

古籍的注譯，固然是一件繁難的工作，但其實也只是整個工作的開端而已，最後的完成與意義的賦予，全賴讀者的閱讀與自得自證。我們期望這項工作能有助於為世界文化的未來匯流，注入一股源頭活水；也希望各界博雅君子不吝指正，讓我們的步伐能夠更堅穩地走下去。

新譯菜根譚　目次

後集

導讀

《菜根譚》是明代的一部語錄體著作。

著者洪應明，字自誠，號還初道人，里貫未詳。根據他的另一部作品《仙佛奇蹤》，我們得知他早歲熱中於仕途功名，晚年歸隱山林，洗心禮佛。萬曆三十年（一六〇二）前後曾居住在南京秦淮河一帶，潛心著述。與袁黃、馮夢楨等人有所過從。

書名《菜根譚》，取自宋儒汪革語：「人能咬得菜根，則百事可成。」意思是說，一個人只要能夠堅強地適應清貧的生活，不論做什麼事情，都會有所成就。明于孔兼在為《菜根譚》寫的〈題詞〉中，進一步闡述道：「譚以『菜根』名，固自清苦歷練中來，亦自栽培灌溉裡得。其顛頓風波，備嘗險阻可想矣。」又引用洪應明的話說：「天勞我以形，吾逸吾心以補之；天阨我以遇，吾亨吾道以通之。」于氏的解釋，增加了這樣一層含意，即一個人面對厄運，必須堅定自己的操守，奮發努力，辛勤培植與澆灌自己的理想。乾隆間署名三山病夫通理的〈重刊菜根譚序〉則說：「凡種菜者，必要厚培其根，其味乃厚。」並引用古語「性定菜根香」，說明只有心性澹泊沉靜的人，才能領會其中的旨意。

《菜根譚》成書於明萬曆年間，距今已有近四百年的歷史。在相當長的時間裡，它並未受到足夠的重視，清乾隆間編纂《四庫全書》，連「存目」都未收入。但是近年來，一股《菜根譚》熱風行於海內外，人們將其與《孫子兵法》、《三國演義》等書一起視作中國傳統文化的經典之作，這是出於何種原因呢？對此，本文作一簡略的分析。

洪應明生活的年代，明朝已全面走向衰敗，這不僅表現在朝綱廢弛，吏治黑暗上，整個社會文化也呈現江河日下之勢，這一點從稍前於《菜根譚》問世的《金瓶梅》中已可見一斑。一些有見識的知識分子，在經歷了仕途的風波挫折之後，紛紛退隱江湖。他們既不願意與當權者同流合汙，也不願意違心迎合鄙瑣的社會風氣，於是，表現隱者高逸超脫情懷的作品大量出現，《菜根譚》就是其中的代表。

總的來說，《菜根譚》反映了明代知識分子佛、儒、道三教合一的思想。或者說，是著者揉合了儒家中庸之道、釋家出世思想和道家無為思想，結合自身體驗，形成的一套出世入世的法則。具體地說，可以歸納為以下的一些方面。

一、為人處世的方法

著者認為，為人處世，立身要高，處世須退：「立身不高一步立，如塵裡振衣，泥中濯足，如何超達？處世不退一步處，如飛蛾投燭，羝羊觸藩，如何安樂？」立身高，就必須「不為君相所牢籠」，「不受造化之陶鑄」，充滿自主性和積極進取的精神。處世退，又必須懂得「人情反復，世路崎嶇。行不去處，須知退一步之法；行得去處，務加讓三分之功。」

政治鬥爭殘酷無情，知識分子既有安邦定國、匡世濟民的宏願，又不免為險惡的政治風雲所震駭，於是，「處治世宜方，處亂世宜圓，處叔季之世當方圓並用」，以及「達則仕，窮則隱」，便成為他們的處世法寶。這雖然有失於消極圓滑，但也是他們從無數的歷史教訓中總結出來的一套安身立命之法。

在社會上如何與人相處呢？著者認為要「藏巧於拙，用晦而明，寓清之濁，以屈為伸」；要戒疏於慮，警傷於察，謹言慎行，取道中庸；要寬恕待人，「當存含垢納汙之量，不可持好潔獨行之操」；要嚴於律己，「完名美節」要「分些與人」，「辱行汙名」要「引些歸己」。這樣，既可以「遠害全身」，又可以「韜光養德」。

二、進德修行的箴言

明萬曆朝，閹黨橫行，官場黑暗，夤緣附勢者獨得上枝，忠信鯁直者終成下僚。著者對此深惡痛絕，本書開卷第一篇即云：「棲守道德者，寂寞一時；依阿權勢者，淒涼萬古。達人觀物外之物，思身後之身，寧受一時之寂寞，毋取萬古之淒涼。」在他看來，道德氣節，是人生最可寶貴的。他說：「德者，事業之基，未有基不固而棟宇堅久者。」「心者，後裔之根，未有根不植而枝葉榮茂者。」又說：「節義傲青雲，文章高〈白雪〉，若不以德性陶鎔之，終為血氣之私、技能之末。」而道德氣節的形成，在於長期艱苦環境的錘鍊：「青天白日的節義，自暗屋漏室中培來；旋乾轉坤的經綸，自臨深履薄處操出。」基於這一認識，順境固不足喜，逆境亦不足憂：「横逆困窮是鍛鍊豪傑的一副爐錘，能受其鍛鍊則身心交益，不受其鍛鍊則身心交損。」進德修行，必須聽得進別人的意見，看得到自己的不足：「耳中常聞逆耳之言，心中常有拂心之事，纔是進德修行的砥石。」涵養心性，必須有堅強的意志：「進德修道，要個木石的念頭，若一有欣羨，便趨欲境。」品行的鍛鑄，還必須從點滴小事做起：「小處不滲漏，暗中不欺隱，末路不怠荒，纔是個真正英雄。」著者認為，人必須有意識地加強自身修養，為達到這一點，既可「夜深人靜，獨坐觀心，始覺妄窮而真獨露」，從中悟得人生的機趣；又可「徜徉於山林泉石之間」，「夷猶於詩書圖畫之內」，在大自然和藝術的氛圍中去陶冶情操。一個人如果徹底擺脫了功名利祿的束縛，就可以消卻塵心和俗氣，達到「澹泊明志，寧靜致遠」的境界。

三、禪機佛理的闡發

在《菜根譚》一書中，闡述禪機佛理的部分佔了一定的比重。全書不少地方引用佛教典故，宣揚禪宗教義的頓悟說、無欲無我，並摻雜進宋明理學的色彩。如「世人只緣認得『我』

字太真，故多種種嗜好、種種煩惱。前人云：『不復知有我，安知物為貴？』又云：『知身不是我，煩惱更何侵？」在佛教看來，人的嗜欲是罪惡之源，而欲海無邊，回頭是岸，所以，「念頭起處，纔覺向欲路上去，便挽從理路上來。一起便覺，一覺便轉，此是轉禍為福、起死回生的關頭，切莫輕易放過。」著者認為，只要摒棄物欲，放下屠刀，每個人都可以成為聖賢，成為真佛：「人人有個大慈悲，維摩屠劊無二心也」，他因此勸誡世人，多種功德，勿貪名利，超越嗜欲，得見人生之真趣。

四、鉤玄探幽的哲語

《菜根譚》對事物發生發展的規律有許多精闢的論述，如告誡人們：「天道忌盈，物極必反」、「攲器以滿覆，撲滿以空全」。因此，君子應當謙虛謹慎，居安思危，功高不伐，激流勇退。指出，人犯有錯誤並不可怕，可怕的倒是一帆風順，沒有受過挫折：「為人多病未足羞，一生無病是吾憂。」如何看待眼前與長遠、暗中與明處的關係呢？著者認為應當未雨綢繆，有備無患：「閒中不放過，忙處有受用；靜中不落空，動處有受用；暗中不欺隱，明處有受用。」對社會上的人情世態，書中也有許多入木三分的分析，如「貪得者，分金恨不得玉，封公怨不受侯」，「炎涼之態，富貴更甚於貧賤；妒忌之心，骨肉尤狠於外人」等等。

五、經營管理的指南

八十年代以後，《菜根譚》在日本受到企業界人士異乎尋常的重視，其主要著眼點，就在於書中包含著豐富的經營管理方法。如：「德者才之主，才者德之奴。有才無德，如家無主而奴用事矣，幾何不魍魎而猖狂。」可以看作企業用人的標準，即用人必須德才兼備，而首要條件是德。又如：「毋因群疑而阻獨見，毋任己意而廢人言，毋私小惠而傷大體，毋借公論以快私情。」被視為調動職工的積極性，廣開言路，群策群力，做好企業管理的指南。創辦企業，靠艱苦奮鬥，有時甚至靠慘澹經營，這都離不開堅韌的精神，這又正如書中所云：「『登山耐側路，踏雪耐危橋。』一『耐』字極有意味。如傾險之人情，坎坷之世道，若不得一『耐』字撐持過去，幾何不墮入榛莽坑塹哉？」對待職工的缺點錯誤，也可以參照《菜根譚》中的方法：「家人有過，不宜暴怒，不宜輕棄。此事難言，借他事隱諷之；今日不悟，俟來日再警之。如春風解凍，如和氣消冰，纔是家庭的型範。」

日本企業界認為：「論企業經營管理的書籍成千上萬，而從根本道理上說，多數抵不上一部《菜根譚》。」一部中國古籍，在經歷了數百年的沉寂之後，能在異國他鄉迸發出如此強盛的生命力，大概也是絕無僅有的。

從上述這些方面，不難看出《菜根譚》具有何等豐富的思想內涵。書中既震盪著積極進取的時代音響，又縈繞著消極頹唐的失落者的悲嘆；既包孕著禪機佛理、哲人之語，又展現著道家仙骨、儒者風範，摻雜並存，乃至互相抵觸。而我們每個人由於自身學識、經歷、處境的不同，也會有不同的理解和感悟，但有一點是相同的，即不論你從事何種職業，也不論你是事業上的成功者還是失敗者，你都會從中擷取到有益你自己的東西，這便是《菜根譚》受到社會廣泛歡迎的原因所在。

在形式上，《菜根譚》採用語錄體，以格言、警句入書，駢語對句，音節和諧，文詞雋美，生動活潑，既有很強的文學意味，又有明白曉暢、雅俗共賞的藝術特色。

最後談一談《菜根譚》的版本情況。

《菜根譚》的版本比較複雜，簡單地說，可以分為兩個系統：一個是日本內閣文庫所藏明高濂編輯的《雅尚齋遵生八箋》附錄本，分前後兩集，共三百六十條，標還初道人洪自誠著，前有三峰主人于孔兼的〈題詞〉。文政五年（一八二二）五月，加賀藩儒生林瑜依據這種本子刊刻，成為日本最早的刻本。此後，日本各地大量翻印，流傳甚廣。一九一五年，奉化人孫鏘將這種文政本攜回國內。另一個系統是國內流行的版本，大都標洪應明著，以乾隆三十三年（一七六八）常州天寧寺校刻本為代表，分上下兩卷。上卷又列「修省」、「應酬」、「評議」、「閑適」四個小題，下卷稱「概論」，共三百八十三條。書前有署名三山病夫通理作的〈重刊菜根譚序〉，從序中可以得知其已非該書的原始面貌。這兩個系統的本子不僅在條目數量、編排次序上不同，在內容上也相差甚遠，其中有近半數的條目不同。目前，尚不能斷言何以會出現上述情況，但一般認為，日本流行本中因有著者同時代人于孔兼的〈題詞〉，更接近於原書版本，而國內本很可能在流傳的過程中，經過了後人較多的增刪取捨。

此次整理，採用南京圖書館藏日本文政五年本為底本，參照其他版本校勘。為便於閱讀，每一條目均加了小標題，全書作了注譯及評析。評析部分，筆者擬側重於從傳統文化的角度切入，作一點粗淺的剖析，以期有拋磚引玉的作用。但由於本人學殖有限，加上時間倉促，缺點和謬誤在所難免，敬祈讀者不吝賜教。

吳家駒　謹識

一九九七年六月於南京師範大學

菜根譚題詞

逐客孤蹤，屏居蓬舍，樂與方以內人遊，不樂與方以外人遊也。妄與千古聖賢置辯於五經同異之間，不妄與二三小子浪跡於雲山變幻之麓也。日與漁父田夫朗吟唱和於五湖之濱、綠野之坳，不日與競刀錐、榮升斗者交臂抒情於冷熱之場、腥羶之窟也。間有習濂洛之說者牧之，習竺乾之業者闢之，為譚天雕龍之辯者遠之。此足以畢予山中伎倆矣。

適有友人洪自誠者，持《菜根譚》示予，且丐予序。予始訑訑然睨之耳，既而徹几上陳編，屏胸中襍慮，手讀之，則覺其譚性命，直入玄微；道人情，曲盡岩險。俯仰天地，見胸次之夷猶；塵芥功名，知識趣之高遠。筆底陶鑄，無非綠樹青山；口吻化工，盡是鳶飛魚躍。此其自得何如，固未能深信，而據所摛詞，悉砭世醒人之喫緊，非入耳出口之浮華也。

譚以「菜根」名，固自清苦歷練中來，亦自栽培灌溉裡得。其顛頓風波，備嘗險阻可想矣。洪子曰：「天勞我以形，吾逸吾心以補之；天阨我以遇，吾亨吾道以通之。」其所自警自力者又可思矣。由是以數語弁之，俾公諸人人，知菜根中有真味也。

三峰主人于孔兼題

前集

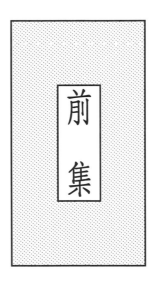

一、道德萬古　權勢一時

棲守❶道德者，寂寞一時；依阿❷權勢者，淒涼萬古。達人❸觀物外之物❹，思身後之身❺，寧受一時之寂寞，毋取萬古之淒涼。

【注釋】❶棲守　守持；遵循。❷依阿　依附；迎合。❸達人　通曉事理的人。❹物外之物　指物質生活之外的精神生活。❺身後之身　指死後的名譽。

【語譯】恪守道德的人，可能一時會被社會所冷落；攀附權勢的人，卻將永世遭人唾棄。通曉事理的人，看重的是物質生活以外的精神修養，考慮的是死後的名聲，他們寧可忍受一時的寂寞，也不願意落得個萬古的淒涼。

【評析】「義」和「利」是一個千古話題，孔子說：「君子喻於義，小人喻於利。」（《論語・里仁》）又說：「不義而富且貴，於我如浮雲。」（《論語・述而》）一個恪守道德的人，能夠澹泊名利，守正不阿，在任何時候都保持美好的節操。蘇武出使匈奴，威武不屈，持節牧羊，臥霜飲雪，十九年不改其志，便是光輝的典範。當然，能夠名垂史冊的人畢竟鳳毛麟角，古往今來，更多的志士仁人空懷匡世救民的宏圖偉志，但終其一生，寂寥無聞，他們受到的是社會的冷落。但只要他們曾經為自己的理想努力奮鬥過，只要他們的行為堂堂正正、光明磊落，就大可不必為自己的過去追悔和負疚，在回憶往事的時候，他們會感受到內心的坦然和精神上的慰藉。而那些名利之徒呢？「握權則赴者鱗集，失寵則散者瓦解，求利則託刎頸之懽，爭路則構刻骨之恨」（《晉書·潘尼傳》），千百年來，鬧哄哄地你方唱罷我登場，演出了一幕幕的醜劇。或許，他們能夠一時得逞，權傾朝野，但最終都難逃身敗名裂、遺臭萬年的淒涼下場。李林甫、秦檜、魏忠賢、嚴嵩、和珅等人，便是這樣的例子。《周易·咸》中說，「不恆其德，或承之羞」，可謂至理名言。

二、與其練達　不若樸魯

涉世❶淺，點染❷亦淺；歷事深，機械❸亦深。故君子與其練達❹，不若樸魯❺；與其曲謹❻，不若疏狂❼。

【注　釋】❶涉世　經歷世事。❷點染　玷汙。指沾染不良的習氣。❸機械　機巧；巧詐。《莊子·天地》：「有機械者必有機事，有機事者必有機心，機心存於胸中，則純白不備；純白不備，則神生不定；神生不定者，道之所不載也。」❹練達　閱歷豐富，通曉人情世故。❺樸魯　誠樸遲鈍。《釋名·釋州國》：「魯，魯鈍也。國多山水，民性樸魯也。」❻曲謹　拘執於小節。❼疏狂　狂放不羈。

【語　譯】一個人的社會閱歷愈淺，所沾染的不良習氣就愈少；愈是歷經世事，內心的巧詐往往愈多。因此，君子與其圓滑老練，不如樸實魯鈍；與其拘泥於小節，不如豁達狂放。

【評析】《韓非子．說林》中有兩則故事，頗耐人尋味。一則是說魏國大將樂羊領兵攻打中山國，中山國君將樂羊的兒子捉住後烹為肉羹，派人送到樂羊帳下。樂羊接過肉羹，一飲而盡。魏文侯聽說後，很過意不去，說：「樂羊是為了我才喝他兒子的肉羹啊！」大臣堵師贊說：「能喝下自己兒子的肉羹，誰的肉羹喝不下呢？」樂羊獲勝歸來，魏文侯賞賜他的功勞，卻十分懷疑他的居心。另一則是說魯國大夫孟孫狩獵時得到一隻幼鹿，派秦西巴載回府中。母鹿尾隨其後，一路哀啼，秦西巴於心不忍，便將幼鹿放走。孟孫大怒，將秦西巴逐出府中，但過了三個月，卻召他為自己兒子的老師。左右不解道：「不久前你要治他的罪，今日卻召為公子的老師，是何緣故？」孟孫說：「他對一隻幼鹿尚懷不忍之心，就絕不會虧待我的兒子。」樂羊以有功見疑，秦西巴以有罪獲信，韓非因此總結說：「巧詐不如拙誠。」

二千多年前的思想家與本文所表述的觀點何其相似，可見純真樸質，歷來都是人們崇尚的美德。而一味地圓通練達，工於心計，老於世故，既給人以不誠實的感覺，也湮沒了人的本性，這不是君子應有的品質。

三、心事宜明　才華須韞

君子之心事，天青日白，不可使人不知；君子之才華，玉韞珠藏❶，不可使人易知。

【注釋】❶玉韞珠藏　如美玉珍珠一般深藏不露。韞，蘊藏；包含。《論語・子罕》：「有美玉於斯，韞匵而藏諸？求善賈而沽諸？」

【語譯】君子的心地，要像青天白日一樣，沒有任何見不得人的地方；君子的才華，要像美玉珍珠一般深藏不露，不可讓人輕易知道。

【評析】心地坦誠自古就被看作是做人的基本準則，孔子說：「君子坦蕩蕩，小人長戚戚。」《論語・述而》其中的道理毋庸贅言。那麼，為什麼君子的才華必須「玉韞珠藏，不可使人易知」呢？恐怕得作如下理解：其一，謙虛謹慎是一種優良的品質，如果不分環境場所，隨意表現自己，會給人以炫耀賣弄、浮而不實之感覺，反倒有損於自身。其二，世道險惡，人心難測，到處充滿著猜忌與傾軋，如果鋒芒畢露，很容易招致嫉妒、排斥，乃至惹來殺身之禍。漢代韓信，因功高震主而見誅；三國楊修，為賣弄才識而受戮，歷史的教訓不勝枚舉。所以，「玉韞珠藏」，無疑是明哲保身的良方。

但作為一個有社會責任感的人，也不能一味地逃避現實，孤芳自賞，遇到適當的機會，必須適度地展示自己的聰明才智，所謂「天下有道則見，無道則隱」（《論語・泰伯》），就包含著這樣的道理。諸葛亮「躬耕於南陽，苟全性命於亂世，不求聞達於諸侯」，但受劉備三顧之恩，便展隆中之對，抒宏圖大略，實現其平生抱負。在現代多元社會，歷史為我們提供了優於古人的條件和機遇，不失時機地展示自己的風采，不僅是實現自身價值的需要，也是社會對每個人的要求。

四、紛華不染　智巧不用

勢利❶紛華❷，不近者為潔，近之而不染者為尤潔；智械❸機巧❹，不知者為高，知之而不用者為尤高。

【注　釋】❶勢利　權勢和財利。曹操〈蒿里行〉：「勢利使人爭，嗣還自相戕。」❷紛華　繁華。《史記・禮書》：「出見紛華盛麗而說，入聞夫子之道而樂。」❸智械　智謀與機算。❹機巧　心機巧詐。《莊子・天地》：「功利機巧，必忘夫人之心。」

【語　譯】對於富貴繁華，不去接近的人是廉潔，接近了卻不受汙染的人，那又更廉潔了；對於權謀機詐，全然不知的人是高尚，知道了卻不屑使用的人，那又更為高尚了。

【評　析】近朱者赤，近墨者黑，乃事之常理，所以，最好不要去接近那些醜陋的事物。但是，人畢竟不是生活在真空中，無法完全隔絕醜陋汙濁；並且一味地潔身自好，只能像不食周粟的伯夷、叔齊，餓死在首陽山上，這顯然不可取。人既然來到這個世界上，就得學會生存之道。熟悉智械機巧，不是為了要欺騙別人，而應是為了以這種對人心的深刻認識去面對複雜的社會；置身於權力之中，不是為了謀取私利，而應是要用它來造福百姓。這才是一個正直的人應取的態度。

五、逆耳拂心　德行砥石

耳中常聞逆耳❶之言，心中常有拂心❷之事，才是進德修行的砥石❸。若言言悅耳，事事快心，便把此生埋在鴆毒❹中矣。

【注　釋】❶逆耳　不順耳。漢劉向《說苑・正諫》：「孔子曰：『良藥苦於口利於病，忠言逆於耳利於行。』」❷拂心　不稱心。拂，違背。❸砥石　磨刀石。古稱粗石為礪，細石為砥。這裡引申為磨鍊。❹鴆毒　毒藥。鴆是古代傳說中的一種鳥，羽有劇毒，浸入酒中，能毒人致死。

【語　譯】耳中經常聽到刺耳的話語，心中經常有不順心的事情，才是提高道德修養、陶冶品行的好磨鍊。如果聽到的話句句悅耳，遇到的事件件稱心，那就等於把一生葬送在毒藥之中了。

【評　析】《晏子春秋》中有這樣一則故事：齊景公十分喜愛的一匹馬暴死，景公大怒，要殺圉人（養馬的人）。晏子說：「這傢伙糊裡糊塗的還不知道自己幹了什麼，讓我來一一數落他的罪狀，也好讓他死個明白。」晏子對圉人說道：「你有三條罪狀，都當死罪：國君讓你養馬，你將馬養死，這是其一；你使國君因你的緣故而殺圉人，這是其二；你使國君因馬而殺人，使百姓知道後產生怨恨，使鄰國諸侯知道後看輕我國，這是其三。你還有什麼要辯解的嗎？」聽到這裡，齊景公終於按捺不住，連聲道：「趕緊將圉人放走，不要因他而壞了我的仁德！」可見，忠言雖然逆耳，但有振聾發聵的作用，有利於一個人反躬自省。而阿諛奉承儘管悅耳動聽，卻只能消磨人的意志，使人在飄飄然中忘乎所以，一步步走向墮落的深淵。「武王諤諤而昌，紂嘿嘿而亡」（《說苑・正諫》），說的就是這個道理。

六、和氣喜神　不可或缺

疾風怒雨，禽鳥戚戚❶；霽日❷光風❸，草木欣欣。可見天地不可一日無和氣❹，人心不可一日無喜神❺。

【注釋】❶戚戚　憂愁恐懼的樣子。❷霽日　晴日。霽，雨止轉晴。❸光風　雨過天晴，風和日麗的景象。王逸注《楚辭・招魂》：「光風，謂雨已日出而風，草木有光也。」❹和氣　溫和祥瑞的氣象。❺喜神　舊稱主喜祥之神。此指愉快的心情。

【語譯】狂風暴雨之中，鳥獸恐懼不安；風和日麗之時，草木欣欣向榮。可見天地之間不可以一日沒有祥和的氣象，人也不可一日失去愉悅的心情。

【評 析】外在環境的好壞會影響到一個人的心情。陰霾的天氣，使人感到沉悶、鬱結，而風和日麗的日子，又會使人精神為之一振。反過來，外在事物也會隨著我們的心理而變化，這種將自身感情移入客觀事物的現象，稱之為「移情」。陶淵明辭官歸田，重返純樸自然、無拘無束的生活，他眼中的春天是一派大好景象：「木欣欣以向榮，泉涓涓而始流。」而杜甫經歷戰亂，目睹山河破碎、人民流離失所之後，國憂家愁融為一體，他筆下的都城長安：「國破山河在，城春草木深。」一幅淒涼的圖景。同樣是寫春天，對比何其鮮明！

本則在描寫了因天氣變化而造成「禽鳥戚戚」、「草木欣欣」兩種不同景象之後，告誡人們，既然天地之間不可以一日沒有溫馨祥和的氣象，那麼，人的內心自然必須保持一種樂觀愉悅的精神，只有保持這種心態，他周圍的世界才是美好的，充滿歡樂的。

七、真味是淡　至人是常

醲肥辛甘❶非真味❷，真味只是淡；神奇卓異非至人❸，至人只是常。

【注 釋】❶醲肥辛甘　泛指醇酒美食，各種佳味。醲，醇酒。肥，肥美的食物。辛，辣味。甘，甜味。《淮南子・主術》：「肥醲甘脆，非不美也，然民有糟糠菽粟不接於口者，則明主弗甘也。」❷真味　天然之味；本味。❸至人　道德修養完美無缺的人。

【語譯】醇酒美食、酸辣香甜，都不是本味。本味只是淡；神奇卓越並非完美無缺的人，完美無缺的人只是平常。

【評析】事物到了極點，便會走向反面。山珍海味非為不可口，但吃多了，也會厭膩，甚至對身體產生危害。「爽口物多終作疾，快心事過必為殃。」（明馮夢龍《古今小說・新橋市韓五賣春情》）而粗茶淡飯，雖然平常，卻能滿足人體的基本需求，維持營養的相對平衡，更重要的還能培養一個人健康的心理和情操。從這個意義上來說，平平淡淡才是真味。同樣的道理，偉大出自平凡，聖賢也是普普通通的人，只是比一般人更加勤奮罷了。孔子一生為理想而奔波，雖然生前未受到重用，甚至四處碰壁，但死後，他的學說終於發揚光大。曹雪芹為寫《紅樓夢》，披閱五載，增刪十次，嘔心瀝血，當時窮困潦倒，一文不名，但卻留下了一部永世不朽的文學巨製。相反，那些名噪一時的達官顯宦呢，曾幾何時，已作糞土，徒然受到歷史的無情嘲弄而已。

八、閒時吃緊　忙處悠閒

天地寂然❶不動，而氣機❷無息❸少停；日月晝夜奔馳，而貞明❹萬古不易。故君子閒時要有吃緊❺的心思，忙處要有悠閒的趣味。

【注　釋】❶寂然　悄然無聲的樣子。❷氣機　指天地有規律地運行的自然機能。❸息　一次呼吸之間稱一息。比喻極短的時間。明王守仁《傳習錄》卷上：「天地氣機，元無一息之停。」❹貞明　指日月永恆不變的光輝。❺吃緊　感覺緊迫。

【語　譯】天地看上去似乎是無聲無息、靜止不動的，其實它那規律地運行的機能一刻也沒有停止過；太陽和月亮晝夜不停地運轉變動，但它們的光輝卻亙古不變。所以，君子在閒暇時要有緊迫感；在繁忙中又要有悠閒的趣味。

【評　析】相對於人生的短暫有限、世事的變化無常，天地是永恆的，萬古不易的，從這個意義上來說它是靜止的；而春去秋來，日夜交迭，高山變為澗谷，滄海成為桑田，它又是不斷地在變化著的。作者從天地間這種動靜變化之中領悟到人生的哲理，闡述了處理「忙」與「閒」這一組矛盾的原則。「閒時要有吃緊的心思」，包含著這樣兩層含義：一是珍惜時間，不讓光陰虛度，為將來的事業打下基礎；一是居安思危，未雨綢繆，為以後可能出現的變數和危險早作考慮。「忙處要有悠閒的趣味」一句則表明，一個人在忙碌的時候要學會合理地調理身心，有勞有逸，有張有弛，這樣才會有生活的情趣，才不至於淪為金錢和權力的奴隸。

九、靜中觀心　真妄畢見

夜深人靜，獨坐觀心❶，始覺妄窮❷而真獨露，每於此中得大機趣❸；

既覺真現而妄難逃，又於此中得大慚忸❹。

【注　釋】❶觀心　佛家語。即省察內心。佛教以心為萬法主體，無一事在心外，故觀心能究明一切事理。❷妄窮　妄念消失。佛家以萬物為虛妄，擺脫虛妄的思欲，才能達到真境，即涅槃境界。❸機趣　妙趣。機，精妙；靈巧。❹慚忸　慚愧；羞愧。忸，羞愧的樣子。

【語　譯】夜深人靜，一人獨坐，反省內心，最初會感覺到妄念消失，真心顯露，往往從中獲得絕大的妙趣；接著會察覺到真心雖已顯露，而妄念卻也不能夠完全擺脫，又會從中深感羞愧。

【評　析】佛教認為人具有真妄二心，真心是眾生本來就有的，真淨明妙，妄心則指因種種物欲而生成的邪惡之念。《楞伽經》中將真心比作海水，妄心比作波浪。海水本身是不變的，就像真心一樣；波浪則隨著天氣變化而起伏不定，猶如妄心。在我們生存的這個世界上，功名財富、聲色犬馬，像一張無形的大網，包圍著芸芸眾生，稍一放鬆，便生妄心。所以，不時地省察自身，尤為重要。夜深人靜之時，萬籟俱寂，白晝的喧囂和煩惱，一併拋在腦後。此時若能靜坐下來，捫心自問，深刻反省，有利於摒棄頭腦中的私欲與雜念，以及那些虛妄不實的言行，頓悟人生的真諦，使思想得到淨化和昇華。

一〇、快意回頭 拂心莫放

恩裡❶由來生害，故快意❷時須早回頭；敗後或反成功，故拂心❸處莫便放手。

【注釋】❶恩裡 恩寵之中。指受恩寵。❷快意 順心；得意。❸拂心 不順心；不如意。拂，同「逆」。違背。

【語譯】身處恩寵之中，向來會招致禍害，因此，得意時須及早回頭；遭受挫折之後，有時反能獲得成功，所以，失意時切莫就此撒手。

【評析】「日中則昃，月盈則食」（《周易・豐・象》），當一個人備受恩寵、春風得意時，須看清形勢，及早回頭，方是明智。范蠡在幫助越王句踐打敗吳國之後，激流勇退，駕一葉扁舟，浮於江湖，隱姓埋名，避免了可能招致的災禍。因為他深知句踐之為人，可與共患難，難與同安樂。而李斯作為一代名相，為秦朝的統一大業作出了巨大貢獻，因為不知功成身退，最後落得個腰斬街市、夷沒三族的下場。臨死之時，才悔恨地對兒子哀嘆道：「吾欲與若復牽黃犬，俱出上蔡東門逐狡兔，豈可得乎？」

相反的，一個人在遭受挫折以後，切不可灰心喪氣，一蹶不振。俗話說「失敗為成功之母」，縱覽古今，大凡恢宏遠大的事業，往往經歷過艱難曲折的歷程。楚漢之爭，劉邦屢戰屢敗，但他從失敗中吸取經驗，最後在垓下一戰，終嘗勝果。而項羽卻犯了「贏得起，輸不得」的錯誤，危難之際，不思忍辱負重，東山再起，只想到「無顏見江東父老」，自刎烏江之濱，輕率地斷送了一代霸業。

歷史的教訓，令人扼腕，也令人深思。

一一、澹泊明志　肥甘喪節

藜口莧腸者❶，多冰清玉潔❷；袞衣玉食者❸，甘婢膝奴顏。蓋志以澹泊❹明，而節從肥甘❺喪也。

【注釋】❶藜口莧腸者　指平民百姓。藜，蒺藜。一種野菜，嫩葉可食。莧，一種常見蔬菜，莖葉可食用。《文選．曹植．七啟》：「予甘藜菜，未暇此食也。」劉良注：「藜藿賤菜，布衣可食。」❷冰清玉潔　形容人的品質像冰一樣清純透明，像玉一樣潔白無瑕。《新論．妄瑕》：「伯夷叔齊，冰清玉潔。」❸袞衣玉食者　指權貴。袞衣，古代帝王及上公所穿繡有龍的圖案的禮服。玉食，比喻美食佳肴。❹澹泊　恬澹寡欲。諸葛亮〈誡子書〉：「非澹泊無以明志，非寧靜無以致遠。」❺肥甘　肥美的食物。

【語譯】布衣粗食的平民，大都有像冰一樣清純、像玉一樣潔白的情操；錦衣玉食的權貴，多半甘於卑躬屈膝、阿諛逢迎。因為一個人的志向只有在恬澹寡欲時才能顯現，而節操往往會在豪華奢侈中喪失。

【評 析】追求美好的物質生活是人類的天性，是無可厚非的。但長期生活在優越的環境之中而失去警惕，很容易消磨一個人的意志，使人精神空虛，生活糜爛，甚至為了滿足自己貪得無厭的欲望而不擇手段地投機鑽營，卑躬屈膝，喪失道德和人倫。

《戰國策・觸讋說趙太后》的故事是家喻戶曉的。觸讋在列舉了三代以來趙國及其他諸侯國的子孫都不能繼承諸侯之位的事實後說：「不是諸侯的子孫有什麼不好，而是因為他們身居高位卻無寸功，享受豐厚的俸祿卻不需付出任何辛勞，擁有過多的財富可供任意揮霍的緣故！」

可見，玩物喪志，貪欲傷身。過分的物質享受可以毀掉一個人，也可以毀掉先輩流血流汗打下的基業。生活在現代社會，我們並不主張要像苦行僧那樣穿百衲之衣，吃糟糠之食，刻意到烈日中去曝曬，到急雨中去沐浴，而是提倡以勤勞獲得財富，即所謂「君子愛財，取之有道」。在富裕了以後，還要注意保持艱苦樸素的作風，培養良好的品行與節操。

一二、田地放寬　惠澤要長

面前的田地❶要放得寬，使人無不平之嘆；身後的惠澤❷要流得長，使人有不匱❸之思。

【注釋】❶田地　指心田、心胸。❷惠澤　恩惠。❸匱　缺乏；不足。

【語譯】生前的心胸要寬厚，使人沒有不平的怨嘆；身後的恩惠要長遠，讓人有不盡的思念。

【評析】寬厚待人、樂善好施是我們民族的傳統美德。春秋時，范蠡為越王出謀劃策，雪了會稽之恥後，便隱姓埋名，渡海來到山東定陶，購置產業，從事貿易，生意十分興隆。他用賺到的錢購置了許多物品，分贈給周圍的貧窮百姓。他的兒女十分不解，問他為什麼要這樣做。范蠡回答說：「如果周圍的人都很貧窮，惟有你富裕，要想長期在這裡立足，是不可能的。」正因為他看到了這一點，才使周圍的人無不平之嘆，成就了陶朱事業。古人云：「豹死留皮，人死留名。」人生在世，總得給別人留下一個好的印象。一個人的能力有大小，境遇也不盡相同，但只要能多想到別人，多為社會作一些有益的事情，生前，別人會尊敬你，死後，人們會懷念你。

一三、路留一步　味減三分

徑路❶窄處，留一步與人行；滋味濃的，減三分讓人嘗。此是涉世❷

一極安樂法。

【注　釋】❶徑路　小路。❷涉世　處世。

【語　譯】小路狹窄處，讓一步給別人走；滋味濃厚的東西，減三分讓別人嘗。這才是最安樂的處世方法。

【評　析】社會是由群體構成的，它的成員之間存在著一種互讓互利的關係，這就好比是在狹窄的山路上，留一步與人行，大家都能通過；互不相讓，僵持不下，不僅雙方都難以行進，還有墜入深谷的危險。

戰國時，藺相如因完璧歸趙和在澠池之會立了大功，拜為上卿。大將軍廉頗很不服氣，認為自己有攻城野戰之功，而藺相如僅僅憑三寸不爛之舌，反而位居自己之上，因此一直想當面羞辱他。藺相如卻不與他計較，每當在路上遠遠看見廉頗，便引車避開。他對手下人說：「秦國之所以不敢侵犯我國，是因為有廉將軍和我。如果我們兩人相爭，勢必削弱國家實力，秦軍正好乘虛而入。」廉頗知道之後感到十分慚愧，親自登門，負荊請罪，兩人結為刎頸之交。

這個故事雖然已經過去了二千多年，但對今人來說仍然具有教育意義。與人相處，只要不涉及原則問題，就要能容忍相讓，這能避免許多不必要的是是非非。如果大家都能做到這一點，我們的社會就會變得更加和諧溫馨。

一四、脫俗成名　減累入聖

作人無甚高遠事業，擺脫得俗情❶便入名流❷；為學無甚增益功夫，減除得物累❸便超聖境❹。

【注　釋】❶俗情　世俗的人情世故。❷名流　社會知名人物。指那些品德高尚、情操雅潔之士。❸物累　物質利益的牽累。❹聖境　至高無上的境界。

【語　譯】做人並不一定要有遠大宏偉的事業，只要能擺脫世俗的欲念便可以躋身於名流的行列；做學問也沒有什麼突飛猛進的竅門，只要能減除物質利益的牽累，就可以達到超凡脫俗的境界。

【評　析】世俗往往以功業、學說來評價一個人，但古往今來，能建立豐功偉績的人畢竟鳳毛麟角，而要在學說上華路藍縷也非易事。那麼，對於佔大多數的普通人來說，是不是就與「名流」、「聖境」無緣了呢？著者提出了一個不同凡響的論點：「擺脫得俗情便入名流」，「減除得物累便超聖境」。只要摒棄庸俗的世故人情，減除累人的物質欲望，就可以在精神上達到與名流、聖人同樣的境界，這是直指本心的一種見解，看似簡單，其實並不比建功立業、著書立說來得容易。

一五、義俠交友　素心做人

交友須帶三分俠氣❶，作人要存一點素心❷。

【注釋】❶俠氣　俠義之氣。即見義勇為的精神。❷素心　純樸之心。素，原指未經染色的白色生絹，引申為純潔、質樸、未經修飾之物。陶淵明〈移居〉：「聞多素心人，樂與數晨夕。」

【語譯】交朋友要帶三分俠義之氣，做人要保持一顆純樸的心。

【評析】「其言必信，其行必果，已諾必誠，不愛其軀，赴士之阸困，既已存亡死生矣，而不矜其能，羞伐其德，蓋亦有足多者焉。」這是司馬遷在《史記・游俠列傳》中歸納的義俠之士為人行事的準則，這些準則的基本點體現了一種患難相助、鋤強扶弱的精神，因此歷來為人們所看重，並將它作為擇友時的一條標準。

但在我們的生活中還存在另外的一類人，他們與你喝酒打牌、稱兄道弟，但一旦到了需要幫助的緊要關頭，便都消失得無影無蹤。更有甚者，乘人之危，落井下石。這樣的朋友以利害關係為轉移，充其量只是酒肉朋友。

所以，交友必須謹慎，朋友之間必須以誠相待，互幫互助，這樣做朋友才能長久，也才有益。

一六、德在人先　利居人後

寵利❶毋居人前，德業❷毋落人後；受享❸毋踰分外，修為❹毋減分中❺。

【注釋】❶寵利　恩寵與利祿。宋蘇軾〈謝應中制科啟〉：「在家者能孝而恭，在官者能廉而慎，臨之以患難而能不變，邀之以寵利而能不回。」❷德業　德行與學業。❸受享　接受供奉之物。泛指生活享受。享，古代祭祀時供奉的祭品。❹修為　修行。❺分中　分內。即自己能力所及的範圍之內。

【語譯】恩寵利祿，不要搶在別人前面，進德修業不可落在他人之後；生活享受不可超過本分，品行修養不應降低標準。

【評析】《荀子・性惡》中說：「好利而欲得者，此人之情性也。」如果聽任這種性情自由發展，那麼人人相爭，弱肉強食，社會將會變成一個人欲橫流、蠻橫殘暴的社會。所以，儒家主張禮義教化，強調要培養和提高人的道德品質。范仲淹說：「先天下之憂而憂，後天下之樂而樂。」體現了我們民族傳統的道德觀、苦樂觀。「受享毋踰分外，修為毋減分中」，則強調了一個「分」字，告誡人們，在品行修養上不要放鬆對自己的要求，在生活享受上則應當有所節制，不要超出了適當的範圍。在物質財富日益豐富的今天，提倡這種精神，做一個廉潔奉公、儉樸自勵、奮發上進的人，具有重要的意義。

一七、退讓為高　利人是福

處世讓一步為高，退步即進步的張本❶；待人寬一分是福，利人實利己的根基。

【注　釋】❶張本　為將來的事情預先作好準備。

【語　譯】為人處世，退讓一步才是高明，因為退一步就是日後進二步的準備；待人接物，寬厚仁慈才是福分，因為利人實際上是利己的根基。

【評　析】「以退為進，欲取先予」是老子的處世哲學。道理很簡單，要想跳得高，必須屈得下；要想躍過溝壑，必須後退一步，積蓄足夠的力量；要想得到別人的尊重，首先必須尊重別人。所以，人們常以「吃虧是福」、「難得糊塗」為信條，因為其中包含著禍福相倚、進退轉換、取予相承的辯證關係。

一八、功勞戒矜　罪過宜悔

蓋世❶功勞，當❷不得一個「矜」❸字；彌天❹罪過，當不得一個「悔」字。

【注釋】❶蓋世　超越一世。《史記・項羽本紀》：「力拔山兮氣蓋世。」❷當　抵擋。❸矜　自負。❹彌天　滿天；滔天。

【語譯】舉世無雙的功績，擋不住一個「矜」字；滔天的罪行，擋不住一個「悔」字。

【評析】一個人不論有多大的功勳，一旦恃功自傲，便是失敗的開始。因為功勞只能說明你的過去，不能說明你的現在，更不能說明你的將來。將來如何，還得靠自己去努力、去攀登。再說，「一將功成萬骨枯」，任何豐功偉績都離不開群體的力量。貪天之功，據為己有的人，最終都會受到歷史的嘲弄。清代鼇拜，屢建戰功，康熙初受顧命輔政。他自以為功高，驕橫跋扈，獨攬朝政，結果被革職抄家，落了個身敗名裂的下場，不就是慘痛的教訓嗎？反過來說，有了過失，只要能幡然醒悟，改過自新，就能成為一個有用之人。佛經上說：「放下屠刀，立地成佛。」一念頓悟，便是轉變的開始。

一九、讓名遠害　咎己養德

完名美節，不宜獨任❶，分些與人，可以遠害全身；辱行汙名，不宜全推，引些歸己，可以韜光❷養德❸。

【注　釋】❶獨任　獨自佔有。❷韜光　掩藏光芒。引申為不顯露才華。韜，掩藏。梁蕭統〈陶淵明集序〉：「聖人韜光，賢人遁世。」❸養德　培養品德。諸葛亮〈誡子書〉：「君子之行，靜以修身，儉以養德。」

【語　譯】完美的聲譽，美好的節操，不應該獨自佔有，分一些給別人，可以遠離禍患，保全生命；恥辱的行為，骯髒的名聲，不應該全部推卸，自己也承擔一點，可以掩藏鋒芒，培養品德。

【評　析】「完名讓人」，「歸咎於己」是古人提倡的道德準則，也是他們從險惡的政治鬥爭中歸納出來的生存之道。

就前者而言，美好的名聲、氣節固然令人嚮往，但應知道，寸有所長，尺有所短，一個人總有尚需努力之處，而別人也總有值得你學習的地方，分一些榮譽與人，歸一些過失於己，不僅表現出一種謙恭禮讓、嚴於責己的品格，也可避免別人可能產生的忌恨和猜疑。就後者而言，政治鬥爭殘酷無情，統治者翻手為雲，覆手為雨，處在權力之爭的漩渦中，樹大招風，功高者危，只有像張良那樣功成身退，不居功自傲，才能夠明哲保身，防患於未然。所以，引咎讓名也是社會裡全身遠害的韜光之計。

二〇、天道忌盈　業滿招損

事事留個有餘不盡的意思，便造物❶不能忌❷我，鬼神不能損我。若業❸必求滿，功必求盈❹者，不生內變，必召外憂。

【注釋】❶造物　即造物主。創造天地萬物的神。《莊子．大宗師》：「偉哉夫！造物者將以予為此拘拘也。」❷忌　忌恨；怨恨。❸業　事業；功業。❹盈　滿。

【語譯】每一件事都能留有餘地，不做得太絕，那麼，造物者就不會忌恨我，鬼神也不能損傷我。如果一味地要求在事業上盡善盡美，在功績上登峰造極，那麼，即使不因此而發生內部的變故，也必然會招致外來的憂患。

【評析】世間萬事萬物都存在著互相對立、互相依存的關係，此消彼長，物極必反，循環往復，以至無窮。因此，道家認為「天道忌盈，卦終未濟」。老子《道德經》中說：「持而盈之，不如其已；揣而銳之，不如長保。」人生在世，追求功名事業的完美無缺，本來是無可厚非的，但若不顧客觀條件，好大喜功，貪多務得，往往適得其反。保持清醒的頭腦，辨事留有餘地，不求全責備，但求切實可行，乃是事業成功的基本保證。

二一、誠心和氣　勝於觀心

家庭有個真佛❶，日用❷有種真道❸。人能誠心和氣、愉色婉言❹，使父母兄弟間形骸兩釋❺、意氣❻交流，勝於調息❼觀心萬倍矣！

【注釋】❶真佛　真正的佛理。佛，指佛教。❷日用　日常生活。《詩・小雅・天保》：「民之質矣，日用飲食。」❸真道　真正的道法。道，指道教。❹愉色婉言　愉悅的神情，和婉的言詞。❺形骸兩釋　指人與人之間的對立消除，和睦相處。形骸，人的形體、軀殼。釋，消除。❻意氣　志趣。❼調息　調理氣息。道家利用呼吸調心養氣的一種靜修方法。

【語譯】居家有一個真正的佛理，生活有一種真正的道法。能夠真誠和氣，神色愉悅，言詞和婉；使父母兄弟之間沒有猜疑和隔閡，思想情趣得到充分的交流，那將勝過調理氣息、內觀心性千萬倍。

【評析】「修身、齊家、治國、平天下」，是儒家的人生目標。在他們眼裡，「齊家」與「治國」同樣的重要，只有治理好家，才能治理好國。孔子強調為政之道應遵循「君君，臣臣，父父，子子」（《論語・顏淵》）的原則，其意亦在說明，不論在「國」還是在「家」，都應建立起合理的人倫關係和良好的秩序，這就是中國傳統的倫理綱常，即《大學》中所說的齊家之道。那麼，怎樣才能建立起和睦的家庭關係呢？南宋陸九韶〈居家正本制用〉中說：「一家之事，貴在安寧和睦悠久也。其道在於孝悌謙遜。」本則進一步闡述了先人的這些觀點，認為，父母兄弟之間要至真至誠，和顏愉色，經常溝通，這就是「真佛」，就是「真道」。這樣的家庭才是和諧美滿的。

在物質生活高度發展的今天，人際關係，包括家庭關係，在某種程度上來說已趨於淡化，相互的溝通，成為心理學家討論的重要課題；本文作者早已注意到這一個問題，而提出「意氣交流」的主張，可說是在古人齊家思想的基礎上，有著更進一步的開發，這對於建立起與現代文明相適應的新型的家庭關係是十分必要的。

二二、動靜合宜　有道心體

好動者雲電風燈❶，嗜寂者❷死灰槁木❸；須定雲止水，中有鳶飛魚躍❹氣象，才是有道❺的心體。

【注釋】❶雲電風燈　雲中的閃電，風中的燈火。比喻飄忽不定，變化無常。❷嗜寂者　好靜的人。❸死灰槁木　熄滅後的灰燼，枯死的樹木。比喻喪失生機。《莊子．齊物論》：「形固可使如槁木，而心固可使如死灰乎？」郭象注：「死灰槁木，取其寂寞無情耳。」❹鳶飛魚躍　《詩經・大雅・旱麓》：「鳶飛戾天，魚躍於淵。」孔穎達疏：「其上則鳶鳥得飛至於天以游翔，其下則魚皆跳躍於淵中而喜樂。」此用以形容動態。鳶，鷹的一種，俗稱「鷂鷹」。❺有道　有道德或有才藝。鄭玄注《周禮・春官・大司樂》：「道，多才藝者。」孔安國注《論語・學而》：「有道，有道德者。」

【語　譯】好動的人，就像雲中的閃電、風中的燈火；愛靜的人，就像熄滅的灰燼、枯槁的樹木。必須如同天上停止不動的白雲，地上清澈沉靜的水面一樣，其中有著鷹飛魚躍的氣象，這才是一個有道德有才學的人應有的情懷。

【評　析】動與靜是相對應的兩種行為方式，是一個人性格志趣、言行舉止不同特徵的反映。過動者易浮躁，過靜者易枯寂，均失之偏頗。一個有修養的人應做到動中寓靜，靜中寓動，沉著而富有熱情，澹泊而不失志向，遇事從容有節，合乎時宜，不走極端，才能處變不驚，寧靜致遠，也才符合儒家的中庸之道。《周易・艮》中說：「時止則止，時行則行，動靜不失其時。」應成為我們行為的準則。

二三、責毋太嚴　教毋過高

攻❶人之惡❷毋太嚴，要思其堪受❸；教人以善毋過高，當使其可從❹。

【注　釋】❶攻　批評；指責。❷惡　缺點；錯誤。❸堪受　能夠接受。❹從　遵從；跟隨。

【語　譯】責備別人的過錯時不可過於嚴厲，要考慮到對方能否接受；教誨別人行善時不可要求過高，要讓對方能夠做到。

【評　析】這一則是說在處理人際關係時要考慮到對方的情緒和接受能力，從實際出發，注重效果，而不能要求過嚴、期望過高，結果欲速不達，適得其反。

「攻人之惡毋太嚴」也符合儒家寬恕待人的思想。古語云：「惟恕平情。」只有抱著與人為善的態度，真心誠意地指出別人的缺點和錯誤，動之以情，曉之以理，人家才容易接受。設想，如果只是洩一時之憤，嚴詞峻語，當頭棒喝，甚至抓住一點把柄，便欲置人於死地，結果自然只會引起人家的反感，把事情越弄越糟。

二四、潔自汙出　明從晦生

糞蟲❶至穢❷，變為蟬❸而飲露於秋風；腐草無光，化為螢❹而耀采於夏月。固知潔常自汙出，明每從晦❺生也。

【注　釋】❶糞蟲　指蛣蜣。又稱「蜣螂」，一種以糞土或動物屍體為食的黑甲蟲，俗稱「屎蚵蜋」。晉郭璞注《爾雅．釋蟲》謂「黑甲蟲，噉糞蟲」。❷穢　骯髒。❸蟬　一種有翅昆蟲，夏秋間出現，又稱「知了」。古代相傳蟬的幼蟲為蛣蜣。唐段成式《酉陽雜俎・蟲篇》：「蟬未脫殼時名曰復育，相傳為蛣蜣所化。」❹螢　螢火蟲。腐草化為螢火蟲的傳說見於《禮記・月令》：「季夏三月：……腐草為螢。」其實，這是一種誤解。螢火蟲多產卵在水邊草根泥土中，次年化蛹為成蟲。❺晦　昏暗。

【語　譯】糞蟲是最骯髒的蟲，可是牠一旦蛻變為蟬，就只喝那秋風中潔淨的露水；腐爛的野草看上去毫無光彩，然而，當它化為螢火蟲後，卻能在夏夜皎潔的月色下熠熠生輝。由此可見，潔淨的東西常常生自汙穢處，而光明往往是從昏暗中產生的。

【評　析】世上萬事萬物都遵循著固有的規律運行變化，著者以糞蟲變為鳴蟬、腐草化為飛螢為例，意在說明「潔常自汙出，明每從晦生」這一道理。雖然從現代科學的觀點來看，所舉的例子並不確切，但其中包含的哲理卻是深刻的。

與自然界的變化一樣，人事之間也充滿著這種辯證關係。出身富貴人家的子弟容易墮落，原因就在於優裕的生活環境容易使人缺乏危機感和奮發進取的動力。清代的八旗軍，起初能征善戰，但入關以後，隨著地位的變化，養尊處優，以致後來不堪一擊。而在清苦環境中成長的人，受過生活的磨鍊，有利於激發鬥志。北宋時的范仲淹，二歲喪父，母親改嫁，生活艱難。但他「少有志操」，外出求學，「晝夜不息。冬日憊甚，以水沃面；食不給，至以糜粥繼之，人不能堪」，終於考中進士，成為一代名相。「將相本無種，男兒當自強」，一個人的出身、地位、環境都不是最重要的，只要他能夠自愛自律、自尊自強、奮鬥不息，就一定能夠戰勝困難，取得成功。

二五、降服客氣　消殺妄心

矜高❶倨傲❷，無非客氣❸。降服得客氣下，而後正氣❹伸。情欲意識❺，盡屬妄心❻，消殺得妄心盡，而後真心❼現。

【注　釋】❶矜高　自高自大。❷倨傲　傲慢不恭。❸客氣　言行虛矯，不出於至誠。❹正氣　剛正不阿的氣節。文天祥〈正氣歌〉：「天地有正氣，雜然賦流形。下則為河嶽，上則為日星。於人曰浩然，沛乎塞蒼冥。」❺意識　佛教語。佛教六識（眼識、耳識、鼻識、舌識、身識、意識）之一，即由意根所起之識。章炳麟《國故論衡・辨性上》：「意根之動，謂之意識。」❻妄心　虛幻不實的想法。❼真心　真實無妄之心。妄心與真心都是佛家語，宋契嵩〈壇經贊〉：「心有真心，有妄心，皆所以別其正心也。」

【語　譯】自高自大、傲慢無禮，無非是產生於我們心中的虛矯浮躁之氣。如果能降服這股邪氣，剛正不阿的浩然之氣就會得到伸展。貪婪的欲望、主觀的意念，都是荒誕不經的想法。如果能把這些荒謬的念頭掃除乾淨，純真樸實的本性才能顯現出來。

【評　析】「客氣」是相對於「正氣」而言的，是指那些虛矯不實、浮躁不寧之氣。客氣附身，人就會變得猥瑣不堪。宋明儒學講究義理，在他們看來，義理代表了人的正氣，正氣抬頭，邪氣自然就會消退，宋儒程明道就說過：「義理與客氣常相勝，只看消長分數多少，為君子小人之別。」

「妄心」是針對「真心」而言的，明代盛行王氏（守仁）之學，認為人的本性是純真的，只是後天私欲邪念的產生，蒙蔽了真知，才導致醜惡邪佞言行的出現。其代表人物李贄說過：「童心者，真心也。……絕假純真，最初一念之本心也。若失卻童心，便失卻真心；失卻真心，便失卻真人。人而非真，全不復有初矣。」

所以，只有摒棄庸俗的「客氣」，才能恢復人的浩然之氣；只有消除邪惡的「妄心」，才能顯現人純正質樸的「真心」。做到這些，一個人就能培養起良好的道德和情操。

二六、事悟癡除　性定動正

飽後思味，則濃淡之境都消；色後思婬❶，則男女之見盡絕。故人常以事後之悔悟，破臨事之癡迷❷，則性定❸而動無不正。

【注　釋】❶婬　美好。❷癡迷　沉迷發呆的樣子。❸性定　本性安然不動。

【語　譯】吃飽後再去回想飯菜的滋味，那麼，濃與淡的感覺就會完全消失；性欲滿足後再去回想當時的美好，那麼，男女性愛的念頭就會全然消失。所以，如果能夠經常以事後的悔悟，來破除眼前的迷惘，就一定能夠保持純正的本性，使行為合乎理義。

【評　析】世界上最吸引人的是在遠處向你頻頻招手的東西，而當你費盡千辛萬苦得到它時，往往會發現其實並沒有什麼價值。本則以生活中最為常見的飲食男女之事為例，說明物欲的虛幻，告誡人們，要以理性的思索，摒棄虛浮不實的念頭，恢復純正的本性。

生活中，臨事癡迷的現象普遍存在。人們往往殫精竭慮，四處奔波，拚命追求：為了名譽而明爭暗鬥，為了權力而相互傾軋，為了金錢而爾虞我詐，為了情欲而爭風吃醋，……事後想想，這樣爭來鬥去，值得嗎？經歷過多少次虛幻的「追求」和失敗，一些人終於幡然覺醒，破除了對物欲的癡迷，重新省視自己，省視人生。做到這一步，便進入了高一層次的人生境界。

二七、山林氣味　廊廟經綸

居軒冕❶之中，不可無山林❷的氣味；處林泉❸之下，須要懷廊廟❹的經綸❺。

【注　釋】❶軒冕　古代卿大夫乘坐的軒車和穿著的冕服。代指高官厚祿者。❷山林　山間林下。泛指高士隱居之處所。❸林泉　山林泉石。意同「山林」，亦指高士隱居之處所。❹廊廟　指朝廷。廊是宮殿四周的迴廊，廟即太廟，都是古代帝王和大臣們議論政事的地方，故稱。《文中子・禮樂》：「在山澤而有廊廟之志。」❺經綸 治理國家的策略。經，本指織物中的縱線，引申為治理。綸，較粗的絲線。

【語 譯】處在高官顯宦的位置上，不可沒有山林隱士的節操；棲隱山林泉石之下，必須具備安邦定國的謀略。

【評 析】出世與入世，一直是古人議論的焦點。受儒、道思想的影響，中國古代的知識分子一方面積極入世，以實現濟世救民的抱負，一方面又嚮往著山林、田園的隱居生活。特別是當世道昏暗或個人仕途受阻的時候，後一種思想便會佔據上風。入世的人，往往熱中於功名權勢，鑽營攀緣，失去了澹泊的情懷和高風亮節；而出世的人，吟哦林泉，放情山水，則又不屑於仕途經濟，漠然於國計民生。應該說，這兩種態度都不是完美的。因此，著者疾呼：為官者要澹泊名利，保持幾分山林的雅趣；隱居者要多關心一些國家大事、民生疾苦。這不由人想起范仲淹〈岳陽樓記〉中的名句：「不以物喜，不以己悲。居廟堂之高，則憂其民；處江湖之遠，則憂其君。是進亦憂，退亦憂，然則何時而樂耶？其必曰：先天下之憂而憂，後天下之樂而樂乎！」

對於今天的人來說，無所謂什麼出世與入世，但不管是為官還是為民，只要具備了范仲淹所說的這種精神，就可以在各自不同的崗位上做出應有的貢獻。

二八、無過是功　無怨是德

處世不必邀功❶，無過便是功；與人❷不求感德❸，無怨便是德。

【注釋】❶邀功　刻意追求功名。邀，求取。❷與人　給予別人幫助；施恩於人。❸感德　感激他人的恩德。

【語譯】人生在世，不必刻意求取功名，只要不犯過錯就是功德；幫助別人，不要指望人家感恩，只要對方對你沒有怨恨，就算是恩德了。

【評析】邀功是追逐名利的表現，人一到了邀功的地步，所謂的「功」也就該打上一個很大的問號了。因為，一旦邀功不成，他是否還會繼續有「功」於他人呢？施恩圖報是小市民的狹隘觀念，一旦懷有這樣的觀念，助人的目的就不會純正，助人的行為也難以持久。所以，不居功，不自邀，才能不為功利所累，才能談得上奉獻；不圖報，不以恩人自居，才能從「小恩小惠」之中解脫出來，才談得上無私。佛家有言「施比受更快樂」，這是一種崇高的境界。

那麼，為什麼說「無過便是功」、「無怨便是德」呢？這與「多做多錯，少做少錯，不做不錯」的消極態度是風馬牛不相及的，它反映了一種不慕虛榮，不求功利，謹慎處世，寬厚待人，惟恐功之不豐、德之不厚的哲人之思。這樣理解，是否更確切一些？

二九、憂勤勿過 澹泊勿枯

憂勤❶是美德，太苦則無以適性怡情❷；澹泊❸是高風❹，太枯❺則無以濟人利物。

【注釋】❶憂勤 憂思而勤勉。❷適性怡情 適合本性，愉悅情趣。❸澹泊 清心寡欲，志趣恬淡。❹高風 高卓的風範。❺枯 原指樹木枯萎，此謂對世事冷漠，喪失生氣。

【語譯】憂思勤勉是一種美德，如果太過勞苦，就無法適應心性，保持愉快；澹泊名利是一種高尚的節操，如果過分冷漠，就無法幫助別人造福社會。

【評析】凡事不可以走極端。在先秦諸子中，楊子（楊朱）提倡「為我」，甚至「拔一毛而利天下，不為也」，是利己主義的代表。墨子（墨翟）與之相反，主張為天下排難解紛，即使赴湯蹈火、肝腦塗地也在所不辭。他反對貴族「繁飾禮樂」和奢侈享樂的生活，提倡「非樂」、「節用」、「節葬」，儉樸到了苛刻的程度。但楊、墨二家均未發展成為中國的顯學，道理很簡單，因為他們的學說都過於偏執。孔子說：「過猶不及。」（《論語．先進》）就是說，任何事物都有一定的「度」，必須恰到好處，否則，就會走向反面。勤於事務，忠於職守是一種良好的作風，但如果不知道合理的休息和適當的娛樂，就會思維枯竭、心力憔悴，失去生活的情趣。而一個人如果總是擺著一副清高冷峻的面孔，孤芳自賞，什麼也看不上，什麼也不合意，那麼，除了引起別人的反感，對你疏而遠之之外，是不會有其他什麼結果的。

三〇、窮原初心 成觀末路

事窮勢蹙❶之人，當原❷其初心❸；功成行滿❹之士，要觀其末路❺。

【注　釋】❶事窮勢蹙　事業挫折，情勢窘迫。窮，困窘；窮盡。蹙，窘迫。❷原　推原；考察。❸初心　當初的進取之心。❹行滿　事情圓滿。❺末路　最終的結局。

【語　譯】對於遭受挫折、處境窘迫的人，應當考察他當初的進取之心；對於功成名就、事業圓滿的人，還要觀察他最終的結局。

【評　析】按照世俗的眼光，成者為王，敗者為寇，牆倒眾人推，虎死人人打。既然你失敗了，就不該有還手的權利，那麼，在你的創口撒上一把鹽，再揉上一揉，自然也就無妨了。但是，事情往往並不如此簡單，一個人可能跌倒，也可能再爬起來。《史記・韓長孺列傳》就記載了這樣一則故事：西漢時，韓安國犯案入獄，獄吏肆意凌辱他。安國說：「你不知道死灰還能復燃嗎？」獄吏說：「如果死灰燃燒起來，我就撒泡尿把它澆滅。」不久，安國出獄，起用為梁國的內史官。獄吏聞訊，棄職而逃。安國叫人傳話說：「你如果不回來，我就滅了你的全家！」獄吏只好回來請罪。安國對他說：「現在，你可以撒尿將火澆滅了。不過，像你這樣的人，還不值得我來懲治呢！」我們舉這個例子，意在說明社會上總有那麼一些人，鼠目寸光，見識淺薄。我們民族從來就有同情弱者、同情失敗者的傳統，只要這失敗者曾經有過善良的「初心」，曾經失敗得轟轟烈烈。因此，項羽兵敗垓下，猶留蓋世英名。而那些功成名就的人呢？如果得意忘形，不加檢點，不圖進取，也很可能從顛峰上跌落下來。所以說，誰笑到最後，誰才是最開心的。

三一、富宜寬厚　智勿炫耀

富貴家宜寬厚而反忌刻❶，是富貴而貧賤其行矣，如何能享❷？聰明人宜斂藏❸而反炫耀，是聰明而愚懵❹其病矣，如何不敗？

【注　釋】❶忌刻　猜忌刻薄。❷享　享用。這裡指長久擁有。❸斂藏　深藏不露。斂，收斂；隱藏。❹愚懵　不明事理，愚昧無知。懵，原指心神恍惚，此謂無知。

【語　譯】富貴之家應當寬大仁厚，如果反而猜忌刻薄，這是身分富貴而行為低下了，如何能長久地保持榮華富貴呢？聰明的人應當深藏不露，如果反而到處炫耀，這是名為聰明而有糊塗的毛病了，怎麼會不失敗呢？

【評　析】三國魏邯鄲淳《笑林》中有一則故事，說是漢代有一人年老無子，家境富裕，但儉嗇成癖。一日，有人登門乞討，老人不得已入內，取了十文銅錢，自堂屋而出，每走一步抽減一枚，到門外時只剩下了一半。他緊閉雙眼，將餘下的銅板交給乞丐，再三叮囑：「我已經傾家蕩產了！」不久，老人死去，家產一併充了公。對金錢佔有的欲望，會使人像這位老人一樣喪失理智，陷入瘋狂。因此，「越是富有越貪財，越是有錢越忌刻」，便成為司空見慣的社會現象。殊不知，金錢乃身外之物，生不帶來，死不帶走。為富不仁，刻薄寡恩，只會失去友誼與信任，使自己陷入孤獨的境地。

一個人富有才智，本來是一件好事，但如果到處賣弄，機關算盡，就只能像《紅樓夢》中的王熙鳳那樣，「聰明反被聰明誤」，落得個可悲的結局。

三二、居卑處晦　守靜養默

居卑❶而後知登高之為危，處晦❷而後知向明之太露；守靜❸而後知好動之過勞，養默❹而後知多言之為躁。

【注　釋】❶居卑　居於低下的地位。卑，指位置低。《禮記・中庸》：「譬如登高必自卑。」❷處晦　處在昏暗的地方。晦，昏暗；暗昧。❸守靜　保持寧靜。❹養默　潛心修養，沉默寡言。

【語　譯】站在低矮的地方，才知道登高攀頂的危險；身居昏暗之處，才能感受到向陽的地方過於炫目。保持寧靜，才能體驗好動有多麼辛勞；只有潛心修養、沉默寡言，才會看出話說得多是浮躁。

【評　析】「橫看成嶺側成峰，遠近高低各不同。不識廬山真面目，只緣身在此山中。」蘇東坡這首詩形象地告訴人們，埋頭在事物之中，往往不能得到正確的認識，只有走出來，站在合適的角度，才能看清事物的本質與全貌。本則文字以卑高、晦明、靜動、默躁為對比，從不同角度、不同層次觀察和揭示人生，給人以哲理性的啟迪。告誡人們，不要被物欲和權勢所迷惑，因為一旦從高處跌落下來，結果是不堪設想的。強調遇事要冷靜，切戒浮躁，這樣才能涵養性情，寧靜致遠。

三三、放得心下　超凡入聖

放得功名富貴之心下，便可脫凡❶；放得道德仁義之心下，才可入聖❷。

【注　釋】❶脫凡　超脫凡俗。❷入聖　進入聖人的境界，即進入至高無上的境界。

【語　譯】拋得開功名富貴的念頭，就可以超脫凡俗；放得下仁義道德的框架，才可以進入聖人的境界。

【評　析】仁義道德是儒家倡導的行為準則，但從宋代以後，儒學日益成為束縛人們思想的工具。理學家不僅沒有濟世經邦的真才實學，反而將仁義道德看作教條，言必孔孟，迂腐虛偽，面目可憎。明代有眼光的學者曾痛斥他們：「平居無事，只解打恭作揖，終日匡坐，同於泥塑，以為雜念不起，便是真實大聖大賢人矣。其學稍姦詐者，又攙入『良知』講習，以陰博高官。一旦有警，則面面相覷，絕無人色。甚至互相推諉，以為能明哲。」（明李贄〈因記往事〉）這樣的人如何能超凡入聖呢？一個人只有切切實實地敦品勵行，認認真真地做一些事情，才能進入崇高的境界。否則，翹首仰望「仁義道德」的美好花環，一心想做人人讚頌的聖賢、哲人，結果只能成為人人討厭的偽君子。

三四、意見害心　聰明障道

利欲未盡害心，意見❶乃害心之蟊賊❷；聲色未必障道❸，聰明乃障道之藩屏❹。

【注　釋】❶意見　指自以為是的偏見。❷蟊賊　吃禾苗的害蟲。《詩經．大雅．大田》：「去其螟螣，及其蟊賊。」毛傳：「食根曰蟊，食節曰賊。」引申為禍害。❸障道　障礙道路。這裡指妨害道德。❹藩

屏　屏障。藩，籬笆。

【語　譯】追求名利的欲望不一定會損害心靈，自以為是的偏見才是損傷心靈的禍源；音樂、女色，不一定會蒙蔽道德，自作聰明才是妨害道德修養的障礙。

【評　析】「明槍好躲，暗箭難防」。對於一個胸懷大志、銳意進取的人來說，警惕私欲的膨脹，抵制聲色犬馬的誘惑，可能還比較容易做到，因為它們的危害比較明顯。而主觀偏見和自作聰明的惡習卻不易察覺，它們像蟊賊一樣殘害著人的心靈，蒙蔽著人的真知。常言道：「酒不醉人人自醉，色不迷人人自迷。」因此，擺正自己的位置，客觀冷靜地對待事物、對待自己，謙虛謹慎，不驕不躁，顯得尤其重要。

三五、知退一步　務讓三分

人情反復❶，世路❷崎嶇。行不去處，須知退一步之法；行得去處，務加讓三分之功。

【注　釋】❶反復　變化無常。❷世路　人生的道路。

【語　譯】世間人情，變化無常。人生的道路，崎嶇不平。在行不通時，必須懂得後退一步的道理；在行得通時，務必積一些謙讓三分的功德。

【評　析】做人的道理與行路一樣，當你身陷困境、舉步維艱的時候，硬著頭皮走下去，往往徒勞無益，而往後退一步，換一種方式去思維，或許會發現海闊天空，另有一番境界。反之，當你的事業一帆風順的時候，要想想你曾經有過的挫折，讓人三分，予人方便，這既能表現出你謙讓大度的氣魄，也是你交結朋友、安身立命的方便之門。

三六、不惡小人　禮待君子

待小人不難於嚴，而難於不惡❶；待君子不難於恭❷，而難於有禮。

【注　釋】❶惡　厭惡；憎惡。❷恭　肅敬的樣子。《禮記・曲禮上》：「是以君子恭敬撙節。」疏：「在貌為恭，在心為敬。」

【語　譯】對待小人嚴厲並不難，難就難在不要從內心憎惡他們；對待君子謙恭並不難，難就難在恰如其分地以禮相待。

【評　析】對於現代人來說，「君子」與「小人」的概念已十分模糊，但人總有善惡之分，有智愚之別，我們姑且把具有前者特徵的人稱為君子，把具有後者特徵的人稱為小人。

對於小人，無情地揭露並嚴厲地批評他們並不困難，難就難在不要因為他們的缺點錯誤而從心理上鄙夷他們。因為這既不利於幫助他們認識和改正錯誤，也不利於我們的事業。楚漢相爭時，劉邦任用陳平的例子可資借鑑。當時，陳平經魏無知引見由楚歸漢。有人對劉邦說：陳平行為不端，此次又背主前來投靠，是一個十足的小人。於是，劉邦便去責問魏無知。魏說：「我向陛下介紹的是陳平的才能，而不是他的品行。試想，如果有人行為高尚，但卻無益於戰爭勝負，陛下願意任用他嗎？」劉邦猛然醒悟，於是拜陳平為護軍中尉，統帥諸將。陳平屢出奇策，為劉漢的最終勝利立下了汗馬功勞。

反過來，對待君子，敬重他們是十分必要的，但如果謙虛過分，便會有諂媚之嫌，因為，任何事情都必須合乎節度。不論是君子還是小人，在人格上都是平等的。不卑不亢，有禮有節，才是我們應取的態度。

三七、正氣天地　清名乾坤

寧守渾噩❶而黜❷聰明❸，留些正氣還天地；寧謝❹紛華❺而甘澹泊，遺❻個清名在乾坤❼。

【注釋】❶渾噩　自然淳樸之意。渾，渾厚質樸的樣子。噩，嚴肅正大的樣子。❷黜　廢棄；革除。❸聰明　謂機巧詐偽的心機。❹謝　辭謝；謝絕。❺紛華　繁華富麗。❻遺　留。❼乾坤　天地；人間。

【語　譯】寧可自然淳樸而廢棄機巧奸詐的小聰明，在天地間留下一些浩然正氣；寧可謝絕繁華富麗而甘願清心寡欲地度日，在這世界上留下一個清清白白的好名聲。

【評　析】社會在不斷地發展，人變得越來越聰明，也越來越複雜，要保持人類純真樸實的本性已日趨困難。於是人們驚呼人心不古，驚呼現代文明毀滅了人類的良知。但歷史畢竟是不可逆轉的，社會不可能再回到渾渾噩噩的遠古時代去，也沒有人真正願意回去。置身在這個紛華繁盛、複雜多變的世界上，該怎樣面對人生呢？本則告誡人們：要多保留一點純真，多保留幾分澹泊，留下些正氣，留下個清名。這不由人想起明代愛國將領于謙的那首〈石灰吟〉：「千錘萬擊出深山，烈火焚燒若等閒。粉身碎骨全不怕，要留清白在人間。」如果多一些人具備這樣的思想，我們的社會就會充滿正氣，充滿溫馨，變得和諧與美好。

三八、降魔自心　馭橫氣平

降魔❶者先降自心，心伏則群魔退聽❷；馭橫❸者先馭此氣❹，氣平則外橫不侵。

【注　釋】❶降魔　原意降伏妖魔，此謂除卻邪惡。❷退聽　退卻聽從。❸馭橫　駕馭強暴蠻橫的勢力。馭，駕馭；控制。❹此氣　指自身的蠻橫浮躁之氣。

【語　譯】要想制服邪惡，首先必須制服自己的心。自己的心降伏了，一切邪惡勢力就會在你面前退卻臣服。要想駕馭悖禮違紀的事情，首先必須控制住自己的情緒。自己的情緒平靜了，外在的強橫就不會侵犯你。

【評　析】有一則故事，說是一戶人家有狐狸作祟，主人請來一位法師除妖。法師施展法術，狐狸遁去蹤跡。主人自然十分高興，便擺下酒宴款待法師。席間觥籌交錯，法師不勝酒力，便去上房休息。半夜醒來，見一丫鬟捧茶而入。長得明眸皓齒，楚楚動人。法師不覺心馳神搖。此時，忽聽得耳邊一聲戲笑：「原來法師也只不過這般高明！」法師猛然一驚，知道是上了狐狸精的當。第二天，法師羞愧辭別。主人不解其故，苦苦相問。法師說：「我心中的魔尚且降伏不得，如何伏得外魔？」這則故事告訴我們，一個人要戰勝邪惡，戰勝外在之敵，首先必須戰勝自我。明王陽明說過：「破山中之賊易，破心中之賊難。」人生最大的敵人就是自我，是自己心中的貪欲，是對權力、地位的追求，是金錢、女色的誘惑。所以，加強品行的修養，克服自身的弱點，才能正氣凜然，百邪不入，外橫不侵。

三九、田除不淨　交遠匪人

教弟子如養閨女，最要嚴出入、謹交遊❶。若一接近匪人❷，是清淨田中下一不淨種子，便終身難植嘉禾❸矣！

【注釋】❶交游　交往；交友。❷匪人　品行不端的人；壞人。❸嘉禾　特別好的禾苗。《論衡・講瑞》：「嘉禾生於禾中，與禾異穗，謂之嘉禾。」

【語譯】教育弟子就像教養女兒一樣，最要緊的是嚴格管束他們的出入，教育他們謹慎地交結朋友。因為一旦他們接觸了壞人，就像在純淨的良田中播下了一粒壞種子，便一生也種不出好莊稼了。

【評析】環境對人的影響是至關重要的，孟子的母親清楚這一點，為擇善鄰而三遷其家。稍後於世的荀子也十分強調環境對人的這種潛移默化的作用，他在《勸學》一文中說道：「蓬生麻中，不扶而直；白沙在涅，與之俱黑。蘭槐之根是為芷，其漸之滫，君子不近，庶人不服。其質非不美也，所漸者然也。故君子居必擇鄉，遊必就士，所以防邪僻而近中正也。」與正直的人交往，能互相學習，互相激勵，取長補短，奮發上進；與奸佞小人為友，則難免沾染上惡習，時間一長，就會善惡不分，同流合汙。古語云：「與善人交，如入芝蘭之室，久而不聞其香；與惡人交，如入鮑魚之肆，久而不知其臭。」所以，交友時慎重而有所選擇，對人的一生是十分重要的。

四〇、欲路勿染　理路勿退

欲路上事❶，毋樂其便而姑為染指❷，一染指便深入萬仞❸；理路上事❹，毋憚❺其難而稍為退步，一退步便遠隔千山。

【注　釋】❶欲路上事　欲望方面的事，即佛家所謂的「五欲煩惱」。❷染指　原指攫取不該屬於自己的東西。《左傳・宣公四年》：「及食大夫黿，召子公而弗與也。子公怒，染指於鼎，嘗之而出。」後比喻參預其事。❸萬仞　萬丈深淵。古以八尺為一仞。❹理路上事　符合道理的事。❺憚　害怕；擔心。

【語　譯】個人私欲的事，不要貪圖便利而輕易嘗試，一旦嘗試，就會跌入萬丈深淵；合乎道理的事，不要懼怕困難而稍有退縮，一旦退縮，便與真理遠隔千山。

【評　析】欲望是與生俱來的，所謂「食色，性也」（《孟子・告子上》）。從自然界的角度來說，生物就是依賴於「欲」而生存繁衍，代代相傳的。但人類不同於動物的一個顯著的特點，就是能用理智來抑制欲望的惡性膨脹，建立起和諧有序的社會關係。宋代儒家就曾提出過「存天理，滅人欲」的口號，這一口號是否科學，我們姑且不去評論，但它正反映了古代學者對建立理性社會的強烈願望。

本則所說的「欲路上事」，是指那種貪得無厭的私欲，超出了一般意義上的人對食、色的需求。人生於世，最容易受利欲聲色的誘惑，有時候順手沾一點便宜，既方便又不為人所知。此時若不能約束住自己，「姑為染指」，便會一發而不可收拾，一步一步沉淪下去，因為人的貪欲是永無止境的。古語云：「千里之堤，潰於蟻穴。」就是這個道理。所以，防微杜漸，從點滴小事做起，才能成就高尚的人品。

四一、不陷濃豔 不入枯寂

念頭濃者❶，自待厚，待人亦厚，處處皆濃；念頭淡者，自待薄，待人亦薄，事事皆淡。故君子居常❷嗜好，不可太濃豔❸，亦不宜太枯寂❹。

【注釋】❶念頭濃者　指欲望強烈的人。❷居常　日常生活。❸濃豔　濃烈華美，過分講究。❹枯寂　寂寞到極點。形容生活單調，情趣索然。

【語譯】欲望強烈的人，對自己優厚，對別人也優厚，處處都顯得熱烈濃厚；欲望寡淡的人，自己生活得清苦，對別人也很嚴苛，事事都冷漠淡薄。所以，君子的日常生活，不要過於豪華奢侈，也不可太單調無味。

【評析】凡事都有個「度」，就拿人際關係來說，待人熱情、寬厚，本來無可非議，但若過分，就失去了原則；淡薄名利、地位，本來是人的美德，但若冷眼對待周圍的一切，就會給人以冷漠、刻薄之感。所以，「念頭」過於「濃豔」或過於「枯寂」，都是不適宜的。

提到這一問題，人們會很自然地聯想到《莊子．山木》中的一段話：「君子之交淡若水，小人之交甘若醴。君子淡以親，小人甘以絕。」《莊子》所謂的「淡」，不是本文所指的「冷漠」與「枯寂」，而是相對於小人過度親昵的交往而言的，這點必須區分清楚。

總之，待人處世，濃淡厚薄一定要適中，這樣，才能既不過於親暱，或失於冷漠，又能合乎時俗，順乎人情。

四二、不被牢籠　不受陶鑄

彼富我仁，彼爵我義❶，君子固不為君相所牢籠❷；人定勝天，志一動氣❸，君子亦不受造化❹之陶鑄❺。

【注　釋】❶彼富我仁二句　語出《孟子・公孫丑下》：「晉、楚之富，不可及也。彼以其富，我以吾仁；彼以其爵，我以吾義，吾何慊乎哉？」爵，爵位。此指高官厚祿。慊，少。❷牢籠　束縛。❸志一動氣　志向專一，就能改變精神氣質。語出《孟子・公孫丑上》：「志壹則動氣，氣壹則動志。」❹造化　指天地、大自然。❺陶鑄　比喻造就。範土製器稱陶，熔金為器稱鑄。《莊子・逍遙遊》：「是其塵垢秕糠，將猶陶鑄堯舜者也。」

【語　譯】他有財富，我有仁德；他有爵位，我有正義，君子本來就不會被帝王宰輔所束縛；人力一定能夠戰勝自然，只要志向專一，就可以改變自己的精神狀態，君子也不會受命運的左右和擺布。

【評　析】道家認為，一個人修養達到至高無上的境界，就能夠不為身外之物所累，「大澤焚而不能熱，河漢沍而不能寒，疾雷破山、風振海而不能驚」（《莊子・齊物論》）。有了這種精神，就能不為名利權勢所動，不為聲色犬馬所惑，「富貴不能淫，貧賤不能移，威武不能屈」（《孟子・滕文公下》），超然物外，保持獨立的人格和精神。當然，這是一種崇高的境界，不是容易做到的。對大多數凡夫俗子來說，只要不去追逐名利，攀附權勢，也一樣能夠自由自在，保持心靈的平和寧靜。

四三、立身要高　處世須退

立身❶不高一步立，如塵裡振衣❷，泥中濯足❸，如何超達❹？處世不退一步處，如飛蛾投燭，羝羊觸藩❺，如何安樂？

【注　釋】❶立身　在社會上立足。❷振衣　抖動衣服，除去灰塵。《楚辭・漁父》：「新沐者必彈冠，新浴者必振衣。」❸濯足　洗腳。《孟子・離婁上》：「滄浪之水濁兮，可以濯我足。」❹超達　超凡脫俗，明智達理。❺羝羊觸藩　比喻陷入困境，進退兩難。羝，公羊。藩，籬笆。公羊強健好勝，喜用犄角頂撞籬笆，往往卡住犄角而不能自拔。語見《周易・大壯・上六》：「羝羊觸藩，不能退，不能遂。」

【語　譯】在社會上立足，如果不能站得高一些，那就像是在塵土裡撣拂衣服、在泥漿中洗腳，怎麼能夠超凡脫俗、明智達理呢？在人生的道路上，如果不懂得退讓一步，那就像是飛蛾撲向燭火，公羊用犄角撞籬笆，又如何能夠平安快樂呢？

【評　析】諸葛亮在〈誡外甥書〉中說：「夫志當存高遠，慕先賢，絕情欲，棄疑滯，使庶幾之志，揭然有所存，惻然有所感。」一個人只有站得高，才能看得遠，才能超越世俗，有所見地，有所作為，有所成就。否則，只能如凡夫俗子一般，隨波逐流，終日在塵埃泥淖之中打滾，庸庸碌碌地了此一生。陳勝的故事為人熟知。他年少時與人傭耕，「輟耕之壟上」，憤憤不平地說：「苟富貴，無相忘！」別人嘲諷他：一個為人耕地的傭夫，哪裡會有什麼富貴？他嘆息說：「燕雀安知鴻鵠之志哉！」正因為陳勝有著遠大的志向，才能在大澤鄉揭竿而起，做出了一番驚天動地的事業。

當然，一個人的志向也必須切合實際，不能好高騖遠，在實現理想的過程中要有冷靜的頭腦，踏踏實實，知所進退，而不能一味魯莽。否則，就會像羝羊觸藩那樣，陷入兩難；像飛蛾撲火一般，招致滅亡。

四四、收拾精神　修德讀書

學者要收拾❶精神，併歸一路❷。如修德而留意於事功❸名譽，必無實詣❹；讀書而寄興❺於吟咏風雅❻，定不深心。

【注釋】❶收拾　集中。❷併歸一路　歸到一處，即聚精會神。❸事功　事業和功績。❹實詣　真正的造詣。❺寄興　寄託興致。❻吟咏風雅　指吟詩作賦，附庸風流儒雅。《詩經・序》：「吟咏性情。」孔穎達疏：「動聲曰吟，長言曰咏。」風雅，原指《詩經》中的〈國風〉和〈大雅〉、〈小雅〉，後泛指詩文。

【語譯】讀書人一定要集中精神，專心致志。如果要修養品德卻一心想著功名利祿，必定不會有真正的造詣；如果在讀書時而把興致放在吟詠詩文、附庸風雅之上，一定無法深入體會。

【評析】學習必須用心專一，孟子曾舉過一個例子：有一位名叫弈秋的著名棋手教二個學生下棋，「其一人專心致志，唯弈秋之為聽。一人雖聽之，一心以為有鴻鵠將至，思援弓繳而射之，雖與之俱學，弗若之矣」（《孟子・告子上》）。孟子因此感嘆道：「為是其智弗若與？曰：非然也！」（同上）下棋只是一種技藝，尚且如此，更何況是研究學問、修養品行呢？學習是沒有捷徑可走的，尤其是不可心有旁騖，一分耕耘才會有一分收穫。熱中功名的人難以潛心修行，附庸風雅的人也不會學到真正的知識，只有勤奮和專一，才能成功。

四五、欲蔽情封　咫尺千里

人人有個大慈悲❶，維摩❷屠劊❸無二心也；處處有種真趣味，金屋❹茅簷❺非兩地也。只是欲蔽情封❻，當面錯過，使咫尺❼千里矣。

【注　釋】❶大慈悲　佛家語。即解除人的痛苦，給人以歡樂。《大智度論》卷二七：「大慈與一切眾生樂，大悲拔一切眾生苦。」❷維摩　即維摩詰。印度大德居士，與釋迦同時人。輔佐如來，教化眾生，稱菩薩化身。❸屠劊　屠夫與劊子手。佛教認為，不論是菩薩還是屠夫、劊子手，都具有佛性。❹金屋　指華美的屋子。❺茅簷　茅草屋。簷，屋簷。此借代為屋子。❻欲蔽情封　被欲望和情感所蒙蔽、封錮。❼咫尺　形容距離很近。古以八寸為一咫。

【語　譯】人人都有一副大慈大悲的心腸，菩薩、屠夫、劊子手並沒有兩樣；處處都存在著天真自然的趣味，金屋、茅舍也沒有差別。只是人們往往被欲望和情感所蒙蔽、封錮，雖然近在咫尺，然而當面錯過，便遙遠如千里了。

【評　析】孟子主張性善，認為人人都有惻隱之心、羞惡之心、辭讓之心、是非之心，人人皆可以成為聖賢。荀子主張性惡，不同於孟子的觀點，但他也認為，只要後天教以禮義，就可以成為品行高尚的人。佛教更為通達，認為每個人都有一副慈悲心腸，即使是屠夫、劊子手，一旦放下屠刀，便可以立地成佛。這段文字啟示我們，一個人要不斷挖掘自己心中美好的東西，用心領略周遭事物的真正趣味，不要被私欲所蒙蔽，被感情所禁錮，否則一念之差，原本美好的品格即消失淨盡，生活的真趣也難以尋覓了。

四六、有木石心　具雲水趣

進德修道，要個木石的念頭❶，若一有欣羨，便趨欲境❷；濟世經邦❸，要段雲水❹的趣味，若一有貪著，便墮危機❺。

【注釋】❶木石的念頭　比喻心如木石般堅定，不受外物的誘惑。木石，樹木與石塊，皆為無情欲之物。❷欲境　貪欲的境地。❸濟世經邦　拯救天下，治理國家。濟，救助。經，治理。❹雲水　佛家稱行蹤飄忽、雲遊四方的行腳僧為雲水。這裡取其四海為家、以苦為樂的精神。❺危機　謂成敗的緊要關頭。

【語譯】想進德修道，就要有木石一般堅定的信念，一旦有羨慕的念頭，便會走向私欲的境地；立志濟世經邦，必須具備行腳僧四海為家的吃苦精神，一旦貪欲纏身，便會墮入生死成敗的關頭。

【評析】木石是普通之物，無情無欲，象徵著堅定與專一。一個人為人應像木石一樣，排除雜念，不忮不求，朝著認準的目標努力，進德修道才能有成。這是本則前一句的含義。後一句是對當權者而言的。一個人可能權傾朝野，可能富可敵國，但他若缺少了行腳僧人那種超然澹泊的情懷，是難以濟世經邦的。因為他一旦迷戀上榮華富貴、功名利祿，就無法保持清正廉潔。常言道：權力使人腐化，金錢使人墮落。對於那些高居顯位的人來說，如果不能及時從名利欲望中清醒過來，是很容易墜入無底深淵的。

四七、善人和氣　惡人殺氣

吉人❶無論作用安祥❷，即夢寐神魂❸，無非和氣；凶人無論行事狼戾❹，即聲音咲❺語，渾是殺機❻。

【注　釋】❶吉人　心地善良的人；賢人。《尚書・泰誓中》：「吉人為善，惟日不足。」❷作用安祥　行為從容祥和。作用，指行為。❸夢寐神魂　睡夢之中，精神深處。❹狼戾　以狼性比喻人的貪婪凶殘。戾，性情乖張、殘暴。顏師古注《漢書・嚴助傳》：「狼性含戾，凡言狼戾者，謂貪而戾。」❺咲　「笑」的古字。❻殺機　恐怖凶殺的氣氛。

【語　譯】善良的人不用說言行舉止是從容祥和的，即使睡夢之中，精神深處，也無非是祥和之氣；險惡的人不僅所作所為貪婪凶殘，即使聲音笑語，也全是凶殺之氣。

【評　析】人的心性與相貌神態有無直接的關係呢？有人說有，有人說無。中國人相信相面之術，雙手過膝，兩耳垂肩，為帝王之相；天庭飽滿，方面大耳，為有福之相；獐頭鼠目，尖嘴猴腮，為奸猾之相。傳統京劇則將不同類型的人分為固定的臉譜，以示忠奸善惡。這說起來似乎也有道理，所謂「相由心生」，容貌神態是一個人思想氣質的外在表現。大凡心地善良的人，言談舉止之中，總是充滿著和善之氣；而性情殘暴的人，往往使人不寒而慄。但如果把這些絕對化起來，那就不科學了，因為人畢竟是複雜的。在現實社會中，有大奸若忠、大惡若善的人，有大智若愚、大巧若拙的人，有面惡心善的人，也有面慈心惡的人，形形色色，不一而足。所以，我們只有聽其言、察其色、觀其行，才能識別一個人的真假善惡，才能避免在複雜的社會中上當受騙。

四八、欲得無禍　勿罪冥冥

肝受病則目不能視❶，腎受病則耳不能聽❷。病受於人所不見，必發於人所共見。故君子欲無得罪於昭昭❸，先無得罪於冥冥❹。

【注　釋】❶肝受病則目不能視　中醫認為肝主目，故云。《靈樞・脈度》：「肝氣通於目，肝和則能辨五色矣。」❷腎受病則耳不能聽　按中醫理論，腎上開竅於耳，下開竅於二陰，腎有病則影響到聽力。《靈樞・脈度》：「腎氣通於耳，腎和則耳能聞五音。」❸昭昭　明亮。此謂公開場所。❹冥冥　晦暗。此謂暗中。

【語　譯】肝臟有病，眼睛就看不明白；腎臟有病，耳朵就聽不清楚。疾病在人們看不到的部位，症狀卻是人所共見的。所以君子要想在世人面前沒有罪咎，就必須先在人們所看不見的地方沒有罪過。

【評　析】《禮記‧中庸》中說：「莫見乎隱，莫顯乎微，故君子慎其獨也。」就是說，一個人在無人知曉的獨處環境中，也應該堅守品行節操，不做任何壞事。其實這也正是君子的明智之處。俗話說：「若要人不知，除非己莫為。」一個人只有從內心深處把握住自己，才能行得正、坐得直，不怕別人的監督，禁得起時間的考驗。在這方面，東漢楊震是值得人們學習的。楊震做過荊州刺史、東萊太守。在位時，一天夜裡，有人登門賄賂，楊震嚴辭拒絕。來人說：「此事夜裡無人知曉。」楊震反問道：「天知，神知，我知，子知，何謂無知？」來人只好羞愧而去。楊震不愧為君子慎獨的典範，當今為官者，應該從中得到啟示。

四九、多心為禍　少事為福

福莫福於少事❶，禍莫禍於多心。唯苦事者❷，方知少事之為福；唯平心者❸，始知多心之為禍。

【注　釋】❶少事　很少煩心之事。❷苦事者　指那些被世事所牽累而疲於奔命的人。❸平心者　指性情平和恬淡的人。

【語　譯】人生最大的幸福莫過於很少煩心之事，而最大的不幸莫過於多心生疑。只有苦於被世事牽累的人，才能體會到少煩心之事是莫大的福分；只有性情平和恬淡的人，才能理解多心猜疑的禍害。

【評　析】經歷過人世滄桑的人，才能真正體會到人生最大的幸福並不在於功名富貴，而是平平安安、無災無禍。災禍常因多心而引起，所謂「疑心生暗鬼」，就是說由於多心生疑而把事情搞糟。《法苑珠林》卷五三就有這樣一則寓言：有夫妻二人同去酒甕取酒，見甕內恍惚有人影，便互相猜疑，以致毆打不休。此時有一道士經過，便上前打破酒甕，酒淌盡後，見裡面了無一物，二人才明白所見的是自己的影子，羞愧萬分。宋陸九淵說過：「天下本無事，庸人自擾之。」其實，一個人只要心地坦誠、光明磊落，是無須擔心別人會對自己有什麼不利的，只有心胸狹窄的人才會疑神疑鬼，互相猜疑。殊不知，在他們無端生疑的同時，已把自己擺在一個十分危險的位置上了。

五〇、方圓處世　寬嚴待人

處治世❶宜方❷，處亂世❸宜圓❹，處叔季之世❺當方圓並用。待善人宜寬，待惡人宜嚴，待庸眾之人當寬嚴互存。

【注　釋】❶治世　太平盛世。❷方　謂品行方正。❸亂世　動蕩不安的時代。與「治世」相對。❹圓圓通；靈活。❺叔季之世　指國家衰亂、行將滅亡的時代。古時長幼順序按伯、仲、叔、季排列，叔、季在兄弟排行中屬後，故稱末世為叔季之世。

【語　譯】在政治清明的年代，為人處事要方正；在動蕩不安的年代，為人處事要圓通；在國家衰亂行將滅亡的末世，應當方正與圓通並用。對待善良的人，應當寬厚；對待邪惡的人，應當嚴厲；對待庸碌平凡的人，要寬嚴並用。

【評　析】適者生存，是萬古不易的自然法則，即便是聖人也不例外。孔子周遊列國，碰到哪個國家有危險，就避而遠之；發現哪個國家綱紀紊亂即將生變，就迅速離去。他稱讚寧武子說：「邦有道則知，邦無道則愚。」（《論語・公冶長》）又說：「其知可及也，其愚不可及也。」（同上）寧武子碰到亂世就變得愚笨起來，難道真的愚笨嗎？顯然不是，這恰恰是寧武子的聰明過人之處。因為治世和亂世，社會環境不同：治世政治清明，廣開言路；亂世奸臣當道，綱紀敗壞。採用不同的處世方法，才能從容進退，明哲保身。

同樣的道理，對好人寬厚，對惡人嚴厲，對一般人寬嚴並用，對不同的人採取不同的態度，既有人情味，又不失原則，無疑是一種成熟的人際交往準則。

五一、忘功念過　忘怨念恩

我有功❶於人不可念❷，而過則不可不念；人有恩於我不可忘，而怨❸則不可不忘。

【注釋】❶功　指對別人的幫助或恩惠。❷念　叨念；掛念。❸怨　怨恨；讎恨。

【語譯】我有恩於別人，不可以念念不忘；我對不起別人，則不可以不牢記心上。別人有恩於我，不可以忘懷；別人對不起我，則不可以不把它忘掉。

【評析】克己恕人是儒家提倡的為人處世的基本原則，本則文字從正反兩個方面作了概括性的闡述。

為什麼有功於人不可念呢？因為一心想著自己對別人的好處，必生驕矜之心，自恃有功而簡慢待人，反會因功生過；同時也說明你幫助別人的目的並不純正。為什麼有過不可不念呢？因為鑑往可以昭來，前事不忘，後事之師。忘記了自己的過失，也就失去了惕厲之心，必然容易重蹈覆轍。

為什麼人有恩於我不可忘呢？忘人恩德，實陷己於不義之地。古人云：「滴水之恩，當湧泉相報。」韓信落難時受人一飯，終身不忘，傳為美談。當然，知恩相報也不能有違做人的準則，如果受了別人一點小恩小惠就不分是非曲直，為虎作倀，則走向了事物的反面，報恩反成作惡。為什麼人負於我不可不忘呢？儒家主張「恕道」，寬厚待人。怨怨相報何時了？只有心胸寬廣，容得下人，才能有大作為。

五二、施不求報　求報無功

施恩者，內不見己，外不見人，則斗粟❶可當萬鍾❷之惠；利物者，計己之施，責❸人之報，雖百鎰❹難成一文❺之功。

【注釋】❶斗粟　一斗糧食。粟，古為黍、稷、粱、秫的總稱。今稱粟為穀子，去殼後稱小米。❷萬鍾　言其多，與斗粟相對。鍾，古代的容量單位。一鍾合六斛四斗。❸責　求。❹百鎰　謂金錢之多。鎰，古代重量單位。一鎰為二十兩，一說二十四兩。❺一文　一枚銅錢。與百鎰相對，言其少。

【語譯】給他人恩惠，自己不記在心頭，也不對外宣揚，那麼，一斗的糧食可以抵得上萬鍾的恩惠；以財物周濟他人，如果念念不忘自己的施捨，並要求人家的回報，那麼，一百鎰的銀兩也難以成就一文錢的功德。

【評析】古語云：「有心為善，雖善不賞。」幫助別人本來是一件好事，但若心存回報的念頭，便落入一個「偽」字。明呂坤《續小兒語》中說：「蘭芳不厭谷幽，君子不為名修。」品行高尚的人，按照自己一貫的行為準則行事，並不會因為能否博得美名而改變自己的初衷。因此，他們默默無聞，以自己的真情，溫暖著那些風雪嚴寒中的人心。但一旦人們發現了他，了解了他，就會產生由衷的感激和欽佩之情。人們會加倍地尊重他、讚揚他，從這個意義上說，「斗粟」可以抵「萬鍾之惠」，「一文」可以成「百鎰」之功。

五三、相觀對治　方便法門

人之際遇，有齊❶有不齊，而能使己獨齊乎？己之情理，有順有不順，而能使人皆順乎？以此相觀對治❷，亦是一方便法門❸。

【注釋】❶齊　指完美。❷相觀對治　互相對照改正。觀，細看。治，改正；修正。❸方便法門　佛家語。指修身養性的捷徑。法門，佛教謂修行者入道的門徑。

【語譯】人生的遭遇，有時好有時壞，怎能要求自己獨享好運呢？自己認定的情理，有的合理，有的不合理，怎能要求別人都順從呢？因此，設身處地、互相對照，也是一條修身的捷徑。

【評析】孔子曾說過：「己所不欲，勿施於人。」（《論語・衛靈公》）又說：「夫仁者，己欲立而立人，己欲達而達人。」（《論語・雍也》）能將心比心，設身處地為他人著想，這便是「恕」道的精神。本則所謂「相觀對治」，即從人生的際遇、情理，闡發了這種思想。

人生在世，有時順利，有時困阨；芸芸眾生，有人飛黃騰達，有人沉淪困頓。不論其原因如何，都必須坦然面對，虛心反省，不可怨天尤人，希望「使己獨齊」，而將厄運全歸於他人。俗話說：「真理愈辯愈明。」如果這世界上確有所謂「真理」存在，那也應該是為最大多數人所肯定、認同，並且對最大多數人的福祉提供保障的，最起碼，它不是一個人的認定就能成立的，所以在與他人無關的情況下，我盡可有我的情理，但在與他人互動的關係中，卻不可硬要他人接受我的觀點。因為，它終究只是一個人的觀點，它可能是合理的，也可能是不合理的，況且別人也自有他的一套觀點啊！

孔子的「恕」道精神，是保障人群和諧的千古良方，於今為然。

五四、惡人讀書　適以濟惡

心地乾淨❶，方可讀書學古。不然，見一善行，竊以濟私❷；聞一善言，假以覆短❸。是又藉寇兵而齎盜糧❹矣。

【注　釋】❶心地乾淨　佛教語。謂心性純潔、無汙染。❷竊以濟私　偷偷拿來滿足自己的私欲。❸假以覆短　借用來遮掩過失。假，借用。覆，掩蓋。短，短處；過失。❹藉寇兵而齎盜糧　借兵器給敵寇，送糧食給盜賊。語出李斯〈諫逐客書〉：「此所謂藉寇兵而齎盜糧者也。」藉，借給。寇，敵軍。兵，兵器。齎，持物贈人。

【語　譯】思想純正的人，才可以讀聖賢之書，學古人之道。不然的話，見到書上的一件好事，就偷偷拿來為自己的私欲服務；聽到古人說了一句好話，就借用來掩飾自己的過失。這就等於是把兵器借給敵寇、將糧食送給盜賊了。

【評　析】讀書本來是一件十分有益的事。通過讀書，一個人可以學到知識、本領，學到做人的道理。但如果懷著邪惡的念頭去讀書，也可以利用書中的知識，為個人攫取私利，掩蓋過失，造成社會的禍害。西漢末年的王莽，就曾歪曲利用古書中的語言，製造輿論，篡奪政權。現代社會，科學技術突飛猛進，利用現代知識和技術從事「經濟犯罪」、「智慧犯罪」已日益成為一種嚴重的社會問題。所以，讀書必須「明理」，必須加強思想品德方面的修養。只有品學兼優、才德兼備的人，才是我們社會需要的有用之才。

五五、奢不如儉　能不如拙

奢者富而不足，何如儉者貧而有餘；能者勞而府怨❶，何如拙者逸而全真❷。

【注　釋】❶府怨　招致怨謗。府，聚集；招致。《國語・魯語上》：「少德而多寵，位下而欲上政，無大功而欲大祿，皆怨府也。」注：「怨之所聚也，故曰府。」❷全真　道家語。意為保全本性。真，本性；自然之性。

【語譯】奢侈的人，即使富有，也感到不滿足；還不如儉樸的人，雖然貧窮，卻覺得有餘裕；有才能的人，操勞忙碌，卻往往招致怨謗；還不如愚笨的人，閒逸安適，卻能保持純真。

【評析】人的貪欲是永遠填不滿的溝壑，所以，生活奢侈的人，儘管擁有萬貫家財，也不會感到滿足；而肆意揮霍，往往會在一夜之間，使一個富翁變成一文不名的窮光蛋。生活節儉的人，量入為出，雖然並不富有，但平平安安，知足常樂。古人云：「惟儉足用。」又云：「節儉者，不竭之源。」（東漢嚴遵〈座右銘〉）節儉持家，家能殷康；勤儉建國，國堪富強。

工作要講究方法。有的人因自身才華出眾，便事事不放心別人，巨細過問，結果徒遭非議，還不如自知魯拙而能用人之長，反能輕鬆安逸，不遭物議，不受傷害。諸葛亮一生操勞，鞠躬盡瘁，但身死之後，卻出現人才匱乏、捉襟見肘的窘況，以致有「蜀中無大將，廖化作先鋒」之諺。這與諸葛亮事必躬親，不能放手於人的作風是否有關呢？值得探討。

五六、學尚躬行　立業種德

讀書不見聖賢，為鉛槧傭❶；居官不愛子民❷，為衣冠盜❸。講學不尚躬行❹，為口頭禪❺；立業不思種德❻，為眼前花❼。

【注釋】❶鉛槧傭　雇傭來的鈔書工人。鉛，鉛粉。古代用來塗改簡牘上的錯字。槧，古時寫字用的木板。傭，雇傭來做工的人。❷子民　百姓；人民。❸衣冠盜　穿戴體面的盜賊。衣冠，穿衣戴冠。古代士以上的人方戴冠，因指士以上的服飾。後代稱搢紳、士大夫。❹躬行　身體力行。躬，親自。❺口頭禪　佛家語。原指不能領會禪理，只是襲用禪宗的常用語作為說話時的點綴。後比喻經常掛在嘴邊的詞句。❻種德　布德；施恩澤於人。《尚書・大禹謨》：「皋陶邁種德，德乃降，黎民懷之。」孔安國傳：「種，布。」❼眼前花　即曇花。曇花一現即謝，故稱。

【語　譯】如果讀書不能理解聖賢的思想，那只能算是一個鈔書工匠；如果當官不愛護百姓，那只能算是一個衣冠強盜。講授學問卻不重視實踐，學問就變成了空談；創立事業而不思廣修功德，這樣的事業就只能曇花一現。

【評　析】讀書不能僅理解字面，還要領會其精神實質，學以致用，否則，只能成為書本的奴隸。講學也不能照本宣科，人云亦云，而應當聯繫實際，身體力行，否則，只能成為徒具形式的傳聲筒。本則主張讀書要「見聖賢」，講學要「尚躬行」，就是為了以所學來指導實踐，服務社會，也就是為了「立業」、「種德」。

讀書的目的要明確，做官也同樣如此。唐柳宗元〈送薛存義序〉一文就表達了官吏為民公僕的思想。他在讚揚薛存義「早作而夜思，勤力而勞心」的同時，抨擊那些「受其直怠其事者」，稱他們為天下的盜賊。柳宗元的思想可以說為本文開了先聲。一個人既已做官就應當為民辦事，如果利用手中的權力為個人謀取私利，那不就成為「衣冠盜」了嗎？俗話說：「當官不與民作主，不如回家賣紅薯。」這應該成為從政者的座右銘。

五七、掃除外物　直覓本來

人心有一部真文章❶，都被殘編斷簡❷封錮了；有一部真鼓吹❸，都被妖歌豔舞湮沒了。學者須掃除外物❹，直覓本來❺，才有個真受用❻。

【注　釋】❶真文章　指人性本有的純真美好。文章，美好的文采。❷殘編斷簡　原指殘缺不全的書籍，此指零星瑣碎的書本知識。編，古代用來串聯竹簡的皮筋或繩子。簡，竹片。古人用以記錄文字。❸鼓吹　古代軍中之樂，用鼓、鉦、簫、笳等樂器合奏，後泛指音樂。此謂人的心聲。❹外物　身外之物。❺本來　本性；本心。❻受用　益處。

【語　譯】人的心中本來就有純真美好的文采，可惜都被那些零星瑣碎的書本知識所封閉了。也都有純真美妙的心聲，只是都被妖豔的歌舞所淹沒了。讀書人必須摒除外界事物，直接追尋本來的心性，才能獲得真正的益處。

【評　析】宋明理學有兩個主要的進路，一是知識的積累，一是心性的探索。本章所謂「掃除外物，直覓本來」，就是從心性的進路而提出的主張。

書籍是前人知識的結晶，作為知識，可能是正確的，也可能會有謬誤。孟子說：「盡信書則不如無書。」（《孟子・盡心下》）封錮在歷史的「殘編斷簡」中，食古不化，墨守陳規，只會停滯不前。哥白尼的地動說，打破了神學的桎梏，揭示了地球圍繞太陽運轉的客觀規律；愛因斯坦的相對論，使牛頓的經典力學發生動搖：都說明了人類對客觀事物的認識，會隨著時間的推移不斷深化、不斷更新。所以，我們既要重視書本知識，汲取前人的成果，又要師古而不泥古，才能有所發現，有所創新，其間，「心」的思考功能，就有著決定性的重要作用了。所以孔子說：「學而不思則罔。」（《論語・為政》）然而，「思而不學則殆」（同上），「直覓本來」固然能有所「受用」，但它仍然必須和客觀世界相對應，才不致流於空疏臆斷。

五八、苦中有樂　得裡有失

苦心❶中常得悅心❷之趣，得意時便生失意之悲。

【注釋】❶苦心　困苦之心。這裡指艱難境況。❷悅心　心情愉悅。

【語譯】在艱難困苦的逆境中，常會有由衷的喜悅；而得意的時候，往往種下了失意之悲的種子。

【評析】人生的道路是曲折的，但一個人只要懷有崇高的理想和遠大的目標，就不會被一時的困難所嚇倒，就能在逆境中保持樂觀的心情，迎著風浪，去領略生活和奮鬥的樂趣。俗話說：「苦是樂的種子，樂是苦的根苗。」戰勝自我，努力拚搏，就一定會有苦盡甘來的那一天。相反，當一個人被掌聲和鮮花包圍著的時候，卻要提高警覺，保持清醒的頭腦。因為樂極生悲、盛極則衰，已是無數事實可以證實的客觀規律。

五九、富貴名譽　植根道德

富貴名譽，自道德來者，如山林中花，自是舒徐❶繁衍；自功業來者，如盆檻❷中花，便有遷徙興廢；若以權力得者，如瓶鉢❸中花，其根不植，其萎可立而待矣。

【注釋】❶舒徐　從容舒展之貌。舒，展開。徐，緩慢。❷盆檻　花盆與圍欄。❸鉢　僧人用的食具。這裡指碗之類的器皿。

【語譯】富貴名譽從道德修養得來的，那就像是山林中的花，當然是從容舒展地生長繁衍；靠建功立業得來的，那就像是花盆和圍欄中的花，就有移植和盛衰的可能；利用手中權力得來的，那就像是瓶罐中的花，由於沒有根，很快就會枯萎。

【評析】物質財富和名譽地位是人們所嚮往的，但實現這一目標的方法卻因人而異。本文從道德、功業、權力三條途徑作了比較，說明從表面上看，三者似乎都達到了同一目的，但由於各自的根基不同，分別有不同的結果。從權力中來的人，其根不植，一朝失勢，就會如瓶中之花，立刻凋謝枯萎。因為他們得之易，自然失之疾。從功業中來的人，碰到朝代興廢、權力更迭，也會從顛峰上跌落下來，一夜之間，由座上賓淪為階下囚。惟有從道德中來的人，才能禁得起風浪的考驗，保持完名美節。「德之崇，不求名之遠而名自遠」《意林》引晉楊泉〈物理論〉，它啟示我們，成就任何事業，都必須經過艱苦的奮鬥、長期的積累，只有這樣，才能根深葉茂。不想付出辛勤的勞動，指望通過「捷徑」，一蹴而就，那是很容易跌得頭破血流的。

六〇、思立好言　思行好事

春至時和❶，花尚鋪一段好色❷，鳥且囀❸幾句好音。士君子幸列頭角❹，復遇溫飽，不思立好言、行好事，雖是在世百年，恰似未生一日。

【注　釋】❶時和　天氣溫和。❷好色　美好的景色。❸囀　婉轉鳴叫。❹頭角　原指頭頂左右突出之處，後比喻年輕人氣概非凡、才華出眾。

【語　譯】春天到來，天氣溫和，百花尚且鋪上一片美好的景色，鳥兒尚且婉轉地鳴叫出陣陣悅耳動聽的聲音。士大夫有幸嶄露頭角，又能溫飽，如果不想發表一些有益的言論，做一些有貢獻的事情，即使活到一百歲，也如同一日未過。

【評　析】《列子．楊朱》中託名楊朱，發過一通議論，說是人活在世上是堯是舜，死後只是一堆腐骨，同桀、紂沒有什麼區別，一死萬事休，何顧身後名？所以，人應當及時行樂。這段議論帶有很大的蠱惑性，所幸中國大多數知識分子還不至於如此「為我」，因此，這一觀點一直為讀書人所不恥。「身前重名，死後重譽」是中國知識分子的傳統觀念。宋代理學家張載就說過：「為天地立心，為生民立命，為往聖繼絕學，為萬世開太平」，代表了儒家的正統思想。依照這一觀點，一個有責任心的人，就應該積極入世，為社會所用。為政，就得清正廉明，興利除弊；治學，就得篳路藍縷，著書立說。當然，一個人能否成功，還受著各種因素的制約，但只要有這點精神，便勝過行屍走肉。

六一、兢業心思　瀟灑趣味

學者有段兢業❶的心思，又要有段瀟灑❷的趣味。若一味斂束❸清苦，是有秋殺❹無春生❺，何以發育萬物？

【注　釋】❶兢業　「兢兢業業」的省文。謹慎戒懼。❷瀟灑　輕鬆自如無拘無束的樣子。❸斂束　收斂約束。❹秋殺　秋氣淒清肅殺。❺春生　春天的勃勃生機。

【語　譯】讀書人要有兢兢業業的精神，又要有輕鬆灑脫的情趣。如果一味地壓抑約束，清苦度日，那就像是只有肅殺的秋天，沒有生機蓬勃的春天，怎麼能培育萬物呢？

【評　析】如同自然界有四季轉化、春來秋往一樣，人也應該有多方面的生活內涵。古人云：「一張一弛，文武之道。」一個讀書人，如果只知道埋在故紙堆中苦學終日，而不懂得去領略讀書之外豐富的人生，就只能成為一個迂儒、一個書呆子。大千世界，千姿萬態，許多知識是書本上學不到的。死摳書本，做不出真正有價值的學問，而只會與現實距離越遠。所以，在兢兢業業求學的同時，多接觸生活，多保持幾分瀟灑的情趣，不僅有益於身心，對事業也是大有幫助的。

六二、真廉無名　大巧無術

真廉無廉名，立名者❶正所以為貪；大巧❷無巧術，用術者❸乃所以為拙。

【注　釋】❶立名者　樹立名望的人。這裡指沽名釣譽之徒。❷大巧　謂絕頂聰明的人。❸用術者　玩弄權術的人。

【語　譯】真正廉潔的人，往往沒有廉潔的名聲；沽名釣譽的人，正說明了他們的貪婪。真正聰明的人，並沒有巧妙的權術；玩弄權術的人，正說明了他們的笨拙。

【評　析】世界上最令人深惡痛絕的就是那些漂亮幌子下的欺騙勾當。比如，清正廉潔是為官的準則，於是古代就有送地方官萬民傘的，有刻德政碑的。這些萬民傘、德政碑並不是百姓自願贈送的，但百姓一樣得出錢，實際是由士紳來操辦。於是，官得到了清廉愛民的美名，士紳也因此巴結上了官。「欲潔何曾潔，云空未必空」，那些名噪一時的人往往正是沽名釣譽之徒。而清正廉潔之士，不計較名利，不以外界的毀譽為轉移，因此若愚若拙，往往不為人所了解。但時間長了，人們一旦發現了他們的美好品行，是會油然而生敬意的。

六三、寧無不有　寧缺不全

敧器❶以滿覆，撲滿❷以空全。故君子寧居無不居有，寧處缺不處完。

【注　釋】❶敧器　古代一種易於傾斜倒覆的容器。在其中注上一半水則直立，盛滿則傾倒。置於君王座位的右側，以儆誡不可自滿。唐劉禹錫〈奉和吏部楊尚書即事述懷贈答十韻〉：「誡滿澄敧器，成功別大鑪。」❷撲滿　古代存儲零錢的陶土罐。有一窄口，錢可存入而不可出，存滿後撲破取出，故稱。

【語　譯】敧器因為盛滿了水而傾覆，撲滿在未裝滿的時候得以保全。因此，君子寧可無也不要有，寧可欠缺也不要完備。

【評　析】攲器裝滿了水就會傾覆，撲滿盛滿了錢就將被打破，它們具體地告訴我們，一個人必須謙虛謹慎、虛懷若谷，才能聽進別人的意見，看到自己的不足，奮發努力，取得成功。而人在成績面前，是很容易驕傲自滿的，此時若沾沾自喜，故步自封，聽不得不同的聲音，便是失敗的開始。古語云：「滿招損，謙受益。」（《尚書‧大禹謨》）又云：「自伐者無功，自矜者不長。」（《老子》二十四章）說的都是這個道理。古人尚能從攲器和撲滿中得到啟示，引起警戒，作為現代文明社會中的人，自然更不應該忘記其中的深刻道理。

六四、拔去名根　消融客氣

名根❶未拔者，縱輕千乘❷、甘一瓢❸，總墮塵情❹；客氣❺未融者，雖澤四海、利萬世，終為剩技❻。

【注　釋】❶名根　追求名利的欲望。❷千乘　千輛戰車。古稱四匹馬拉的車為一乘。諸侯小者為千乘之國，大者為萬乘之國。此喻榮華富貴。❸甘一瓢　以一瓢水為甘美。《論語‧雍也》：「賢哉回也！一簞食，一瓢飲，在陋巷，人不堪其憂，回也不改其樂。」❹塵情　世俗之情。❺客氣　宋代儒學認為心是性的本體，因稱發於血氣的生理之性為客氣。《近思錄》：「明道先生（程顥）曰：『義理與客氣常相勝，只看消長分數多少，為君子小人之別。』」❻剩技　別人用剩下來的伎倆。

【語　譯】名利欲望不能清除的人，縱使他看輕榮華富貴，甘願過清貧的生活，終究會墮入世俗塵情之中；血氣之性不能消融的人，縱使他恩澤及四海，利惠傳萬代，也終究只是別人用剩下來的伎倆。

【評　析】如何對待名利呢？採取一概排斥的態度，恐怕也未必公允，未必務實，關鍵是看這名與利是勤奮工作得來的，還是用不正當手段謀取的。當你的工作做出成績的時候，得到相應的名譽和利益，是社會對你的承認，並沒有什麼不妥當。只是應該明白，「名貴與而不貴取」。一個人，如果不思為社會、為國家做出貢獻，而將手伸得老長，是十分討厭、也是十分危險的。而那些沽名釣譽的人，就更令人作嘔了。唐代有個叫盧藏用的人，一心想做官，卻假惺惺地跑到終南山隱居了起來。終南山離長安很近，人容易出名。不久，他果然以高士得官，人稱「隨駕隱士」。他曾指著終南山對人說：「此中大有佳趣。」要說名根未拔、客氣未消者，盧藏用可以算得上是標準的一個，可惜在現代社會，玩這種伎倆的仍然大有其人。

六五、心體光明　念勿暗昧

心體❶光明，暗室中有青天；念頭暗昧❷，白日下生厲鬼。

【注　釋】❶心體　指心地、思想。古人認為心是思想的本體，故稱。❷暗昧　陰暗隱祕。

【語　譯】心地光明的人，即使在黑暗的屋子裡，胸中也有萬里晴空；念頭陰暗的人，即使是在光天化日之下，也會疑心生暗鬼。

【評　析】常言道：「身正不怕影子歪」、「不做虧心事，不怕鬼叫門」，一個人心地光明，就能禁得起各種誘惑，勝得過各種邪惡；不論在什麼情況下，都能堅守信念，保持正直的人品。相反的，一個人心地晦暗，邪念纏身，就會疑神疑鬼，整日戰戰兢兢。唐代的奸相李林甫，口蜜腹劍，擅政專權，殘害忠良，內心就極度空虛恐懼。他「自覺結怨者眾」，整日擔心會遭人行刺暗算。「居則重關複壁，以石甃地，牆中置板，如防大敵」。一夜之間，他要數次變換睡覺的地方，連家裡的人也弄不清楚（見《資治通鑑》卷二一五），最後，他還是在恐懼憂懣之中結束了罪惡的一生。這正應了「念頭暗昧，白日下生厲鬼」這句話。

六六、名位非樂　飢寒勿憂

人知名位❶為樂，不知無名無位之樂為最真；人知飢寒為憂，不知不飢不寒之憂為更甚。

【注　釋】❶名位　名聲與地位。

【語　譯】人們只知道有名聲有地位的快樂，卻不知道沒有名聲沒有地位的快樂最為真切；人們只知道飢寒的痛苦，卻不知道不飢不寒的痛苦更甚於前者。

【評　析】人的禀性不同，思想境界不同，對於同一事物便會有不同的感受。世人都愛做官，但陶淵明當了彭澤縣令後，卻深感官場黑暗，整日為五斗米折腰，失去了人的尊嚴和自由，就像飛鳥被關進籠子一樣。他在〈歸園田居〉中寫道：「誤落塵網中，一去三十年。羈鳥戀舊林，池魚思故淵。」辭官之後，遠離了名位，雖然免不了飢寒，但他忘情於田園山水之間，真正感受到一種重返自然的樂趣和人性的復歸。

在名利場中，有像陶淵明這樣潔身自好，甘願退而獨守其操的人，也有無休無止追逐其間的人。於是，爭權奪利，爾虞我詐，便成為官場通病，造成社會惡習。對於這些人來說，《紅樓夢》中的〈好了歌〉無疑是一服絕好的「醒酒劑」。歌云：「世人都曉神仙好，惟有功名忘不了。古今將相在何方？荒冢一堆草沒了！世人都曉神仙好，只有金銀忘不了。終朝只恨聚無多，及到多時眼閉了……。」

六七、惡中善路　善處惡根

為惡而畏人知，惡中猶有善路❶；為善而急人知，善處即是惡根❷。

【注　釋】❶善路　通向變好的道路。❷惡根　罪惡的根源。

【語　譯】做了壞事而怕人知道，那在罪惡之中仍有向善的道路；做了好事而急於讓人知道，那在行善之處就是罪惡的根源。

【評　析】孟子說：「羞惡之心，義之端也。」（《孟子．公孫丑上》）人懷羞惡之心，懂得羞恥，說明良知尚存。只要這種良知得到正確的引導和啟發，就有改邪歸正的希望，所以「為惡而畏人知，惡中猶有善路」。只有自甘淪落、少廉寡恥的人，才是不可救藥的。一個人積德行善，應當發自內心，真誠無私，不求回報，就像陽光雨露之於萬物。如果惟恐人家不知道，四處張揚，人們就不禁要問：他行善的動機是什麼？如若沒有人知道他的「善行」，他會怎麼樣呢？他所謂的「善行」就會蒙上一層汙垢，甚至假小善之名，掩蓋其大惡之實，所以「善處即是惡根」。

六八、逆來順受　居安思危

天之機緘❶不測，抑❷而伸❸，伸而抑，皆是播弄❹英雄、顛倒豪傑處。君子只是逆來順受，居安思危，天亦無所用其伎倆矣。

【注　釋】❶機緘　原指推動事物運動的自然力量，後用以指氣運。《莊子．天運》：「天其運乎？地其處乎？日月其爭於所乎？孰主張是？孰維綱是？孰居無事推而行是？意者其有機緘而不得已邪？」唐成玄英疏：「機，關也；緘，閉也。……謂有主司關閉，事不得已。」❷抑 遏止。❸伸 伸展。❹播弄 耍弄；擺布。

【語 譯】天機實在是變化莫測，有時讓受壓抑的得到伸展，有時又使伸展的受到壓抑，這些都是老天耍弄英雄、擺布豪傑的地方。君子只要逆來順受、居安思危，天也就使不出它的伎倆了。

【評 析】古人限於當時的科學知識，對許多自然現象無法解釋，因而相信有一種主宰人類命運的力量存在，就連孔子也說「盡人事以聽天命」，因為天機實在高深莫測，非人所能逆料。你看，它時而將人推向浪尖，又時而將人捲入淵底，千百年來，捉弄著那些自命不凡的英雄豪傑。從這個意義上講，上天是不可抗拒的。但人在蒼天之下就只能唯唯諾諾，任其擺布嗎？縱觀古今，大凡有作為的人物，都是在與命運的抗爭中脫穎而出的。當年，秦王李世民與太子李建成都想繼承皇位，矛盾愈演愈烈。危急之際，李世民準備起事，但不知上天的意思如何，便命人取來龜殼，占卜吉凶。此時，幕僚張公瑾從外而入，說道：「事到如今，占卜又有何用？占卜如不吉利，又將如何？」說完，擲龜殼於地。於是，李世民下了決心，發動「玄武門之變」，奪取了皇位。其時，如果李世民順從了不可知的「天命」，歷史又將會如何呢？所以，一個人如能在逆境中冷靜地面對現實，積極主動地去改變現實；在順利時又能居安思危，不驕不躁，就能永遠立於不敗之地。

六九、躁滯寡恩　難建功業

躁性者火熾，遇物則焚；寡恩❶者冰清，逢物必殺；凝滯❷固執者，如死水腐木，生機已絕：俱難建功業而延福祉❸。

【注釋】❶寡恩　少情義。❷凝滯　本意不流動，此指故步自封。❸福祉　幸福。祉，福。

【語譯】急躁的人有如烈火，遇到東西就焚燒起來；無情的人冷若冰霜，遇到東西必然扼殺；頑固的人像死水腐木，毫無生機：這些人都難以建功立業而造福社會。

【評析】一個人的事業能否成功，決定於多方面的因素，其中個性的因素也是不可忽視的。性情浮躁的人，無沉靜穩重之感，點火就著，毛手毛腳，做事難以持久；慳吝刻薄的人，無情無義，難以與人建立起信任和友誼，缺乏良好的人際關係；思想保守、固執己見的人，不知通融變化，缺乏創造性和想像力，宛如死水腐木，毫無生氣可言。這三種人都難以與人合作共事。

個性帶有遺傳的因素，即所謂「江山易改，本性難移」。但現代科學研究也表明，人的氣質、稟性是複雜的。在一個人身上，它往往側重於某個方面，而其他方面也同時存在，只是有待於開發而已。認識到自己的弱點，就應當時時注意，努力去克服它。比如，脾氣急躁的人，遇事要注意克制，避免偏激，多聽別人的意見，三思而行。日久天長，自己的性格也會有所改變。能做到這樣，對工作、學習和事業都是大有益處的。

七〇、養喜召福　去殺遠禍

福不可徼❶，養喜神❷以為召福之本而已；禍不可避，去殺機❸以為遠禍之方而已。

【注釋】❶徼　通「邀」。求；求取。《左傳・成公二年》：「吾子惠徼齊國之福。」❷喜神　吉祥之神。此處指愉快的神情。❸殺機　指害人之心。

【語譯】幸福是不可祈求的，只能培養愉快的心境，作為招來幸福的根本而已；禍患是不可避免的，只能去除害人之心，作為遠避禍患的良方而已。

【評析】追求幸福、躲避禍患是人類共同的願望，但幸福不會無緣無故地降臨，禍患也總是事出有因。《周易・坤・文言》說：「積善之家，必有餘慶；積不善之家，必有餘殃。」反映了古人對於禍福與善惡之關係的樸素的認識。一個人要獲得幸福，必須經過自身的努力，這種努力必須建立在正直善良的基礎上。抱著只問耕耘，不問收穫的態度，成功之門終會向你敞開。

人在社會上立身，又必須心地坦誠，光明磊落，寧可像魯肅那樣忠厚愚鈍，也不要學周瑜那樣心胸狹窄、機關算盡。「聰明反被聰明誤」，是那些心術不正、暗藏殺機者的必然結局。

七一、寧默毋躁　寧拙毋巧

十語九中未必稱奇，一語不中則愆尤❶駢集❷；十謀九成未必歸功，一謀不成則訾議❸叢興。君子所以寧默毋躁，寧拙毋巧。

【注釋】❶愆尤　過失；錯誤。漢張衡〈東京賦〉：「卒無補於風規，祇以昭其愆尤。」❷駢集　一起聚集。駢，原意兩馬並駕一車，後謂並列、成對。❸訾議　詆毀議論。訾，詆毀。

【語譯】十句話說中了九句，未必有人會對你稱讚；若有一句沒說準，便會接二連三地有人來指責你的過失。十次謀劃成功了九次，未必有人會把功勞記在你的帳上，若有一次失算，各式各樣的詆毀便會接踵而至。所以，君子寧願保持沉默而不衝動浮躁；寧願顯得笨拙無能而不賣弄取巧。

【評析】世人對於有才華的人總是求全責備、羨妒交加。別說你十件事做對了九件會有人詆毀你，就是十件事都做對了，也仍然會有人指手劃腳，說三道四。於是，人們就認為，多一事不如少一事，少一事不如不做事，老子不是就主張要「無為而治」的嗎？

但事情畢竟是需要人來做的，要做事就難保不會有過失和挫折。人既然來到這個世界上，就不能怕別人議論，話且由人家去說去，自己走自己的路。當然，在你行動之前，一定要深思熟慮，以求少走彎路，一發中的。

七二、清冷福薄　和氣澤長

天地之氣，暖則生，寒則殺。故性氣❶清冷❷者，受享❸亦涼薄❹；唯和氣熱心之人，其福亦厚，其澤❺亦長。

【注　釋】❶性氣　性情氣質。❷清冷　清高冷漠。❸受享　享受；享用。❹涼薄　微薄。「涼」與「薄」同義。❺澤　恩澤。

【語　譯】天地之氣和暖時，萬物生長，寒冷時凋零。所以性情高傲冷漠的人，他所能享受的也微薄；唯有和氣熱心的人，獲得的福分也豐厚，得到的恩澤也能夠長久保持。

【評　析】自然界有四季變化，春夏溫熱，萬物生機勃勃；秋冬寒冷，草木凋零，一片肅殺。人與自然界也有相通之處，和氣則人與人之間充滿溫馨，清冷則親屬如同路人。明高攀龍〈高忠憲公家訓〉中說：「愛人者，人恆愛之；敬人者，人恆敬之。我惡人，人亦惡我；我慢人，人亦慢我。」人與人之間，本來就存在著一種互利互惠的關係。只有尊重別人、善待別人，別人才會尊重你、善待你。倘若你自視清高，恃才傲物，整天板著一副冷面孔，那誰願意來接近你呢？這樣的人只會像落單的大雁那樣，離群索居，陷入孤獨淒冷的境地。

七三、天理路寬　人欲路窄

天理❶路上甚寬，稍游心❷胸中便覺廣大宏朗❸；人欲❹路上甚窄，才寄跡❺眼前俱是荊棘泥塗❻。

【注　釋】❶天理　宋代理學家把倫理規範看作永恆客觀的道德法則，稱「天理」。宋朱熹〈答何叔京〉：「天理只是仁、義、禮、智之總名，仁、義、禮、智便是天理之件數。」❷游心　留心；潛心。❸宏朗　開闊爽朗。❹人欲　人的私欲、嗜好。宋明理學主張存天理而滅人欲。❺寄跡　立足投身；寄託蹤跡。❻泥塗　泥濘的道路。

【語　譯】天理的道路很寬廣，稍稍用心探索，便會覺得胸中豁然開朗；人欲的道路很狹窄，剛剛涉足其間，就會發現眼前荊棘叢生，遍地泥濘。

【評　析】「天理」原來是「天道」的意思，《莊子・天運》說：「應之以人事，順之以天理。」宋代儒學將仁義禮智稱作天理，主張要「存天理，滅人欲」。在這裡，「天理」的概念已經有所改變。人的欲望本來就是與生俱來的，《孟子・告子上》說：「食色，性也。」但這種欲望必須受到道德禮義的規範，否則，聽憑個人私欲的發展，一個人就會變得自私、貪婪、猥瑣不堪。「天堂有路你不走，地獄無門偏進來」，這是說書人常用的一句吆喝，利欲熏心者，應當聞此而幡然醒悟。

七四、磨鍊福久　參勘知真

一苦一樂相磨鍊，鍊極而成福者，其福始久；一疑一信相參勘❶，勘極而成知者，其知始真。

【注　釋】❶參勘　參考勘正。

【語　譯】一苦一樂交相磨鍊，磨鍊到極點，所得到的幸福才能長久。一疑一信互相參考勘正，參考勘正到極點，所獲得的知識才是真知識。

【評　析】孟子說：「天將降大任於是人也，必先苦其心志，勞其筋骨，餓其體膚，空乏其身，行拂亂其所為。」（《孟子・告子下》）就是說，一個人要成就事業，必先經過艱難困苦的磨鍊。因為溫室裡長不出萬年松，庭院中溜不出千里馬，來得輕鬆的東西容易失去，只有經過千錘百煉得到的幸福才能長久。同樣之理，書本上的知識是不全面的，「盡信書則不如無書」（《孟子・盡心下》）。因為隨著人的認識的提高，書本知識需要不斷地補充和修正。再說，書本知識也需要經過人的體驗才會領會深刻。一個嚴於治學的人，應該抱著虛懷若谷的態度，孜孜以學，同時要有大膽懷疑、勇於探索的精神，這樣才能不斷地有所發現，有所收穫。

七五、虛心明理　實心卻欲

心不可不虛❶，虛則義理❷來居；心不可不實❸，實則物欲不入。

【注釋】❶虛　虛心；不自滿。❷義理　道理；道德法則。❸實　充實；實在。指堅守道德情操。

【語譯】人不可以不虛心，虛心才能容納道理。人又必須充實執著，充實執著才能抵擋物欲。

【評析】「太山不讓土壤，故能成其大；河海不擇細流，故能就其深」（李斯〈諫逐客書〉），一個人只有虛懷若谷，才能容納和吸收前人經驗，形成自己的知識。而當你有了一定成績的時候，千萬不要驕傲自滿，沾沾自喜。因為天外有天、人外有人，人對客觀世界的認識和探索是不會有窮盡的。「聞志廣博而色不伐，思慮明達而辭不爭」（《大戴禮記‧哀公問五義》），只有不斷接納新的思想，修正陳舊的認識，才能登入知識的堂奧。

　　而一個人的內心世界則應當充實，要有遠大的理想和抱負，才能抵禦各種私心雜念的侵襲，排除物欲的干擾，在理想的追求中得到歡樂和滿足。

七六、含垢納汙　君子之量

地之穢者多生物，水之清者常無魚❶。故君子當存含垢納汙❷之量，不可持好潔獨行❸之操❹。

【注　釋】❶水之清者常無魚　語出《大戴禮記・子張問入官》：「水至清則無魚，人至察則無徒。」水太清，魚不能藏身。比喻對事過於苛察，就不能容眾。❷含垢納汙　謂有容忍恥辱的度量。《左傳・宣公十五年》：「諺曰：高下在心，川澤納汙，山藪藏疾，瑾瑜匿瑕，國君含垢。」垢、汙，皆骯髒之物。❸好潔獨行　潔身自好，一意孤行。❹操　操守；態度。

【語　譯】汙穢的土地能夠生長很多植物，清澈的水流常常不見游魚。所以，君子應該有容忍恥辱的度量，而不可抱持潔身自好、一意孤行的態度。

【評　析】一個清高自傲、好潔獨行的人，只會使人敬而遠之，自陷於孤獨無援的境地。人要想成就一番事業，就必須有恢宏的氣度，容得下各種事物。戰國時的孟嘗君，就以善於接納各方人物而著稱。後事有緊急，雞鳴狗盜之徒，各顯其能。那位高唱「長鋏歸來兮」的門客馮諼又為他「市義」於薛，營就「三窟」，使他平安度過難關。所以君子要有含垢納汙的雅量，善於團結一切可以團結的力量，這是事業成功的基本保證，也是君子區別於庸夫俗子的一個顯著的標誌。

七七、優游不振　便無進步

泛駕之馬❶，可就驅馳；躍冶之金❷，終歸型範❸。只一優游❹不振，便終身無個進步。白沙❺云：「為人多病❻未足羞，一生無病是吾憂。」真確論也。

【注　釋】❶泛駕之馬　桀驁不馴的馬。泛，假借為「覂」，即翻覆。泛駕即翻車。《漢書・武帝紀》：「夫泛駕之馬，跅弛之士，亦在御之而已。」❷躍冶之金　濺到熔爐外面的金屬液體。比喻自我炫耀。《莊子・大宗師》：「今之大冶鑄金，金踊躍曰：『我且必為鏌鋣。』大冶必以為不祥之金。」❸型範　澆鑄金屬用的模子。❹優游　悠閒自得的樣子。❺白沙　即陳獻章。字公甫，號白沙，明新會人，著有《白沙集》。其學說認為宇宙萬理為一理所現，此理即心，因此主張涵養心性。❻病　指過失、錯誤。

【語　譯】桀驁不馴的烈馬，可以駕馭馳騁；濺到熔爐外面的金屬液體，可以使其重新歸入模具。只要一旦游手好閒、不思振作，就一輩子也不會有進步。白沙先生說過：「一個人經常犯錯誤並不羞恥，一生不知道什麼是過錯，這才是我所擔憂的。」真是正確的看法啊。

【評　析】性情凶悍的馬難以駕馭，常令一般馭手望而生畏，但牠又往往有超乎凡馬的能力，同理，躍治之金，以為必能鍛治成「干將」、「鏌鋣」，不安本分，自命不凡，但它也總有些自命不凡的本錢。桀驁不遜的人，大多具有某方面的才能，雖然狂妄，只要加以正確引導，就有希望成為可造之材。晉代周處，年輕時不修細行，鄉里患之，將他與南山之虎、長橋之蛟合稱為「三害」。周處認識到自己的錯誤後，便射虎斬蛟，入吳中，從二陸求學，勵志為善。後官至御史中丞，遇事變，力戰而死，為人稱頌。由此可見，跌過跟頭的人，引以為訓，可避免犯大的錯誤。倒是那些溫柔富貴之鄉中長大的人，如清代八旗子弟之類，生活安逸，一帆風順，是很容易被歷史的風浪所淹沒、被社會所拋棄的。

七八、一念貪私　壞了一生

人只一念❶貪私，便銷剛❷為柔，塞智❸為昏，變恩為慘❹，染潔為汙，壞了一生人品。故古人以不貪為寶，所以度越❺一世。

【注　釋】❶一念　一動念間。言極短的時間。《二程遺書》：「一念之欲不能制，而禍流於滔天。」❷銷剛　化解剛烈之氣。❸塞智　阻塞聰明才智。❹慘　狠毒；凶殘。❺度越　超越。《漢書・揚雄傳》：「若使遭遇時君，更閱賢知，為所稱善，則必度越諸子矣。」顏師古曰：「度，過也。」

【語　譯】人只要在一念之間產生貪圖私利的念頭，剛烈之氣就會化解變為柔弱，聰明才智就會阻塞變為昏庸，善良的心地變為凶殘，純潔染上汙濁，敗壞了一生的人品。所以，古人以不貪為法寶，藉此超然地度過一生。

【評析】人的墮落，往往是從一個「貪」字開始的，這一念之差，可以使人的良知泯滅、正氣蕩盡，智慧化為愚鈍，仁慈變為殘忍。所以，防微杜漸，在任何時候都保持廉潔奉公的正氣，顯得特別重要。《左傳・襄公十五年》中的一則故事，很值得我們深思：宋國有人得到一塊玉石，便獻給司城子罕。子罕不肯接受，獻玉者說：「我已經請有名的玉匠看過，認為這確是一件稀世的寶物，所以我才敢將它獻給大人您。」子罕風趣地說：「我把『不貪』作為寶物，而你把玉石作為寶物。如果我接受了你的玉石，那麼，我們兩人不都失去『寶物』了嗎，倒不如我們各自擁有自己的至寶吧！」

七九、惺惺不昧　賊為家人

耳目見聞為外賊，情欲意識為內賊。只是主人翁惺惺不昧❶，獨坐中堂❷，賊便化為家人矣。

【注釋】❶惺惺不昧　清醒而不糊塗。惺惺，警覺。不昧，不昏昧。❷中堂　堂屋的正中。比喻中樞位置。

【語譯】耳聞目見的是外在的賊人，欲望邪念所生的是內在的賊人。只要主人家頭腦清醒而不糊塗，守住中正之道，賊人便會化為家人。

【評析】佛教是禁欲的，主張「莊嚴六根，皆令清淨」，認為這樣才能擺脫苦海，修得來世。儒家則不在根本上排斥人對合理欲望的追求，只是認為，必須把人的這種欲望納入社會禮儀、道德規範之內，要「發乎情，止乎禮義」。君子並不棄絕物質利益，但要「取財有道」。儒家學說具有客觀和積極的一面。

作為現代人，我們應當從中學習到什麼呢？這就是要加強思想品德方面的修養，自覺地抵制形形色色物質利益的誘惑，排除各種私心雜念的影響，不為內外之賊所動，保持獨立的人品和高尚的情操。

八〇、保已成業　防將來非

圖❶未就之功，不如保已成之業；悔既往之失❷，不如防將來之非❸。

【注釋】❶圖　圖謀；計劃。❷失　過失；錯誤。❸非　錯誤。

【語譯】與其圖謀尚未成功的事業，不如確保已經完成的；與其悔恨以往的過失，不如防範將來可能的錯誤。

【評　析】路要一步一步地走，飯要一口一口地吃，與其圖謀虛無飄渺的功業，不如踏踏實實地將眼前的事情做好，因為只有把基礎打牢了，才能建築起理想的大廈。

古人云：「昨日之日不可追，今日之日須臾期。」（唐盧仝〈嘆昨日〉）過去的已永遠成為過去，「覺今是而昨非」，自然是醒悟，但若沉湎其中，一味地感嘆悔恨，則徒勞無益。因為在這個世界上，是沒有地方能買到後悔藥的。只有不失時機地從現在做起，才能把握住未來，把握住人生。

八一、品質修養　切忌偏頗

氣象❶要高曠，而不可疏狂❷；心思要縝密❸，而不可瑣屑❹；趣味要沖淡❺，而不可偏枯❻；操守要嚴明，而不可激烈。

【注　釋】❶氣象　本指自然界的氣候現象，此指人的氣質、氣度。❷疏狂　狂放不羈。唐白居易〈代書詩一百韻寄微之〉詩：「疏狂屬年少，閒散為官卑。」❸縝密　細緻周詳。❹瑣屑　細碎繁雜。❺沖淡　平和恬淡。❻偏枯　偏執於一方而失去平衡。

【語　譯】氣質要高遠曠達，但不可以狂放不羈；思維要周詳嚴密，但不可以瑣碎繁雜；趣味要平和恬淡，但不可以偏執一方；操守要正直嚴明，但不可以偏激過度。

【評析】子貢曾問孔子：「子張與子夏，哪一個更好一些？」孔子答道：「子張有些過頭，而子夏則顯得不及。」子貢又問：「那麼，是不是子張好一些呢？」孔子說：「過和不及同樣不好。」（《論語・先進》）這說明了任何事物都有一定的「度」，超過了這個「度」，就會失之偏頗。人的性情氣質也是如此。氣度恢宏、為人豪爽本來是優點，倘若不加約束，狂放不羈，就不能不說是缺憾了。心思縝密是一個人的長處，然而，事無巨細，一一操勞，便會流於瑣屑。所以，掌握好事物的「度」，為人處世，不卑不亢，不濃不枯，不豐不殺，不偏不頗，恰如其分，恰到好處，是至關重要的。

八二、事來心現　事去心空

風來疏竹❶，風過而竹不留聲；雁度❷寒潭❸，雁去而潭不留影。故君子事來而心始現，事去而心隨空。

【注釋】❶疏竹　稀疏的竹林。❷度　經過；度越。❸寒潭　指秋天清寒的水面。

【語譯】風吹著稀疏的竹林，風過之後，竹林不曾留下風的聲響；大雁飛過寒冷的水面，雁去之後，水面不曾留下雁的蹤影。所以，君子在事情來臨時，心情才會顯現出來，而事情過去之後，心情又恢復空明。

【評　析】世事紛繁，人間萬象，生活在其中，吾人不能沉湎於過去，糾纏於往事，整日為紛至沓來的憂愁和煩惱所困擾，而應保持一種超脫而安寧的心境，「事來而心始現，事去而心隨空」，拿得起，放得下。能夠如此，則此心空明，充滿睿智，沒有無謂的煩惱，也沒有不必要的心理負擔。可以應付眼前的一切，甚至也可以預見未來的種種，必定是一個成功的人。

八三、君子德行　其道中庸

清❶能有容❷，仁能善斷❸，明不傷察❹，直不過矯❺，是謂蜜餞不甜，海味不鹹，才是懿德❻。

【注　釋】❶清　清正廉潔。❷容　寬容；包容。❸斷　判斷；決斷。❹傷察　失之於苛求。察，苛求。❺過矯　即矯枉過正的意思。矯，將彎的東西弄直。❻懿德　美好的品德。《詩經・大雅・烝民》：「民之秉彝，好是懿德。」

【語　譯】清正廉潔又能寬容，仁慈寬厚又能決斷，精明聰慧又不失之於苛，正直剛強又不矯枉過正。正所謂蜜餞不過分甜，海味不過分鹹，這才是美德。

【評　析】提起中庸之道，人們往往會聯想到折中主義。其實，兩者是存在著本質區別的。折中主義是在對立觀點中無原則地遷就、調和，沒有是非觀念。中庸之道則是有原則的，孔子心目中的原則就是「周禮」，推而廣之，就是儒家的道德規範。對一個人來說，清正廉潔、光明磊落是為人處世的原則。在這個原則之下，要注意對待事物的方式、方法：要有寬容待人的雅量，不能因嫉惡如仇而走上極端；要有決事果斷的魄力，不能因寬厚善良而導致心慈手軟，當斷不斷；為人要精明強幹，明察秋毫，但又不能失之於苛求。只有這樣，才能顧大體、識大局，凡事掌握分寸，保證主觀願望與客觀效果的一致。

八四、窮愁寥落 不可廢弛

貧家淨拂地❶，貧女淨梳頭，景色雖不豔麗，氣度自是風雅❷。士君子一當窮愁寥落❸，奈何輒自廢弛❹哉！

【注　釋】❶拂地　掃地。❷風雅　謂文雅而不俗氣。❸寥落　冷落。謂鬱鬱不得志。❹廢弛　廢棄懈怠。明王冕〈劍歌行〉：「學書學劍俱廢弛。」

【語　譯】貧窮人家經常把地打掃得乾乾淨淨，貧家女子把頭髮梳理得整齊清潔，雖然外表上談不上鮮豔華麗，卻自有一番高雅脫俗的氣質。士大夫碰到窮困潦倒、鬱鬱不得志時，怎麼可以廢棄懈怠呢？

【評　析】一個人的氣質從根本上說並不是取決於外在的物質條件，而是取決於他的內心修養。出身貧寒的人，雖然穿著樸素，但只要衣冠整潔、儀態大方、舉止有度、精神充實，同樣會給人一種高雅脫俗的感覺。反之，如果讀書人一不得志便自暴自棄、怨天尤人，只會給人留下一副窮酸相。所以，君子越是處在艱難的環境越要堅定意志，注意自己的精神面貌。《莊子．讓王》說：曾子居住在衛國的時候，經常吃不上飯，十年沒有添置過衣服，衣冠破舊，捉襟見肘，一蹬腳，鞋幫脫落，連腳後跟都露了出來，但他仍然縱聲高歌〈商頌〉，聲滿天下。

我們並不主張回到曾子生活的時代，但曾子在困苦環境中不失節操的精神，是值得我們學習的。

八五、閒靜不懈　暗處不欺

閒中不放過，忙處有受用❶；靜中不落空，動處有受用；暗中不欺隱❷，明處有受用。

【注　釋】❶受用　享用；受益。❷欺隱　欺騙隱瞞。

【語　譯】空閒的時間不浪費，繁忙的時候就能受益；平靜的日子不蹉跎，行動的時候就能派上用場；在無人知曉的情況下不欺騙隱瞞，在大庭廣眾之中就會受到尊重。

【評析】《禮記・中庸》中說：「凡事豫則立，不豫則廢。」抱著臨陣磨槍、臨渴掘井的態度，是難以在複雜多變的社會中站穩腳跟，從容進退的。所以，閒暇時珍惜時光，多學習和掌握一些知識與本領；寧靜中多思索、勤籌劃；未雨綢繆，居安思危，才能在需要時派上用場，受到益處。修身也是如此，要靠平時一點一滴的培養，不要因為暗中無人知曉，便放鬆要求，甚至做一些見不得人的事。俗話說：若要人不知，除非己莫為。一個人只有在任何情況下都保持言行的一致，才能禁受得起歷史風浪的考驗。

八六、欲念方起　便轉理路

念頭起處，才覺向欲路❶上去，便挽從理路❷上來。一起便覺❸，一覺便轉，此是轉禍為福、起死回生的關頭，切莫輕易放過。

【注釋】❶欲路　指追求個人私利的路徑。❷理路　理性之路。❸覺　省悟；警覺。

【語譯】念頭剛剛萌生，一察覺是在走向欲望之路，就要把它挽回到理性之路上來。邪念一產生就要警覺，一警覺就加以扭轉，這是轉禍為福、起死回生的關頭，千萬不要輕易放過。

【評析】中國有句古話：「一失足成千古恨，再回頭已百年身。」人的墮落，常常是從一念開始的。一念之差，前功盡棄；一著不慎，滿盤皆輸；及時覺醒，方可使人起死回生、轉禍為福。所以，在善惡、邪正之間，每個人都要保持冷靜的頭腦，一旦發現自己萌生了邪念，就要及時拉回到正道上來。《紅樓夢》中的賈瑞，就是因為一時心動，打起了王熙鳳的主意，結果賠了五十兩冤枉銀子且不說，還被當頭澆了一身屎糞，凍了一夜，生起重病。跛腳道人送來一面治病用的「風月寶鑑」，告誡說只能照反面，不能照正面。但賈瑞終究抵擋不住鏡子裡的誘惑，最後送掉了好端端的生命。曹雪芹正是通過賈瑞這一悲劇性的人物，展示了慘痛的人生教訓，其含意是深刻的。

八七、寧靜閒淡　觀心之道

靜中念慮❶澄澈❷，見心之真體❸；閒中氣象❹從容，識心之真機❺；淡中意趣沖夷❻，得心之真味。觀心證道❼，無如此三者。

【注　釋】❶念慮　思想；思慮。❷澄澈　原指水清見底，這裡比喻心境澄明如水。❸真體　真實的本體。南朝梁蕭統《解二諦義》：「又諦真寂之體，本自不流，凡夫見流，不離真體。然則但有一真，不成二諦。」❹氣象　指人的氣質、氣度。❺真機　真正的目的、動機。❻沖夷　沖和愉悅。夷，愉快；和順。❼觀心證道　觀察心性，驗證事理。

【語　譯】寧靜之中，思緒清澈澄淨，可以看見內心的本來面目；閒適的時候，氣度從容不迫，可以認識到內心的真實動機；恬淡的氛圍裡，意趣沖和愉悅，可以獲得心的真正意趣。觀察心性，驗證事理，沒有比這三者更好的方法。

【評　析】諸葛亮〈誡子書〉中說：「夫君子之行，靜以修身，儉以養德，非澹泊無以明志，非寧靜無以致遠。夫學須靜也，才須學也，非學無以廣才，非志無以成學。」熱鬧喧雜，往往使人浮躁，看不清事物的真相，只有靜默沉思，才能深入事物的本質。古人提倡以靜修身，以靜識物。而要保持寧靜的心緒，必須具備澹泊的情操，看淡世間名利，才能不為功名利祿所累，不受所欲不得之苦，胸襟開闊，沖夷澄澈。現代人處在競爭激烈的時代，工作繁忙，事務冗雜。在緊張的生活中，要給自己留下一點時間，留下幾分閒適與寧靜，用以充實知識，思考人生，規劃未來。

八八、動中靜真　苦中樂真

靜中靜，非真靜，動處靜得來，才是性天❶之真境；樂處樂，非真樂，苦中樂得來，才見心體❷之真機❸。

【注　釋】❶性天　即天性，指人得之於自然的本性。語本《禮記・中庸》：「天命之謂性。」《隸續・漢冀州從事郭君碑》：「資於父母，忠以事君，性天自然。」❷心體　心的本體。這裡指思想感情。❸真

機　原本之所在。

【語　譯】在寧靜中所做到的平靜，還不是真正的平靜，在動蕩中能平靜得下來，才是天性中真正平靜的境界。在歡樂中體驗到的快樂，還不是真正的快樂，在艱苦中能保持快樂，才是發自內心深處的真正的快樂。

【評　析】「蟬噪林逾靜，鳥鳴山更幽」是南朝梁王籍〈入若耶溪〉中的詩句，千百年來，為人傳頌。因為除了意境的優美之外，它還包孕著一種哲理的意蘊，即事物只有通過對比，才能顯現出其內在的特徵。人生也不例外，寧靜和諧的生活是人們所嚮往的，在這種環境中保持一顆平靜的心並不困難。然而，在風雲變幻的變革之中，在艱難困苦的境況之下，仍然保持平靜沖夷、從容不迫的心態，卻不是每個人都能做到的。一個生活安逸、養尊處優的人，不會對人生有真正的認識，只有經過艱苦的勞動、不懈的奮鬥而取得成功的人，才會體驗到生活的真諦與人生的歡樂。

八九、舍毋處疑　施毋責報

舍己❶毋處其疑❷，處其疑即所舍之志多愧矣；施人❸毋責❹其報，責其報併所施之心俱非矣。

【注　釋】❶舍己　犧牲自我。❷疑　猶豫；遲疑。❸施人　施捨於人；給人幫助。❹責　要求；希望。

【語　譯】自我犧牲的時候，不要猶豫不決，如果猶豫不決，那就有愧於舍己為人這一志向了。幫助別人的時候，不要指望別人回報，如果指望別人回報，助人的初衷便成了虛偽。

【評　析】中國傳統思想是推崇舍生取義的。孟子說：「生亦我所欲也，義亦我所欲也，二者不可得兼，舍生而取義者也。」（《孟子・告子上》）翻開一部中國史，有「風蕭蕭兮易水寒，壯士一去兮不復返」的荊軻；有視死如歸「留取丹心照汗青」的文天祥；有「金甌已缺總須補，為國犧牲敢惜身」的巾幗英雄秋瑾，……在國家利益、民族大義面前，他們毫不猶豫地殺身成仁、舍生取義，他們的英名永垂史冊。設想，在生與死的關頭，他們如果稍有猶豫或動搖，將會怎樣呢？一念之差，或許就會淪為民族叛徒、千古罪人。

施人行善，在本質上與「舍己」是一致的，如果幫助別人時一心指望回報，那就使自己助人的動機蒙上了灰塵。因為助人應是一種自覺自願的行動，是一種無私忘我的奉獻，是摻不得虛情假意和利害得失打算的。

九〇、厚德積福　逸心補勞

天薄❶我以福，吾厚❷吾德以迓❸之；天勞我以形，吾逸❹吾心以補之；天阨❺我以遇❻，吾亨❼吾道以通之；天且奈我何哉？

【注　釋】❶薄　減損；減少。❷厚　增厚；增強。❸迓　迎接。❹逸　放鬆。❺阨　困阨；困阻。❻遇　遭遇。❼亨　通達；開通。

【語　譯】天減少我的福分，我就增強我的德行來面對它；天勞累我的形體，我就放鬆我的心情來彌補它；天困阨我的遭遇，我就開闢自己的道路以闖過難關。天還能拿我怎麼樣呢？

【評　析】人生變化無常，古人局限於當時所掌握的自然科學知識，相信有一個萬能的上天主宰著人的命運，即便是儒家者流也相信「生死有命，富貴在天」（《論語・顏淵》）。天命深不可測，但古人認為，它與人的德行有著某種聯繫。《尚書・湯誥》中說：「天道福善禍淫。」意思是說，人多積善行，就能求得福分；而多行不義，必然引來災禍，因此，主張「盡人事以待天命」。

現代人不相信什麼天命，但人生的道路坎坷不平，在逆境面前，自暴自棄，自艾自怨，於事無補。只有奮發努力，自強不息，才能披荊斬棘，從困阨中崛起。古語云：「天道酬勤。」一分耕耘就會有一分收穫。不要相信那子虛烏有的上蒼，而要把命運牢牢地掌握在自己手中，這才是成功的保證。

九一、天機最神　智巧何益

貞士❶無心徼福❷，天即就無心處牖其衷❸。憸人❹著意避禍，天即就著意中奪其魄。可見天之機權❺最神，人之智巧❻何益？

【注　釋】❶貞士　志節堅定、操守方正之士。❷徼福　求福。徼，通「邀」。求；求取。《左傳・成公二年》：「吾子惠徼齊國之福。」❸牖其衷　開導他的內心。牖，原指窗戶，引申為開導、啟發。衷，內心。❹憸人　小人；奸邪的人。《尚書・冏命》：「爾無昵於憸人，充耳目之官。」❺機權　機智權謀。❻智巧　機謀與巧詐。

【語　譯】堅定方正的人，雖然無心求福，上天卻就在他無意時開導他的內心。邪惡之徒，雖然用心躲避災禍，上天卻就在他費盡心機時，使他落魂失魄。可見天機高深莫測，最為神祕，人的智謀機巧又有何用呢？

【評　析】有關「天人」關係的論述是古人作不完的文章。中國人相信上天，就像西方人相信上帝一樣，認為天是無所不曉、無所不能的。一個人做了善事，天會賜給你幸福，做了惡事，則逃脫不了上天的懲罰，這就叫做「善有善報，惡有惡報」。中國傳統文學創作，也大多遵循這一模式。其實，從哲學的角度來看，這樣的認識是唯心的。但是，在實際生活中，卻常常如此。究其原因，道理也很簡單：一個正直善良的人，與人為善，人家也會善待你，「投之以桃，報之以李」，無心徼福卻福星高照；心地險惡的人，無論偽裝得如何巧妙，最終總會被人識破，落得個眾叛親離的結局。《左傳》上說：「多行不義必自斃。」就是這個道理。所以說，在公正的「天」的面前，人的一切機械巧詐，都是徒勞無益的。

九二、人重晚節　看後半截

聲妓❶晚景❷從良❸，一世之胭花❹無礙；貞婦白頭失守，半生之清苦俱非。語云：「看人只看後半截。」真名言也！

【注釋】❶聲妓　原指古代宮廷和貴族家中的歌伎舞女，這裡泛指妓女。❷晚景　晚年。此指妓女的後半生。❸從良　謂妓女脫離風塵，嫁到良家。❹胭花　謂風月生涯。

【語譯】妓女後半輩子嫁到良家為婦，過去的胭花生涯，無損於她的人品；貞節的婦人，頭髮花白時失去了操守，半輩子的清苦也就付之東流了。俗話說：「看人只看後半截。」的確是至理名言啊！

【評析】「蓋棺論定」是評價人的一條基本法則。《明史・劉大夏傳》云：「人生蓋棺論定，一日未死，即一日憂責未已。」就是說，人生的職責，只有到了死的那一天才能了結，人的功過是非，也只有到了那一天才能作出結論。這是因為人是處在不斷的發展變化中的，早年的輝煌不能說明你的現在，更不能代表你的將來。浪子可以回頭，罪犯可以自新，而一世功名也可以毀於一旦。人們對於那些能夠認識到自己的過失，幡然醒悟、痛改前非的人，會投以讚許的目光，在褒揚他改正錯誤的決心和勇氣的同時，便在無形之中原諒了他的過去。而對那些晚節不保的人，除了感嘆惋惜之外，留下的大概只能是鄙夷了。「看人只看後半截」，雖然聽起來似乎失之偏頗，但也是人之常情。

九三、多施功惠　勿貪權位

平民肯種德施惠❶，便是無位的公相；士夫❷徒貪權市寵❸，竟成有爵❹的乞人。

【注　釋】❶種德施惠　散播功德，施捨恩惠。❷士夫　即士大夫。指居官有職位的人。❸貪權市寵　貪圖權勢，攬取恩寵。市，購買。❹爵　爵位。

【語　譯】平民百姓只要肯積功德、施恩惠，那他就是沒有名位的公侯；士大夫如果只知道貪圖權勢，謀取寵信，那就墮落成了一個空有爵位的乞丐。

【評　析】人的精神境界的高低，並不在於職位的卑崇、財富的多寡。一個普通人，只要思想充實、行為高尚，就會受到社會的承認，贏得人們的尊重。反之，如果汲汲於功名利祿，熱中於權勢富貴，阿諛逢迎，諂媚取寵，即使身居高位，也無異於精神和道義上的乞丐，為天下人所不齒。南宋大詩人陸游，因為主張抗金而受到投降派的排擠打擊，失去了官職，終老家鄉山陰。但他「位卑未敢忘憂國」，心繫光復失地、統一山河的宏圖大業，一生為我們寫下了大量壯志報國的詩篇，直到臨死之前，還諄諄告誡兒子：「王師北定中原日，家祭無忘告乃翁！」充滿著令人蕩氣迴腸的浩然正氣。陸游雖然未及「公相」之位，但他與同時代的宰相秦檜相比，孰高孰低，孰尊孰卑，不是不言自明了嗎？

九四、念積累難　思傾覆易

問祖宗之德澤❶，吾身所享者是，當念其積累之難；問子孫之福祉❷，吾身所貽❸者是，要思其傾覆❹之易。

【注　釋】❶德澤　功德與恩澤。❷福祉　幸福。此指福分。祉即福。❸貽　遺留。❹傾覆　喪失；衰落。

【語　譯】要問祖宗的功德和恩澤，看一看我們所享有的一切就是了，要想到當年祖宗積累這些基業的艱難；要問子孫後代的福分如何，我們今天所遺留下的一切就是了，要想到它的傾覆是很容易的事情。

【評　析】人類世代相傳，綿延不絕。前人開創基業，留下德化恩澤，後人如果不能保有，發揚光大，就會有傾家蕩產、亡國滅種的危險。常言道：「創業難，守業更難。」秦始皇統一天下，築長城，修馳道，建阿房宮，為的是千秋基業，但沒有想到二世而斬。宋人彭乘《墨客揮犀》所載郭進一事，是發人深省的。郭進在建成府第之後，設宴款待族人，也請建房的工匠一起入席。有人問他：「你怎麼叫兒輩們與小工坐在一起呢？」郭進指了指工匠說：「他們還會建造房子。」又指指幾個兒子說：「他們除了將來將這所宅子賣掉外，不會有別的什麼能耐！按理說，還該坐在工匠們之下呢！」郭進死後，子孫不肖，不久，坐吃山空，果然將宅賣給了他人。所以，一個人只有「當盈成而常懷開創之艱，處豐餘而無忘寒儉之素」（明陸樹聲〈陸文定公家訓〉），兢兢業業，敦品勵行，才能使先業不墜，事業有成。

九五、不可詐善　不可改節

君子而詐善❶，無異小人之肆惡❷；君子而改節❸，不及小人之自新。

【注　釋】❶詐善　偽善。漢王充《論衡・答佞》：「觀其陽以考其陰，察其內以揆其外，是故詐善設節者可知。」❷肆惡　肆意作惡。肆，放縱。❸改節　改變操守、志節。

【語　譯】君子如果欺詐偽善，和肆意作惡的小人就沒有什麼兩樣；君子如果改變節操，那還不如一個悔改自新的小人。

【評 析】「明槍好躲，暗箭難防」。人們最痛恨那些道貌岸然的偽君子，他們滿口仁義道德，一肚子男盜女娼、詭計陰謀。究其實，他們本來就是小人，只是比小人多加了一層偽裝，因此更加奸詐，更加陰險。不知什麼時候，他們把你出賣了，還要假惺惺地滴上幾滴鱷魚的眼淚。譬如袁世凱，表面上擁護變法，信誓旦旦，暗地裡卻向榮祿告密，導致了戊戌變法的徹底失敗，而他卻由此得到了慈禧太后的寵幸。但「君子」既然作偽，就遲早會露出馬腳。「羊假虎皮，見豺則戰；人假偽名，考實則窮」《揚子法言》注〈吾子篇〉。辛亥革命以後，袁世凱竊取了革命的果實，迫不及待地準備登上皇帝的寶座，狼子野心，昭然若揭。但結果怎樣呢？在全國人民的一片討伐聲中，袁世凱最終憂懼而死。

九六、春風解凍 和氣消冰

家人有過，不宜暴怒，不宜輕棄。此事難言，借他事隱諷❶之；今日不悟，俟❷來日再警之。如春風解凍，如和氣消冰，才是家庭的型範❸。

【注 釋】❶隱諷 借用他事暗示，婉言規勸。❷俟 等。❸型範 典範；榜樣。

【語 譯】家裡有人犯了過錯，不應暴怒，也不能輕易放棄。如果這件事情難以直言，就借用其他的事情婉言相勸；如果今天不能使之醒悟，就等以後有適當的機會時再來警誡他。要像春風化解封凍的大地，和氣消融寒冷的冰雪一樣，這才是處理家庭問題的典範。

【評析】《大學》中教人要「修身，齊家，治國，平天下」，認為只有治理好家，才能治理好國。話是否說得過頭了點呢？其實不然，因為家庭是社會的縮影，一個人如果連家都治理不好，如何能治理好國家呢？在我國古代，習慣於幾世同堂，家庭關係複雜，矛盾自然也就比較突出。家庭中有長幼之序，封建社會還有尊卑之分。尊敬長輩、愛護兒孫，各履其職，是一個家庭穩定的標誌。但要做到這一點，很重要的一個方面就是要正確對待家人的過失。對於長輩來說，望子成龍、恨鐵不成鋼，這種心情是可以理解的。但子女一犯錯誤，便暴跳如雷，嚴加呵斥，卻是不可取的。因為這種粗暴的方式，往往會把事情搞僵，使人產生逆反心理，反不利於問題的解決。當然，聽之任之，放任自流，也不是正確的態度。本文告訴我們，只有在弄清原因的前提下，如「春風解凍」、「和氣消冰」一樣，諄諄善誘，使家人認識到事情的危害性，從內心產生悔改之意，才是解決問題的根本辦法。也只有這樣，才能建立起和睦溫馨的家庭關係。

九七、圓滿無缺　寬平無邪

此心常看得圓滿❶，天下自無缺陷之世界；此心常放得寬平，天下自無險側❷之人情。

【注釋】❶圓滿 完美無缺。❷險側 邪惡不正。

【語譯】只要常懷著一顆圓滿的心，天下事物自然都是完美無缺的了；只要常懷著一顆寬平的心，天下自然就沒有險惡的人情。

【評析】人初到這個世界上，帶著一顆純真的心，看到的是燦爛的陽光、絢麗的花朵；感受到的是父母的愛撫、環境的溫馨。一切都顯得那麼美好、完滿無缺。所以說，童心是最可貴的。但隨著一個人閱歷的增長，城府逐漸加深，童心開始傾側。在看多了人世間為了名利、財富、權勢而明爭暗鬥之後，不平之心萌生，私欲時時充溢，周圍的世界變得灰暗起來，大有一種「出門即有礙，誰言天地寬」的感覺。其實，這種心態對於工作、對於人生都是有害的。應該看到，世界上畢竟還是好人多。抱著豁達寬平、與人為善的心胸，就能看到別人的長處，也有利於建立起健康和諧的人際關係。因此，在經歷了人生的酸甜苦辣之後，仍然保持一顆赤子之心，是難能可貴的。

九八、操履不變　鋒芒勿露

澹泊❶之士，必為濃豔者❷所疑；檢飾❸之人，多為放肆者所忌。君子處此，固不可少變其操履❹，亦不可太露其鋒芒。

【注釋】❶澹泊　恬靜寡欲。❷濃豔者　這裡指醉心於功名利祿的人。❸檢飾　言行謹慎收斂。❹操履　操行，品行。操指節操。履指實踐。《北史・庾質傳》：「操履貞懿，立言忠鯁。」

【語譯】性情恬淡寡欲的人，必然為功名利祿之徒所猜疑；行為檢點謹慎的人，必然被輕狂放縱的人所忌恨。君子處在這樣的情況下，固然不可以改變自己的操行，也不可以鋒芒太露。

【評析】斥異趨同，大概是人類的天性吧，《左傳・成公四年》中就有「非我族類，其心必異」之說。一個襟懷澹泊、行為檢點的人，很容易遭到邪惡小人的疑忌和攻擊，原因就在於他以自己的清白反襯了無恥之徒的醜惡。俗話說：「樹大招風」、「出頭的檐子先爛」。在群小得勢的環境中，固然不可以改變自己的志向與操守，但也要學會保護自己，收斂自己的言行，遇事不顯露鋒芒，以避免遭到過多的詆毀和攻擊。只要自己保持內心的平直，不變操履，就總會有春和景明、一展宏圖的一天。

九九、順境不喜　逆境不憂

居逆境中，周身皆鍼砭藥石❶，砥節礪行❷而不覺；處順境內，眼前盡兵刃戈矛，銷膏靡骨❸而不知。

【注　釋】❶鍼砭藥石　泛指治病用的器具和藥品。砭，古代治病用的石鍼。石，藥用礦物。❷砥節礪行　磨礪氣節和品行。砥、礪皆為磨刀石，粗者為砥，細者為礪。這裡用作動詞。❸銷膏靡骨　銷化脂肪，靡爛骨骼。膏，脂肪。靡，靡爛。

【語　譯】人在逆境中時，周遭的一切就像治病用的石鍼和藥物一樣，在無形中磨礪著人的氣節和品行。而在順境中時，眼前的一切就像兵刃戈矛一般，腐蝕、銷鎔著人的精神和意志而無從察覺。

【評　析】人生在世，順境固然可喜，逆境也不足懼，古往今來，許多非凡的業績都是在逆境中成就的。司馬遷〈報任安書〉中說：「古者富貴而名摩滅，不可勝記，唯倜儻非常之人稱焉。蓋西伯拘而演《周易》；仲尼厄而作《春秋》；屈原放逐，乃賦〈離騷〉；左丘失明，厥有《國語》；孫子臏腳，《兵法》修列；不韋遷蜀，世傳《呂覽》；韓非囚秦，〈說難〉、〈孤憤〉；《詩》三百篇，大抵聖賢發憤之所為作也。」就拿司馬遷本人來說，因替李陵說情而受宮刑，這無疑是對他肉體和精神上的最殘酷的摧殘，也是對他人格的極大侮辱。司馬遷「每念斯恥，汗未嘗不發背沾衣」。但他勇敢地活了下來，忍辱負重，矢志不移，完成了《史記》這部不朽的巨著。相反地，順境卻往往會消磨一個人的意志，使人飄飄然而忘乎所以，一步步地墮落。「自古雄才多磨難，從來紈褲少偉男」，認識到這一點，才能正確地對待生活中可能出現的鮮花、掌聲和失敗、挫折。

一〇〇、嗜欲權勢　自取滅亡

生長富貴叢中的，嗜欲❶如猛火，權勢似烈焰，若不帶些清冷氣味，其火焰不至焚人，必將自爍❷矣。

【注釋】❶嗜欲　嗜好與欲望。❷爍　發光的樣子。這裡指燒毀。

【語譯】生長在富貴中的人，嗜欲像猛火一樣，權勢宛如烈焰一般，如果不加入一點清涼氣息，那火焰即使不燒著別人，也會焚毀自己。

【評析】「人心不足蛇吞象」，是說人的欲望是沒有滿足的時候的。尤其是富貴中人，生活奢靡，如果不加約束，沉溺於聲色犬馬之中，盡情享樂，好逸惡勞，為非作歹，最終難免不「自爍其身」，走向毀滅。從這個意義上說，嗜欲宛如烈焰，必須及時用理智的清涼之水加以控制。西漢枚乘寫過一篇〈七發〉，很值得一讀。文中寫楚太子因為「久耽安樂，日夜無度」而染上重症。吳客前往探視，一針見血地指出：太子飲食則「溫淳甘膬，脭醲肥厚」；穿衣則「雜遝曼煖，燂爍熱暑」；出輿入輦，「越女侍前，齊姬奉後」，……安逸享樂的生活，毫無節制地縱欲，便是患病的真正原因。進而又說明，此病非藥石鍼灸所能奏效，只有用「要言妙道」才能診治。在吳客恢宏詭張的說辯下，楚太子終於出了一身大汗，霍然病愈。據說文章是寫給吳王濞看的，暗含諷諭，勸諫吳王濞要收斂異志，明哲保身。吳王濞似乎沒有聽進去，後來他發動七國之亂，為自己所點燃的戰火所焚毀。這篇文章，對於那些利欲熏心、頭腦發熱的人來說，不失為一劑降熱去火的清涼散。

一〇一、真誠所至　金石可貫

人心一真❶，便霜可飛❷，城可隕❸，金石可貫❹。若偽妄❺之人，形骸❻徒具，真宰❼已亡，對人則面目可憎，獨居則形影❽自媿。

【注　釋】❶真　真誠；至誠。❷霜可飛　謂人心精誠，可以感動上蒼，使夏天降霜。語本《淮南子》：「鄒衍事燕惠王盡忠，左右譖之王，王繫之獄。仰天哭，夏五月，天為之下霜。」❸城可隕　指孟姜女哭倒長城的傳說。隕，倒塌。❹金石可貫　意同「金石可鏤」。《荀子・勸學》：「鍥而不舍，金石可鏤。」金石，金屬和石頭，皆堅硬之物。貫，貫穿。❺偽妄　虛偽狂妄。❻形骸　謂人的形體。《淮南子・精神》：「忘其五臟，損其形骸。」❼真宰　原指大自然的主宰，即上蒼。這裡指人的精神、靈魂。❽形影　形體和影子。《三國志・陳思王植傳》：「形影相弔，五情愧赧。」

【語　譯】人的內心如果真誠，可以使五月降霜，使城牆崩塌，使金屬和石塊為之貫穿。而一個虛偽狂妄的人，空有一副軀殼，精神早已散失消亡。與人相處時，他的行為令人厭惡；獨自一人面對自己的形影也會感到慚愧。

【評　析】古人相信只要精誠所至，就能產生感天動地的力量。所以，鄒衍蒙冤，五月飛雪；孟姜尋夫，哭倒長城；李廣射虎，箭沒臥石，……歷史上留下了多少美麗動人的傳說，因為在這個世界上，人們總是渴望正義，嚮往光明，讚美那些為著信仰而矢志不移、奮鬥不止的人。所以，人們關心的不是故事本身是否真實可信，而是注入了一種精神的寄託、一種理想的力量。《朱子語類》中云：「陽光發處，金石可透；精神一到，何事不可成？」人生在世，多一點真誠，多一些精神，多一分自信，便是前進的動力、事業的保障、成功的基石。

一〇二、文宜恰好　人宜本然

文章做到極處❶，無有他奇，只是恰好；人品做到極處，無有他異，只是本然❷。

【注　釋】❶極處　最好的境界。❷本然　本色；自然。

【語　譯】文章做到最好的境界，便沒有任何奇巧之處，只是恰到好處而已。人品修養到至高的境界，便沒有什麼特殊之處，只是自然本性而已。

【評析】文學作品貴樸實而忌雕飾，孔子說：「辭達而已矣。」（《論語・衛靈公》）就是說，文辭但求準確地表達自己的思想，而不宜添加任何花裡胡哨的東西。李白〈經亂離後天恩流夜郎憶舊游書懷〉詩云：「清水出芙蓉，天然去雕飾。」本意是形容韋良宰「荊山」之作清新自然的風格，同時也反映了李白的詩歌主張。在明代，有唐宋古文運動，提倡直抒胸臆，表達真情實感，反對堆砌詞藻、無病呻吟的萎靡文風。所有這些，都表達了同一個意思，即文學的表現形式必須符合內容的需要，要恰到好處。做人也是如此，貴在誠實自然，切忌浮華巧詐、裝腔作勢。如果我們的社會多一些老實人，多辦一些實實在在的事情，民風就會淳樸，正氣就會抬頭，社會也就會變得更加美好。

一〇三、看破認真　脫纏負任

以幻跡❶言，無論功名富貴，即肢體亦屬委形❷；以真境❸言，無論父母兄弟，即萬物皆吾一體。人能看得破認得真，才可任天下之負擔，亦可脫世間之韁鎖❹。

【注釋】❶幻跡　虛幻的物象世界。❷委形　道家語。謂人的肢體並非人自己所屬之物，而是上蒼所賦予的形體。《莊子・知北遊》：「舜曰：『吾身非吾有也，孰有之哉？』曰：『是天地之委形也。』」❸真

境　真實不變的存在。與「幻跡」相對。❹繮鎖　繮繩和枷鎖。這裡用作動詞，羈絆、束縛的意思。

【語　譯】如果把世界看作只是一個虛幻的跡象，那麼，不用說是功名富貴，即使是肢體也都是上蒼所賦予、委託的；如果把世界看作是一個真實的存在，那麼，不用說是父母兄弟，乃至世間萬物和我都是一體。一個人如果能夠看破，又能認真，才能夠擔當起天下的責任，也才能夠擺脫世間的羈絆和束縛。

【評　析】唐沈既濟《枕中記》寫盧生在邯鄲道旅舍遇見一個道士，盧自嘆貧窮，道士便拿出一個枕頭，讓盧生枕上。盧生即入夢中，娶崔家女，接著金榜題名，青雲直上，位至宰相，歷盡了人世間的榮華富貴，醒來卻發現是倏忽一夢，連爐上的黃粱米飯尚未蒸熟哩。其實，從人類歷史的長河中看，人生百年，也只是短暫的一瞬。功名、財富、權勢，變化無常，倏忽而來，倏然而去，宛如幻跡。一個人只有「看得破」這一層，才能不為這些外在之物所累，而保持心靈的安寧、襟懷的坦蕩，以出世的精神，「認得真」地做入世的事業，才能禁受起時代風浪的考驗，擔當起歷史賦予的職責。

一〇四、事留餘地　便無殃悔

爽口❶之味，皆爛腸腐骨之藥，五分便無殃；快心❷之事，悉敗身喪德之媒❸，五分便無悔。

【注釋】❶爽口　清爽可口。❷快心　稱心；感到滿足、暢快。❸媒　媒介。

【語譯】清爽可口的食物，都是爛腸腐骨的毒藥，吃個五分飽即止，可保平安。稱心快意的事，都是身敗名裂的媒介，有個五分滿意即止，可避免日後追悔。

【評析】凡事要留有餘地，適可而止。比如美味佳肴，能引起人的食欲，但是吃得太多，就會傷及腸胃；騎馬遊獵、輕歌曼舞，能使人心情愉悅，倘若迷戀其中，不加節制，便會玩物喪志，使人墮落。人有喜怒哀樂、七情六欲，中醫認為：喜極傷脾，怒極傷肝，哀極傷心，樂極則易生悲，只有保持平和穩定的心情，才有利於氣脈調和、身心健康。對待人生也應如此，春風得意時不要忘乎所以，要看到自己的不足，看到前進道路上可能存在的危險和困難，戒驕戒躁，保持冷靜的頭腦；遇到挫折時不要悲觀失望，要相信自己，堅定信心，保持平和的心境。這樣才能永不滿足、永不氣餒，不斷進取，永遠立於不敗之地。

一〇五、寬厚待人　養德遠害

不責人小過，不發人陰私❶，不念人舊惡。三者可以養德❷，亦可以遠害。

【注　釋】❶陰私　隱祕的私事。❷養德　培養德行。

【語　譯】不責難別人的小過失，不揭發別人隱祕的私事，不記恨以前和別人之間的過隙。做到這三點，可以培養自己的品德，還可以使自己遠離災禍。

【評　析】為人要有度量，寬容對待別人的過失，只要不是原則性的問題，就不要斤斤計較，不妨大事化小、小事化了。因為人非聖賢，孰能無過？責人小過，往往導致矛盾的激化，造成人際關係的緊張與不和諧。在這方面，北宋張齊賢的故事值得一讀。據《厚德錄》卷一：張齊賢任江南轉運使時，一次舉行家宴，有個僕人偷偷拿了幾件銀器藏入懷中，恰好被張齊賢看到了，但他沒有聲張。後來張齊賢三次拜相，門下供職的僕役紛紛得到陞遷，唯獨這個僕人不在其中。一日，僕人鼓足勇氣問道：「我侍奉相爺最久，比我後到之人都做上了官，唯獨沒有我，不知是何緣故？」說完大哭不止。張齊賢憐憫地說：「我本不想把事情說穿，而你卻還埋怨我。你還記得在江南日竊銀器一事嗎？三十年來，我不曾告訴過別人，就是你也不知道吧。如今我位居宰輔，志在揚清去濁，怎能推薦有偷竊行為的人做官呢？念你服侍我多年，今日送你三百千錢，你自謀生路去吧。」僕人聽後，既慚愧又感動，泣拜而去。

一〇六、持身勿輕　用意勿重

士君子持身❶不可輕❷，輕則物能撓❸我，而無悠閒鎮定之趣；用意❹不可重，重則我為物泥❺，而無瀟灑活潑之機。

【注　釋】❶持身　立身；修身。❷輕　輕浮。❸撓　困撓。❹用意　運用心思；思慮。❺泥　拘泥；限制。

【語　譯】士大夫修身不可輕浮，一輕浮便會受到外物的困擾，失去悠閒鎮定的情趣；思慮不可過度，一過度便會受到外物的限制，而失去瀟灑活潑的生機。

【評　析】俗話說：「一瓶不搖，半瓶晃蕩。」有真才實學的人沉著持重，辦事嚴謹，只有那些一知半解的人才浮躁好動，喜歡到處賣弄炫耀，譁眾取寵。戰國時，趙括紙上談兵，長平一戰，葬送了四十五萬精兵良將，趙國從此一蹶不振。三國時的馬謖，好論軍計，言過其實，剛愎自用，不聽勸告，以致痛失街亭。浮萍浮在水面上，四處飄蕩，沒有歸蹤；雲朵懸在半空中，隨風驅使，變化不定；只有松柏扎根在大地上，才能根深葉茂、四季長青。所以說「士君子持身不可輕」，腳踏實地，一步一個腳印，才是為人的根本。同時，處理問題要有決斷，而不能顧慮重重，猶豫不決，否則，便什麼事情也做不成。持重而不失灑脫，剛勇而不失機趣，才能不為外物所撓，不受情緒左右，充滿天然生機。

一〇七、人生百年　不可虛度

天地有萬古，此身不再得；人生只百年，此日最易過。幸生其間者，不可不知有生之樂，亦不可不懷虛生❶之憂。

【注釋】❶虛生　虛度一生。

【語譯】天地運行，萬古不變，人的生命只有一次。人的一生頂多一百年，日子容易消逝。有幸生活在這個世界上的人，不可不懂得人生的歡樂，也不可不懷著虛度此生的憂慮。

【評析】光陰似箭，歲月如梭，曹操有「對酒當歌，人生幾何？譬如朝露，去日苦多」（〈短歌行〉）的感嘆。李白〈將進酒〉所說的「君不見黃河之水天上來，奔流到海不復回；君不見高堂明鏡悲白髮，朝如青絲暮成雪」，引發人無盡的遐想。「人生只百年，此日最易過」，既然光陰易逝，是抱著及時行樂的態度，今朝有酒今朝醉呢？還是抓住這轉瞬即逝的時光，投入到自己所追求的事業中去，讓有限的生命迸發出耀眼的火光呢？每個人都在用自己的行動作出回答。屈原受讒，革職去都，想到的仍然是國家的安危、人生的理想，「老冉冉其將至兮，恐修名之不立」（〈離騷〉）；陶淵明退耕南畝，不忘告誡年輕人：「盛年不重來，一日難再晨；

及時當勉勵，歲月不待人！」（〈雜詩〉）我們現在正處在一個社會飛速發展、知識不斷更新的時代，前有古人，後有來者。如何書寫自己的人生，是歷史擺在我們每個人面前的考卷。

一〇八、德怨兩忘　恩仇俱泯

怨因德彰❶，故使人德我❷，不若德怨之兩忘；仇因恩立，故使人知恩，不若恩仇之俱泯❸。

【注釋】❶彰　明顯；顯現。❷德我　對我感恩戴德。德，用作動詞。❸泯　泯滅。

【語譯】怨恨會因為恩德而更彰顯，所以，與其讓別人感恩戴德，倒不如讓恩德與怨恨兩相遺忘；仇恨往往由於恩惠而生，所以，與其使人知恩圖報，倒不如讓恩情與仇恨都消除淨盡。

【評析】老子《道德經》三十八章云：「上德不德，是以有德；下德不失德，是以無德。」意思是說，品德高尚的人，不在乎形式上的「德」，因而有德；品德低下的人，關注著形式上的「德」，因而沒有德。老子的道德觀，經過二千餘年時代風雨的洗禮，至今仍然閃爍著思想的火花。

　　人世間的事情錯綜複雜，昔日的敵人，可以變為盟友；過去的情人，一旦反目，便成了仇家；借錢時感恩戴德，要錢時卻成了惡語穢言……。所以，一個人對人有恩，切勿掛在心頭。如果一心指望人家回報，無形中就把自己擺在了高高在上的位置。別人領你的情，你是在精神上奴役了他；別人不領情呢？恩家豈不成了冤家？當別人困難的時候，伸出友誼的臂膀，本來就是一件自覺自願的事情，是一種無私的付予，這種付予有時還會引起其他人心理上的失衡。如果沒有因此而使那些心胸狹隘者產生猜忌嫉妒之情，已是十分慶幸的事了，還能作何奢望呢！

一〇九、持盈履滿　君子兢兢

老來疾病，都是壯時招的；衰後罪孽，都是盛時作的。故持盈履滿❶，君子尤兢兢❷焉。

【注釋】❶持盈履滿　謂生活或事業美滿到極點。盈，圓滿；富有。❷兢兢　謹小慎微的樣子。

【語譯】年老時疾病纏身，都是由於壯年時招致的；衰敗後所暴露出的罪惡，都是鼎盛時所造成的。所以，在富足美滿時，君子尤其要小心謹慎。

【評析】「天有不測風雲，人有旦夕禍福」，從表面上看，世事變化莫測，難以逆料，其實都有著內在變化發展的規律。宋歐陽脩〈五代史伶官傳序〉中說：「盛衰之理，雖曰天命，豈非人事哉！……夫禍患常積於忽微，而智勇多困於所溺。」年輕時不注意身體，老來就會疾病纏身；得意時為非作歹，失勢時必然自食惡果。清代和珅，受乾隆皇帝寵幸，玩弄權勢，貪贓枉法，但乾隆一死，便如喪家之犬，惶惶不可終日，嘉慶中被奪職下獄，賜以自盡。所以，防微杜漸，居安思危，盛而不矜，兢兢業業，那麼，不論是順境還是逆境，都不會有「蹉跌終身」之虞。

一一〇、卻私扶公　修身重德

市私恩❶，不如扶❷公議；結新知，不如敦❸舊好；立榮名，不如種隱德❹；尚奇節，不如謹庸行❺。

【注　釋】❶市私恩　給人私下的恩惠以求取好感。❷扶　扶持。❸敦　加深；厚。❹隱德　對人施恩而不為人所知。《晉書．王湛傳》：「初有隱德，人莫能知，兄弟宗族皆以為癡，其父昶獨異焉。」❺庸行　平常行為。

【語　譯】獲取私人的感恩，不如扶持公眾的正論；結交新的朋友，不如加深與老朋友之間的感情；樹立榮耀的名聲，不如多積些陰德；標新立異，不如小心平常的行為。

【評　析】以小恩小惠籠絡人心，有時能達到一定的效果，但那畢竟出於自私的動機；只有扶持正論，才是大公無私，才能利於群體，這是以濟世救民為己任的「士君子」應當具備的品質。

標新立異會引起人一時的注目，然而不能持久，一旦人們習慣了，也就失去了吸引力。所以，與其崇尚奇節異行，還不如踏踏實實，謹慎行事，才能以不變應萬變。

結交新朋友時不要忘記了老朋友，朋友多了路好走。

追求名聲是人之常情，但要明白，名譽地位都是過眼煙雲，不要看得太重。不斷提高自身修養，多做一些對社會對人民有益的事，才會真正得到人們的尊重。

一一一、勿犯公論　勿涉權門

公平正論不可犯手❶，一犯則貽羞萬世；權門私竇❷不可著腳❸，一著則點汙❹終身。

【注　釋】❶犯手　違犯；觸犯。❷私竇　私門；營私之處。竇，門旁小戶。亦指孔穴、洞穴。❸著腳　涉足；立足。❹點汙　玷汙；汙損。

【語　譯】社會公認的道德法規不可觸犯，一旦觸犯就會遺臭萬年；權貴私門不可涉足，一旦涉足便玷汙了一生。

【評　析】人生之路坎坷不平，偶一失足，便會鑄成終身大錯。所以，明智的人會十分謹慎地對待生活中的每一步，不去做那些違背公德、觸犯法律的事。寧可窮困潦倒一輩子，也不曲意依附權貴，獻媚取寵。因為一旦駐足權門私竇，清白的人格就永遠洗刷不清，南宋時的許及之便是這樣的一個人。

據《宋史・許及之傳》，寧宗朝，韓侂冑弄權，吏部尚書許及之諂事獻媚，無所不至。一次，韓侂冑過生日，朝臣上壽畢集，許及之後到，被關在大門之外，十分狼狽。許見大門旁有一低矮的小門未栓上，便傴僂著身子鑽了進去，因此緣故，被稱為「由竇尚書」。竇原指洞穴，也指小門，「由竇尚書」的稱呼當然很不雅馴，但確實反映了許及之的人品。許當尚書後數年不遷，心中焦急，「見侂冑流涕，序其知遇之意及衰遲之狀，不覺膝屈」，因此得到韓侂冑的憐憫，不久升為同知樞密院事。當時人們譏諷他是「由竇尚書，屈膝執政」，一時傳為笑柄。

一一二、直不畏忌　善不懼毀

曲意❶而使人喜，不若直躬❷而使人忌；無善而致人譽，不若無惡而致人毀。

【注　釋】❶曲意　委曲己意以奉承別人。❷直躬　正直而有節操。

【語　譯】委屈奉承以討人歡心，不如正直有節而受人忌恨；沒有善行而被人讚譽，不如不做壞事卻遭人誹謗。

【評　析】愛聽好聽的話大概是人的天性吧。《荀子・榮辱》說：「與人善言，暖於布帛；傷人之言，深於矛戟。」所以，多發現別人的優點，必要時美言幾句；少揭露別人的隱私，該掩飾處則掩飾，也是為人處世應有的寬厚。但如果為了討好人而曲意逢迎，昧著良心說話，則另當別論了。歐陽脩說：「諛言順意而易悅，直言逆耳而觸怒。」曲意者，無非是投人所好，若非招寵，必有所求，自然不會有是非原則，也顧不上仁義廉恥，古今無恥小人獻媚取寵者，沒有一個不是如此的。但作為中國的知識分子，歷來不乏剛正直躬、錚錚鐵骨者。陶淵明不為五斗米折腰，毅然退出充滿傾軋的官場，歸去田園；李白抱著匡世救民的抱負來到長安，但他發現自己只不過是充當了一個供皇帝和大臣們解悶取樂的御用文人時，義無反顧地辭別京都，雲遊天下，發出「安能摧眉折腰事權貴，使我不得開心顏」的浩嘆；方孝孺寧可誅滅「十族」，也不肯為明成祖朱棣起草詔書，塗脂抹粉，……先人的氣節至今令人景慕。而對那些拍馬逢迎者呢，人們只會嗤之以鼻。聰明人自會從中悟出一些道理。

一一三、家人從容　朋友剴切

處父兄骨肉之變，宜從容不宜激烈；遇朋友交游之失，宜剴切❶不宜優游❷。

【注釋】❶剴切　懇切。❷優游　悠閒自得之貌。這裡作聽任、順從解。

【語譯】與父兄、骨肉有衝突時，應當從容對待，而不能過度激烈；朋友有過失時，應當懇切規勸，而不能任之不理。

【評析】父母兄弟存在著血緣關係，是最為親近的人，一旦發生衝突，也最令人痛心疾首。所以，處理家庭矛盾必須從容冷靜，心平氣和，抱著互相謙讓的態度，開誠布公地交換意見，切忌衝動而採取過激的方式。因為那樣的話，不僅無助於問題的解決，還會使矛盾激化，使家人變為路人，甚至反目為仇。「處父兄骨肉之變，宜從容不宜激烈」，是著者縱觀了歷史上許多慘烈的教訓之後得出的肺腑之言。

朋友則是可以選擇的，是道義之交，這是與家人不同的。對待朋友的缺點和錯誤，不能抱著袖手旁觀、聽之任之的態度。古語云：「朋友合以義，當展切偲之誠。」（清程允升《幼學瓊林・朋友賓主》）就是說，朋友之間要誠懇，要互相勉勵，不要擔心對方一時的不快而掩飾自己的觀點。既然是真正的朋友，就應做到心靈相通，這才是君子之誼。

一一四、謹小慎暗　末路不怠

小處不滲漏❶，暗中不欺隱❷，末路❸不怠荒❹，才是個真正英雄。

【注　釋】❶滲漏　原指液體慢慢滲透漏出，這裡比喻社會惡習對人的影響。❷欺隱　欺騙隱瞞。❸末路　比喻窮困潦倒，陷入絕境。❹怠荒　懶惰荒廢，不求進取。

【語　譯】小地方也不疏忽大意，在無人知曉的情況下也不欺騙隱瞞，在窮困潦倒的時候也不自暴自棄：這才是真正的英雄。

【評　析】成大事者要有遠大的志向，從大處著眼，同時不忘從點滴小事做起。古人云：「千里之堤，潰於蟻穴。」一些細小的疏忽，往往會釀成大禍，葬送掉錦繡前程。在歷史上，亞力山大大帝之父腓力二世的例子便是慘痛的教訓。當年，腓力二世率領馬其頓大軍東征，途中突然被一位親近的侍衛殺死。原來，這位侍衛與腓力二世驕寵的一位妃子發生了爭執。侍衛跑來對他訴苦，希望他能主持公道。可是腓力二世正忙於會見各國貴賓，哪有心思去聽一個小小的侍衛的申訴呢？言語之間，態度粗暴。侍衛一怒之下，竟拔出佩劍，當場將腓力二世刺死，東征行動因此宣告夭折。

由此可見，認真地對待生活中的每一件細小的事情，才能奠定宏偉事業的基石；此外，在任何情況之下，不論「暗中」或是「末路」，都能敬謹從事，都不放鬆對自己的要求，才能鑄成健全的人品。

一一五、愛重成仇　薄極成喜

千金難結一時之歡，一飯竟致終身之感❶。蓋愛重反為仇，薄極翻成喜也。

【注釋】❶一飯竟致終身之感　典出《史記・淮陰侯列傳》：「信釣於城下，諸母漂，有一母見信飢，飯信，竟漂數十日。信喜，謂漂母曰：『吾必有以重報母！』」信，韓信。

【語譯】千金難以買來一時的歡樂，一頓飯卻能使對方終身感激。大概愛到極點，所愛之人有時會因一件小事與你反目為仇；絕少關心的人，卻會因為一點小小的幫助而由衷地喜悅。

【評析】風雪嚴寒中送來的一縷溫暖，生活無著時得到的一點幫助，挫折失望之際的一聲安慰與勉勵，常常會使人終身難忘。漢代韓信，年輕時貧困無行，衣食無據。一位在河邊洗衣服的婦人見他飢餓，給他一碗飯吃，韓信感激地說：「我以後一定重重地報答你！」婦人發怒說：「大丈夫不能養活自己，我是可憐你才請你進食，難道會指望報答嗎？」但韓信終身不忘一飯之恩，功成名就後特地趕到淮陰，找到那位婦人，報以千金。而曹操一心想留住關羽，為此三日一大宴，五日一小宴，賜金封爵，但關羽卻不為所動，一打聽到劉備的消息，立即掛印封金而去。一飯與千金，孰重孰輕，自然很清楚，但人的感情是不能用金錢來決定的，「千金難結一時之歡，一飯竟致終身之感」，正是人的可貴之處。由此可見，患難之中的真情是最值得珍視的。

一一六、藏巧於拙　寓清於濁

藏巧於拙，用晦而明❶，寓清之濁，以屈為伸，真涉世之一壺❷，藏身之三窟❸也。

【注　釋】❶用晦而明　語本《周易・明夷》：「君子以莅眾，用晦而明。」王弼注：「藏明於內，乃得明也；顯明於外，巧所辟也。」用晦，謂隱藏才能，不使外露。❷一壺　一個葫蘆。古人常繫葫蘆於腰間，落水時可作救生之物，因此作關鍵時得其所用解。《鶡冠子・學問》：「中河失船，一壺千金。」❸三窟　語本《戰國策・齊策》：「狡兔有三窟，僅得免其死耳。」這裡指安全之處。

【語　譯】智巧掩藏在表面的笨拙之中，有收斂鋒芒、才華不露的明智，以清廉而適應汙濁的環境，能屈抑以等待伸展，這些便是立身處世的法寶，明哲保身的良方。

【評　析】社會是複雜的，特別是在動蕩不定的亂世，到處充滿著荊棘與陷阱。統治者翻手為雲，覆手為雨，朝為座上賓，夕成階下囚的現象司空見慣。社會上惡勢力肆虐，嫉賢妒能，「有高人之行者，固見負於世；有獨知之慮者，必見驁於民」（《商君書・更法》）。人們從險惡的世情中總結出一套明哲保身的方法，就是凡事不要太露鋒芒，以免樹大招風，引來無端的災禍。要「藏巧於拙，用晦而明，寓清於濁」，以退作為進的基礎，以屈積蓄伸的動力，遇到合適的時機，再顯山露水，展示才華。馮諼為孟嘗君「市義」，就是為了準備好退路，以作東山再起的保障。然而，現代人是否也要像孟嘗君一樣，去營造一個藏身之穴呢？似乎大可不必。時代不同了，處世的方法也應有所區別。但古人倡導的那種潔身自好、謙虛謹慎，遇事從容，不刻意表現的思想，還是值得借鑑的。

一一七、居安慮患　處變堅忍

衰颯❶的景象就在盛滿❷中，發生的機緘❸即在零落❹內。故君子居安宜操一心以慮患，處變當堅百忍以圖成。

【注　釋】❶衰颯　衰落蕭條。❷盛滿　滿盈；極盛狀態。❸機緘　機關開閉。指推動事物發展變化的力量。《莊子．天運》：「天其運乎？地其處乎？日月其爭於所乎？孰主張是？孰維綱是？孰居無事推而行是？意者其有機緘而不得已邪？」成玄英疏：「機，關也；緘，閉也。……謂有司主關閉，事不得已。」

❹零落　指衰敗。

【語　譯】事物衰落的跡象就在它的全盛時期，事物發生的力量早在其衰敗蕭條時就已萌生。

所以，君子處在安樂的時候，要考慮到將來可能發生的禍患，而一旦陷入動亂之中，就應當堅忍不拔，爭取事業的成功。

【評　析】《戰國策．秦策三》中說：「日中則移，月滿則虧，物盛則衰。」日月盈虧是不可抗拒的自然規律，人事的盛衰也不例外。盛極時潛伏著衰敗的苗頭，凋零中孕育著蓬勃的生機，明白這個道理，就能在順境中保持清醒的頭腦，「操一心以慮患」；困阨時充滿樂觀的精神，「堅百忍以圖成」。晉朝的張翰，因為看清了世間人事的盛衰變遷，毅然辭官回到吳中，悠閒地品嘗那美味可口的菰菜、蓴羹、鱸魚鱠，避免了日後齊王冏敗亡時可能帶來的災禍；而越王句踐，臥薪嘗膽，忍辱負重，終於打敗了宿敵，報了滅國之仇。史鑑不鮮，值得深思。

一一八、奇異之識　獨行無操

驚奇喜異者，無遠大之識；苦節❶獨行者，非恆久之操。

【注　釋】❶苦節　苦於名節。指過於儉約刻薄。《周易．節》：「節，亨。苦節，不可貞也。」孔穎達疏：「節須得中。為節過苦，傷於刻薄，物所不堪，不可復正，故曰『苦節，不可貞也。』」

【語　譯】喜歡新奇怪異的人，不會有遠大的見識；儉約刻薄、獨行其是的人，難保長久的操守。

【評析】驚奇喜異也是人的本性吧，但什麼樣的事情才值得驚喜呢？每個人因不同的經歷和修養而異。領略過大海波瀾壯闊的人，在涓涓溪流、滔滔河水面前不會感到驚訝；鑽研學問的人，一心沉浸在深邃的事理之中，不會因一點膚淺的發現而欣喜若狂；從驚天動地偉業中走過來的人，不會因尺寸之功而自鳴得意。《孟子・盡心上》中說：「孔子登東山而小魯，登泰山而小天下。」登臨群山之顛，才能視野開闊、襟懷坦蕩。同樣，一個人如果有遠大的志向，以天下為己任，就不會驚奇喜異，過多地關注細枝末節。就能不為外物所擾，不為浮名所累，處事穩健，操守恆久，不大驚小怪，不見異思遷。這樣的人才能成就大事業。

一一九、猛然轉念　魔為真君

當怒火慾水正騰沸處，明明知得，又明明犯著。知的是誰？犯的又是誰？此處能猛然轉念，邪魔便為真君❶矣。

【注釋】❶真君　道教對神仙的尊稱。這裡泛指修行得道的人。

【語譯】當一個人怒火熊熊、欲水沸騰的時候，心中明明知道不對，又往往控制不住。知道這種情形的是誰？明知故犯的又是誰呢？此時如果能幡然醒悟，即使是邪惡的魔鬼，也會變成修行得道的正人君子了。

【評析】佛教把忿怒比作一團火，《佛遺教經》有「瞋心甚於猛火」之語，火是難以遏制的。佛教把欲望比作海，稱欲海，海是永遠填不滿的。北齊〈邑義主一百人等造靈塔記〉云：「三塗無樂，欲海多難。」人若不能有效地控制自己的感情，很容易在怒火中焚毀，在欲海中沉淪。所以，諸葛亮諄諄告誡其外甥「慕先賢，絕情欲，棄疑滯，使庶幾之志，揭然有所存，惻然有所感」。古人喜歡在自己的廳室中書上一個「制怒」或是「忍」字，作為座右銘。抑制「怒火欲水」需要有堅定的意志，並經過長期的修省磨鍊。要明白在這個世界上根本不存在邪魔，只有內心的私念才是惡魔；也沒有什麼「真君」，只有靠自己的努力才能守住一片淨土，拯救自己，擺脫「苦海」，駛向光明的彼岸。

一二〇、毋信偏言　不恃己長

毋偏信而為奸所欺，毋自任❶而為氣所使；毋以己之長而形❷人之短，毋以己之拙而忌人之能。

【注釋】❶自任　自信；自負。❷形　對照；對比。

【語譯】不要聽信一面之辭而被奸人所欺騙，不要剛愎自用而為意氣所驅遣；不要以自己的長處來對照別人的短處，不要因自己的拙劣而嫉妒別人的才幹。

【評　析】唐太宗李世民曾經問魏徵：「人主何為而明？何為而暗？」魏徵答道：「兼聽則明，偏信則暗。」正因為唐太宗能廣泛聽取各方面的意見，才出現了政治清明、經濟繁榮、文化昌盛的時代。到了玄宗朝，大唐已發展到了頂點，也就在這時，李隆基放鬆了警惕，深居宮中，偏信李林甫、楊國忠等人，終於釀成了「安史之亂」。偏信於別人，說到底就是過於相信自己，喪失了惕厲之心，而意氣自任者，偏聽偏信，是很容易被人蒙蔽和利用的。

一個人不要老是以自己的長處對照別人的短處，這樣的對照掩蓋了自己的不足，使人沾沾自喜，因此失去了改正缺點的機會和奮發向上的動力。

一個人的心胸要寬廣，切勿嫉賢妒能。宋人錢易《南部新書》中提到唐人李嶠有「三戾」：「性好榮遷，憎人升進；性好文章，憎人才華；性好貪濁，憎人受賂。」須知這樣的人在社會上是不會受歡迎的。

一二一、毋攻人短　善誨人頑

人之短處，要曲❶為彌縫❷，如暴❸而揚之，是以短攻短；人有頑的，要善為化誨，如忿而疾❹之，是以頑濟頑❺。

【注　釋】❶曲　委婉。❷彌縫　彌合縫補。❸暴　暴露；揭發。❹疾　厭惡；憎恨。❺濟頑　助長頑劣。

【語譯】對於別人的缺點，要委婉地幫助他彌合縫補，如果將其暴露，大肆宣揚，無疑是以自己的短處攻擊別人的短處；對於愚頑的人，要善於教化開導，如果用忿恨厭惡的態度對待他，那正是以自己的愚頑助長了別人的愚頑。

【評析】這個世界上，總有那麼一些人，喜歡到處搬弄是非，以揭人之短為樂事，殊不知這正暴露了自己的淺薄。宋王明清《揮麈後錄》中有這樣一則故事：北宋靖康年間，有學官馮楫、雷觀二人，為蜀中同鄉。一日，馮出策題考問諸生，雷偏偏當著眾人之面指出其中的錯誤，並譏諷說：「自王安石曲學邪說亂世，蔡京奉之成其奸，遂亂天下。今豈可仍然學其之說？」馮即反駁說：「你去年曾有信，要我為你請求做蔡氏館客，你難道忘了不成？此信尚在！你今日之事，如同一道洗浴，卻譏笑別人赤身裸體一般！」兩人爭得不可開交，因此而被解除了職務。

以己之短攻人之短，以己之頑濟人之頑，無異於孟子所說的「五十步笑百步」，最後被笑話的是自己。

一二二、陰者勿交　傲者防口

遇沉沉❶不語之士，且莫輸心❷；見悻悻自好❸之人，應須防口❹。

【注釋】❶沉沉　陰沉冷峻的樣子。形容人城府很深。❷輸心　交心；表明自己的心思。❸悻悻自好　剛愎傲慢，自以為是。悻悻，傲慢貌。❹防口　說話小心謹慎，以防禍從口出。

【語譯】遇到陰沉冷峻的人，千萬不要和他推心置腹；遇到剛愎自負的人，應當謹慎說話。

【評析】孔子說：「可與言而不與之言，失人；不可與言而與之言，失言。」《論語・衛靈公》失言則多災禍，因此，要提防禍自口出。與什麼樣的人不宜多言呢？這需要經過仔細的觀察。深沉不語的人，並不一定個個心懷詭詐，但在了解之前，不可不存戒心；而那些心地狹窄、自以為是的人，毫無例外是難以相處的，因此，切勿推心置腹，訴說自己的心裡話，以免惹事生非。明馮夢龍云：「逢人且說三分話，未可全拋一片心。」（〈杜十娘怒沉百寶箱〉）確是中國人經過無數慘痛教訓後總結的肺腑之言。《孔子家語・觀周》記載，西周祖廟石階前立有金人，三緘其口，背後的銘文上寫道：「此古之慎言人也。」現代人自然不願去當這種謹小慎微、唯唯諾諾的順民，但在與人交往時，多一分思索，少一分輕信；多一分謹慎，少一分率意，是十分有益的。

一二三、昏散知醒　吃緊要放

念頭昏散❶處要知提醒，念頭吃緊❷時要知放下。不然，恐去昏昏之病，又來憧憧❸之擾矣。

【注釋】❶昏散　迷惑昏亂。❷吃緊　緊張。❸憧憧　紛亂不定貌。

【語譯】當頭腦昏亂糊塗時，要知道提醒自己；當精神緊張時，要學會放鬆自己。否則，恐怕剛剛去除了昏昏沉沉的毛病，又被接踵而來的紛亂思緒所困擾。

【評析】人生在世，轉眼就是百年，誰不想作出一番成績，建立一番功業呢？懶散之時，須提醒自己，韶華易逝，流年似水，「少壯不努力，老大徒傷悲」。抓住時光，也就抓住了未來，抓住了人生。而在繁忙的工作和學習之中呢，又要注意合理調節，勞逸均衡。生活的弦不要繃得太緊，太緊了就會有斷裂的危險。要知道，不會休息的人，也就不會工作。古語云：「一張一弛，文武之道。」在旌旗蔽空、舳艫千里時，不失橫槊賦詩的雅趣；在暴風驟雨、雷閃雷鳴中，保持閒庭信步的情懷。這樣的人，才能從容對待生活中的任何風浪，成就宏偉的事業，彩繪瑰麗的人生。

一二四、君子之心　不滯不塞

霽日❶青天，倏❷變為迅雷震電；疾風怒雨，倏轉為朗月晴空。氣機❸

何嘗一毫凝滯？太虛❹何嘗一毫障塞？人之心體❺亦當如是。

【注釋】❶霽日　指晴日。❷倏　突然。❸氣機　天地有規律運行的自然機能。❹太虛　指宇宙。唐陸龜蒙〈江湖散人傳〉：「天地大者也，在太虛中一物耳。」❺心體　指思想。明王守仁《傳習錄》卷下：「先生嘗語學者曰：『心體上著不得一念留滯，就如眼著不得些子塵沙。』」

【語譯】晴朗的天空，一碧如洗，突然間電閃雷鳴，狂風怒吼，暴雨傾盆；轉瞬又明月高懸，晴空萬里。天地運行，何曾有過一刻停滯？也何曾發生過絲毫阻塞？人的思想也應當如此。

【評析】夏雨冬雪，春華秋實，日昇月落，斗轉星移，天地不知疲倦地運行，不知經歷了多少年。古人雖然還不能對這種現象作出科學的解釋，但已懂得從自然規律中類推出人事。二千多年前的荀子就指出：「天行有常，不為堯存，不為桀亡。」（《荀子．天論》）儒家重視天道，並應之於人事，《周易．乾》中說：「天行健，君子以自強不息。」反映了儒家天人合一的思想。宋明理學進一步將儒家的濟世理論與自然終極之說揉合在一起，講求格物究理。本則文字意在說明，人的精神活動必須像大自然一樣，符合其自身的規律，喜怒有因，哀樂合節，順暢而不凝滯，通達而不障塞。這是一個讀書明理的君子應當具備的素質。

一二五、有識有力　勝私制欲

勝私制欲之功，有曰識不早力不易❶者，有曰識得破忍不過者。蓋識是一顆照魔的明珠❷，力是一把斬魔的慧劍❸，兩不可少也。

【注　釋】❶易　周備；足夠。❷明珠　佛教稱晶瑩剔透的寶珠，傳說有神異之功。《涅槃經》卷九：「譬如明珠置濁水中，以珠威德，水即為清。」又《淨土論》注：「譬如摩尼珠，置之濁水，水即清淨；若人，雖有無量生死之罪濁，聞彼阿彌陀如來至極無生清淨寶珠名號，投之濁心，念念之中，罪滅心淨，即得往生。」❸慧劍　佛教把智慧比作利劍，認為這把劍能斬斷世俗的煩惱與魔障。《維摩詰經・菩薩行品》：「智慧劍破煩惱賊。」

【語　譯】戰勝私情制服物欲的成效，有人說是沒有及早地發現，並且意志力不夠；有人說是能夠看得破，但卻難以抵禦它們的誘惑。由此看來，見識是照魔的寶珠，意志是斬魔的利劍，兩者缺一不可。

【評　析】人非聖賢，不可能沒有私心雜念，但有的人能通過自己的努力，戰勝私情，擺脫物欲的束縛，展示人類善的一面；有的人卻在私欲的泥潭中不斷地沉淪，遭致沒頂之災。為什麼會有這樣明顯的區別呢？究其原因，無非二個方面：一是每個人的認識不同，一是每個人的意志和毅力各異。比如說，廉潔是一種美德，人人皆知，但是，當你不費吹灰之力就能得到大宗賄賂，實現金錢夢時，你能抵擋得住這種誘惑嗎？所以說：「識是一顆照魔的明珠，力是一把斬魔的慧劍。」兩者缺一不可。並且，從某種意義上說，後者更為重要。

一二六、大量能容　不動聲色

覺人之詐不形❶於言，受人之侮不動於色，此中有無窮意味，亦有無窮受用。

【注　釋】❶形　表露。

【語　譯】發覺別人的奸詐，不急於說出口；受到別人的侮辱，沒有憤怒的神情。這樣做自有其無窮奧祕的道理，也有享用不盡的好處。

【評　析】喜怒不形於色，是一個人成熟的標誌。宋蘇洵〈心術〉篇說：「一忍可以支百勇，一靜可以制百動。」當你發覺別人的奸詐時，如果立即加以揭穿，有時會遭到意外之禍。因為對方從得意之中突然跌入難堪的境地，很可能惱羞成怒，不顧一切地加害於你。而受到別人侮辱時，如果立即還以顏色，大動干戈，也未必是明智之舉。因為在力量懸殊的情況下，吃虧的總是弱小者。常言道「小不忍則亂大謀」，特別是在一些非原則性的問題上，更沒有過分計較的必要。在這方面，唐代婁師德是教人這樣處理的：婁師德的弟弟拜授代州刺史，臨上任時，婁師德對他說：「我沒有什麼才能，卻忝居宰相之位，如今你又被任作一州長官。名利過多，就會引起別人的嫉妒，你如何保全自己呢？」其弟答道：「自今而後，即使有人唾我一臉唾沫，我也不還嘴，只是擦掉就算了。」婁師德說：「這正是我所擔憂的。唾你的人，因你而發怒，你把唾沫擦掉，是厭惡人家的表現，不如不去擦拭，讓唾沫自己乾掉，如何？」（《唐語林》卷三）在小事上息事寧人，不失為一種以退為進的方法。

一二七、橫逆困窮　鍛鍊身心

橫逆❶困窮是鍛鍊豪傑的一副爐錘❷，能受其鍛鍊則身心交益，不受其鍛鍊則身心交損。

【注釋】❶橫逆　泛指不順利的境遇。❷爐錘　熔爐與鍛錘。

【語譯】艱難曲折、窮困潦倒的境遇，是鍛鍊英雄豪傑的熔爐和鍛錘。能接受鍛鍊的人，身體和心靈都會得到益處；沒有受過這種鍛鍊的人，身體和心靈都會受到損傷。

【評析】順境固然可喜，逆境亦不足憂。孟子說：「天將降大任於是人也，必先苦其心志，勞其筋骨，餓其體膚，空乏其身，行拂亂其所為，所以動心忍性，增益其所不能。」《孟子・

告子下》艱苦的生活，險惡的環境，可以磨鍊一個人的意志，激發一個人奮發向上的勇氣，使人變得成熟與堅強。倒是舒適安逸的環境，一帆風順的境遇，令人甚憂。縱觀古今，開國之君多從橫逆困頓之中走來，經歷過刀光血影的考驗，雄才大略，英姿勃發。而末代皇帝呢？由於生活太舒適安逸，大多縱酒肆欲，奢侈無度，綱紀鬆弛，親近群小，最終走上亡國亡身的道路。古語云：「憂危啟聖智，厄窮見人傑。」一個人如能在逆境中頑強拚搏，自強不息，就能掌握自己的命運，描畫出壯麗的人生。

一二八、燮理功夫　敦睦氣象

吾身一小天地也，使喜怒不愆❶，好惡有則，便是燮理❷的功夫；天地一大父母也，使民無怨咨❸，物無氛沴❹，亦是敦睦❺的氣象。

【注　釋】❶愆　過失；過錯。《詩・大雅・假樂》：「不愆不忘，率由舊章。」❷燮理　協調治理。《書・周官》：「茲惟三公，論道經邦，燮理陰陽。」❸怨咨　怨恨、嗟嘆。❹氛沴　謂惡病。氛，預示災禍的凶氣。《國語・楚語上》注：「凶氣為氛，吉氣為祥。」❺敦睦　敦厚和睦。

【語　譯】我們的身體就是一個小世界，不論是喜是怒，都不會犯錯；不論是愛是憎，都有一定的準則，這便是一個人自我調適的本領。天地就是人類的大父母，能使百姓沒有怨恨和嗟嘆，萬物沒有病害災禍，這便是敦睦平和的氣象。

【評　析】「天人合一」思想是儒家學說的一個重要組成部分。北宋理學家張載在〈西銘〉一文中說：「乾稱父，坤稱母，予茲藐焉，乃混然中處，故天地之塞吾其體，天地之帥吾其性，民吾同胞，物吾與也。」（《張橫渠先生文集》卷一）南宋朱熹進一步說明：「天人一物，內外一理；流通貫徹，初無間隔。」也就是說，古人認為，人體的運動，是與自然界的運行相吻合的。譬如說，天地以日為中心，人體則以心為主宰；天地有春夏秋冬、風霜雨雪的變化，人體則有喜怒哀樂的波動；天地以陰陽調節化育萬物，人則以善惡構成不同的品行氣質。如果天地經常出現反常的氣候，萬物就不能茁壯地成長；而一個人如果喜怒無常，就形成不了完美的人格。所以說，人體就像一個小小的天地，只有保持良好的狀態，才能呈現敦睦祥和的氣象。

一二九、戒疏於慮　警傷於察

害人之心不可有，防人之心不可無，此戒疏❶於慮也；寧受人之欺，毋逆❷人之詐，此警傷於察也。二語並存，精明而渾厚矣。

【注　釋】❶疏　疏忽。❷逆　逆料；推測。

【語　譯】「害人之心不可有，防人之心不可無」，這句話是訓誡那些疏於思索的人的；「寧可受人欺騙，也不要猜度別人的奸詐」，這句話是提醒那些疑神疑鬼的人的。這兩句話都能做到，那就既精明強幹，又渾厚淳樸了。

【評　析】唐代宰相李林甫，以誣陷害人為能事，但未料到，「亦為人所陷」。他的親信吉溫，因「不得超擢」，即「去林甫而附楊國忠」，並為楊出謀劃策，「誣奏林甫與蕃將阿布思同構逆謀，……誘林甫親族間不悅者為之證」（《資治通鑑》卷二一六），以其人之道，還治其人之身，演出了一幕狗咬狗的鬧劇。李林甫因此失去了唐玄宗的寵信，在憂懣之中結束了罪惡的一生。以害人開始者，大多以害己而告終，這是一條普遍規律，所以，害人之心切不可有。但防人之心則不可無，因為知人知面不知心，疏於警惕，就容易受人欺蒙，遭致禍患，這是「疏於慮者」必須牢記的。但也要注意，心思不可用過了頭，過猶不及。因為在這個世界上，畢竟還是好人多。所以，與人相處，掌握分寸，是十分重要的。因為只有這樣，才能既明於察覺，又不失純厚淳樸之風。

一三〇、辨別是非　認識大體

毋因群疑而阻獨見，毋任❶己意而廢❷人言，毋私小惠而傷大體，毋借公論以快❸私情。

【注　釋】❶任　任憑；聽任。❷廢　廢棄；廢止。❸快　滿足。

【語　譯】不要因為大家的懷疑而阻止有獨創性的見解，不要任憑自己的意志行事而排斥別人的意見，不要搞個人的小恩小惠而傷害了大原則，不要假借公論來滿足個人的私情。

【評　析】哥白尼在神學佔統治地位的中世紀，勇敢地宣布地球圍繞太陽旋轉的規律；哥倫布在一片懷疑聲中毅然駕船橫渡大西洋，開始了探尋新大陸的航行，而事實證明，被當時大多數人嗤之以鼻的行為，成為了人類歷史上石破天驚的壯舉。所以說，一個人不要為眾議所困惑，不要被自己一時的意氣所左右。在中國的歷史上，也有許多值得借鑑的例子：三國時，群雄逐鹿，袁紹擁有冀州之眾，戰將千員，謀士如雲，但他剛愎自用，「多謀少決」。建安五年，曹操出兵徐州，田豐勸袁紹乘虛襲擊曹軍後方，袁紹卻以愛子有疾而按兵不動，錯過了良機。官渡一戰，田豐又上書說：「今且宜靜守以待天時，不可妄興大兵，恐有不利。」又被袁紹否決。曹操則能夠聽取各方面的意見，「策得輒行，應變無窮」。荀彧原是袁紹手下謀士，見紹徒有虛名，難成大事，便棄紹奔曹。曹操敬之如師。他採納荀彧的建議，遷都許昌，取得有利的政治形勢。官渡之役，紹強曹弱，曹軍多怯陣，曹從彧策，放棄退兵之念，堅壁相持，伺機而動，終於贏得了勝利。可見，對於決策人來說，認識大體，明辨是非，不廢人言，擇善而行，是何等的重要！

一三一、親善防讒　去惡守密

善人未能急親❶，不宜預揚❷，恐來❸讒譖❹之奸；惡人未能輕去，不宜先發❺，恐招媒孽❻之禍。

【注　釋】❶急親　急於親近。❷預揚　預先宣揚。❸來　招致。❹讒譖　說壞話誣陷人。❺發　揭發。❻媒孽　比喻構陷誣害，陷人於罪。《漢書・李陵傳》：「今舉事一不成，全軀保妻子之臣，隨而媒孽其短。」注：「媒，酒教；孽，曲也。謂釀成其罪。」

【語　譯】親近善人，不能性急，也不宜事先張揚，以免招致奸人的誹謗中傷；對心地險惡的人，不宜草率地與他斷絕關係，也不宜事先揭發他，以免招致誣陷的災禍。

【評　析】君子之交是平和的，因為它是以共同的志趣、學識、愛好為基礎的，需要經過時間的磨鍊、情感的積蓄，所以來得和緩，持續得久。從這個角度來說，「君子之交淡如水」。一個人如果對別人有好感，急於表達自己的感情，逢人宣揚，不僅暴露出自己的虛浮，可能引起對方的厭惡，弄不好還會招致周圍人的忌恨，引來不必要的是是非非。

唐玄宗朝，中書侍郎嚴挺之頗具才幹，被李林甫排擠出京。一日，玄宗突然想起他，問李林甫說：「嚴挺之今安在？是人亦可用。」李林甫即把嚴挺之的弟弟嚴損之召到府上，交談「敘故」，說：「皇上對你兄長很器重，請他設法找個藉口來京，必有大用。」並假惺惺地出謀劃策，教嚴損之為其兄寫一狀紙，以身體有病為由，請求「入京就醫」。嚴損之感激不盡，一一照辦。李林甫卻拿著狀紙，面奏玄宗說：「挺之年高，近患風，且須授閒官就醫。」玄宗聽後，嘆息良久，只好令嚴挺之到「東京養疾」去了。

可見，在小人面前，是不能隨便讚揚別人的。

一三二、暗室節義　履薄經綸

青天白日的節義，自暗室漏室中培來；旋乾轉坤的經綸❶，自臨深履薄❷處操出。

【注　釋】❶經綸　原指整理絲縷，引申為治理國家大事。❷臨深履薄　面臨深淵，腳踏薄冰。比喻處境危險，必須小心謹慎。《詩・小雅・小旻》：「戰戰兢兢，如臨深淵，如履薄冰。」

【語　譯】像青天白日一樣的節義，是從黑暗漏雨的房屋這樣艱苦惡劣的環境中培養出來的；扭轉乾坤的政治才略，是從臨深履薄的危險處境中磨鍊出來的。

【評　析】香料經過壓榨、提煉，香味格外濃烈；寶劍經過錘打、磨礪，鋒芒更加銳利；一個人經過艱苦生活的鍛鍊，會變得堅強和高尚。

要實現遠大的抱負，還必須具備踏踏實實的作風，以「如臨深淵，如履薄冰」的態度，審慎地對待每一件事情。「萬丈高樓平地起」，只有不放過每一個細小的環節，兢兢業業，一絲不苟，才能奠定事業成功的基石。

一三三、任德懷恩　至親路人

父慈子孝，兄友弟恭❶，縱做到極處，俱是合當❷如此，著不得一毫感激的念頭。如施者任德❸，受者懷恩，便是路人，便成市道❹矣。

【注釋】❶恭　恭敬有禮。❷合當　應該。❸任德　因對人施以恩惠而具有某種道義上的優越感。❹市道　交易場上的行為。

【語譯】父慈子孝、兄友弟恭，即使將這種人倫關係做到了最完美的境地，也只是理應如此，彼此之間不需要存有一絲一毫感激的念頭。如果奉行的人自以為有德，接受的人懷著感恩，那便是彼此以路人相對待，骨肉之情變成市場交易了。

【評析】血緣關係是維繫家庭的紐帶，是社會諸關係中最穩定、最緊密的部分，而「父慈子孝，兄友弟恭」則是家庭關係的基本準則，在我國已有數千年的傳統。《禮記．禮運》云：「父慈，子孝，兄良，弟悌。」《史記．帝王本紀》中亦云：「父義，母慈，兄友，弟恭。」在人生激烈的搏擊、艱難的跋涉中，家庭永遠是一個避風的港灣、一片溫馨的樂土。父母的慈愛，兄長的翼護，是一種無私無悔的付出，是人一生中最最美好的回憶；而孝敬父母，尊重兄長，也是一個人發自內心的情感湧動，不帶有任何虛假做作的成分。這些都表現了人類善良美好的本性，也是我們中華民族綿延不絕、繁榮昌盛的內在動力。如果把這種家庭關係理解為一方施德，一方報恩，豈不是將骨肉之情變成了市井交易？將至親看作了路上的陌生人？動物尚有舐犢之情，何況是具有高級思維和豐富情感的人呢！

一三四、不誇妍潔　誰能汙我

有妍❶必有醜為之對，我不誇❷妍，誰能醜我？有潔必有汙為之仇❸，我不好潔，誰能汙我？

【注　釋】❶妍　美麗；美好。❷誇　標榜；誇大。❸仇　對應；相對。

【語　譯】有美好就必然有醜陋與之相對應，如果我不自誇美好，又有誰能將醜陋強加於我呢？有潔淨就必然有汙穢作為它的反面，如果我不好潔成癖，又有誰能玷汙我呢？

【評　析】世間萬事萬物都是相對的，美與醜、潔與汙、善與惡、正與邪，既相對立，又相統一，並在一定的條件下轉化。認識這一規律，就能以超然的態度看待人生。因為，對任何事物採取極端的看法或做法，都有可能走向其反面。比如說，愛好清潔，本是一種良好的習慣，但若過分，反會引起別人的厭惡，元人倪瓚便是這樣的一個人。據說倪瓚愛潔成癖，他每天都要兩個書僮輪番拂掃書房，一刻也不准停息。他的庭院裡有一棵梧桐樹，每日早晚拎水擦拭，直到把樹擦得枯槁而死。他因故入獄，每次送飯時，他都叫獄卒把飯具端得齊眉毛高。獄卒問他為什麼要這樣做，他不回答。有人在一旁說：「他是怕你的唾沫星子噴到飯上。」獄卒大怒，把他鎖在便桶旁邊，後經眾人求情才得幸免。後來，他的母親生了病，請葛仙翁前來診療。當時正下著雨，葛仙翁騎著倪瓚的白馬，驅走在泥濘的道路上，人和馬都弄得很髒。到了倪府，葛要求先登很少人去過的清祕閣看看。倪瓚不敢拒絕。葛仙翁又是吐痰又是噴唾液，把閣樓弄得滿目狼藉。有人說葛仙翁是想以此來破他的迂癖，可他就是不能醒悟。《古今談概・怪誕部》過分潔身自好，孤芳自賞，只能落入與人隔絕、孤立無援的境地。而欲有大作為者，是須具有含垢納汙的雅量的。

一三五、冷腸平氣　去煩惱障

炎涼❶之態，富貴更甚於貧賤；妒忌之心，骨肉尤狠於外人。此處若不當以冷腸❷，御❸以平氣，鮮❹不日坐煩惱障❺中矣。

【注　釋】❶炎涼　熱與冷。比喻人情冷暖厚薄。❷冷腸　指冷靜的態度。❸御　控制；駕御。❹鮮　少。❺煩惱障　佛教認為貪、瞋、癡、慢、疑、邪見等能擾亂人的情緒而生成煩惱，都是涅槃的障礙，因稱煩惱障。《佛地論》：「身心惱亂，不成寂靜，名之為煩惱障。」

【語　譯】人情冷暖的變化，富貴之家比貧寒之家更嚴重；猜疑妒忌的心理，在親人之間更厲害於外人。身處其中，如果不能以冷靜的心態、心平氣和地對待，那就很少有人不天天陷入煩惱憂愁之中了。

【評　析】天地之間，骨肉最親。然而，一旦反目成仇，往往甚於外人。原因在於，兄弟親屬之間，關係最切，利益最近，非吾即爾，非此即彼，特別是在統治集團內部，爭奪尤為慘烈。秦二世胡亥矯詔賜死扶蘇，魏文帝脅迫其弟曹植七步賦詩，隋煬帝楊廣謀殺親父，唐太宗李世民發動玄武門之變，明成祖朱棣發起「靖難之役」，……一部「二十四史」，寫盡了兄弟鬩牆、親屬相爭、骨肉相殘之事，讀來令人浩嘆。我們普通人當不了皇帝，似乎不必如此大動干戈，但碰到財富之爭、利益所在，兄弟姊妹、父母親屬之間，也會產生矛盾，甚至發展為衝突。這時，如果能以道德來約束自己，以親情來呼喚自己，抱著互相謙讓的態度，心平氣和地冷靜對待問題，就不至於發生那種使親者痛、仇者快的事情了。

一三六、分清功過　勿顯恩仇

功過不容少混，混則人懷惰墮❶之心；恩仇不可太明，明則人起攜貳❷之志。

【注　釋】❶惰墮　懶散怠惰。❷攜貳　離心；懷有二心。攜，離。貳，二心。

【語　譯】功過不能有絲毫混淆，一旦混淆，就會使人懶散怠惰；恩仇不能分得太明，分得太明就容易使人產生二心。

【評　析】賞功罰過，賞勤罰懶，既是對貢獻者的肯定和鼓勵，也是對後進者的儆戒與鞭策。戰爭中，能使軍隊紀律嚴明，士氣高漲；平時，能使人努力工作，爭創業績。反之，功過不分，是非不明，便會挫傷人的進取心，使得紀律鬆弛，人心渙散，事業停滯。縱觀歷代帝王得天下者，無不以論功行賞作為調動將士積極性的重要手段。但在分清功過的同時，要注意對個人恩怨不要分得太明。太明，容易使人感到疑懼，導致離心離德。戰國時的秦相范雎，「一飯之德必償，睚眦之怨必報」，畢竟太小家子氣了。一個成大事者，應該胸懷寬廣，容得下恩恩怨怨，這樣才能團結盡可能多的人，投身共同的事業。

一三七、位盛危至　德高謗興

爵位❶不宜太盛，太盛則危；能事不宜盡畢，盡畢則衰；行誼❷不宜過高，過高則謗興而毀來。

【注　釋】❶爵位　爵祿官位。古代爵分公、侯、伯、子、男五等。❷行誼　同「行義」。指品行、道義。《漢書・食貨志上》：「人人自愛而重犯法，先行誼而黜愧辱焉。」

【語　譯】爵位不要太顯赫，太顯赫就會有危險；能力不要完全發揮，發揮盡了就會衰退；道德品行不要表現得過於崇高，太崇高就會惹來誹謗。

【評　析】《西遊記》第三十三回云：「樹大招風風撼樹，人為名高名喪人。」在險惡的社會環境、殘酷的政治鬥爭之中，太盛的爵位、過高的榮譽，往往使人忌恨，帶來讒毀和災禍。孫子、范蠡功成隱退，避免了伍員、文種賜死之禍。漢初「三傑」，張良不重封地，一語能噤百官，而「蕭和繫獄，韓信誅夷」，都沒有好的結局。功成不居，激流勇退，不僅是一種高明的策略，也是一種謙讓的美德，既可以釋主疑，又可以悅眾心，無疑是封建社會明哲保身的一劑良方。今天，我們不必像古人那樣戰戰兢兢，但位尊不忘根本，德高不慕虛榮，謙虛謹慎，戒驕戒躁，卻是應當牢記的。

一三八、惡隱禍深　善顯功小

惡忌陰❶，善忌陽❷。故惡之顯者禍淺，而隱者禍深；善之顯者功小，而隱者功大。

【注釋】❶陰　背陽的一面。此作隱蔽解。❷陽　此作張揚、顯露解。

【語譯】最可怕的是暗中的惡行，應避免的是行善而張揚。所以，明顯可見的惡，危害比較小；隱密不宣的惡，危害大得多。行善而張揚，功德就顯得小；默默地行善，功德大得多。

【評析】壞事做在明處，尚容易對付，最可怕的是暗中作惡，使人防不勝防。猶大出賣耶穌，還若無其事地與耶穌共進晚餐；袁世凱信誓旦旦地擁護變法、效忠皇上，一轉身卻向榮祿告密。暗藏匕首，面流鱷魚的眼淚；心懷歹毒之念，滿口甜言蜜語，就是這些人的共同特徵。與明火執仗者相比，他們更加陰險，更帶欺騙性，危害也就更大。

行善正相反，一個人如果做了一點善事就大肆宣揚，唯恐天下人不知道，那他所謂的「善行」就只能停留在表面上。一個真正有修養的人，講求的是默默耕耘、無私奉獻，這才是最磊落的人生，最高尚的品行。

一三九、以德御才　恃才敗德

德者才之主，才者德之奴。有才無德，如家無主而奴用事❶矣，幾何不魍魎❷而猖狂？

【注釋】❶用事　指當家。❷魍魎　古代傳說中山川木石的鬼怪。此引申為壞人。

【語譯】品德是才智的主宰，才智是品德的奴僕。有才智而無品德，就好像家中沒有主人而由奴僕管事，他們哪能不無法無天、胡作非為呢？

【評析】人的才智是重要的，但品德更為重要。才智反映一個人的能力，品德則是人行為的內在規範。有才無德的人，恃才傲物，一旦走上邪路，危害就很大。古人充分認識到這一點，因此，不論是在教育上還是在人才的選拔上，都強調有德有才、德才兼備。宋朱熹云：「竊觀古昔聖賢所以教人為學之意，莫非講明義理，以修其身，然後推己及人。非徒欲其務記覽為辭章，以釣聲名取利祿而已。」（《白鹿洞書院教條》）諸葛亮也說：「治國之道，務在舉賢。」（《舉措》）在現代商品社會中，人們似乎更注重眼前的物質利益，因此，更有必要大聲疾呼，提高每個公民的道德意識，以德御才，德才兼備，才不至於在金錢和物欲面前迷失方向，也才有可能培養每個公民健全的人格，形成良好的社會風氣。

一四〇、窮寇勿追　投鼠忌器

鋤奸杜倖❶，要放他一條去路。若使之一無所容，譬如塞鼠穴者，一切去路都塞盡，則一切好物俱咬破矣。

【注釋】❶杜倖　杜絕倖佞之人。倖，以諂媚而得寵信的奸邪小人。

【語譯】鏟除奸邪，杜絕倖佞，也要給他們留下一條自新的路。如果把他們逼得走投無路，那就像堵洞捕捉老鼠，把所有逃生的路全堵死了，老鼠會把一切好東西都咬破了。

【評析】《孫子兵法．軍爭》云：「歸師不遏，圍師應闕，窮寇不追。」就是說，對於窮途末路之敵，要網開一面，以示生路，這樣才能瓦解敵軍鬥志，以利於戰鬥。否則，一旦敵軍陷入絕境，走投無路，便會橫下心來，破釜沉舟，殺開一條生路，兵書上叫做「置之死地而後生」。

當年，曹操圍攻壺關，下令道：「城拔，皆坑之。」連攻數月不下。曹仁獻計：「圍城一定要給敵以生路。今告之城破必死，將人自為守。況城中多糧草。今我頓兵於堅城之下，攻此抱必死之心之敵，非良策也！」曹操接納了曹仁的建議，網開一面，城中守軍即告投降。

其實，不僅在軍事上，在其他問題上也是如此。李白詩云：「困獸抵猛虎，窮魚食奔鯨。」

給「窮寇」一條生路，這是睿智者的做法。

一四一、與人同過　功讓他人

當與人同過❶，不當與人同功，同功則相忌❷；可與人共患難，不可與人共安樂，安樂則相仇。

【注釋】❶同過　共同分擔過失。❷相忌　互相嫉妒。

【語譯】應當與別人共同承擔過失，不應當與別人分享功勞，分享功勞會引起相互嫉妒。可以和別人共處患難，不可以和別人共享安樂，共享安樂會導致彼此仇視。

【評析】陳涉年輕時替人耕作，曾忿忿不平地對伙伴們說：「苟富貴，無相忘！」而事實上，自古至今，患難時同舟共濟，成功後共享榮華的例子並不多見，特別是在君臣之間，「天下收，良弓藏；狡兔死，走狗烹」的現象倒是屢見不鮮。能像宋太祖那樣，談笑之間，「杯酒釋兵權」，已是夠仁厚的了。明白了這個道理，就能坦然地對待功過是非、名聲財富。韓愈〈原毀〉中說：「古之君子，其責己也重以周，其待人也輕以約。重以周，故不怠；輕以約，故人樂為善。」所以，不居功自傲，不爭享安樂，與人患難與共，勇於承擔過失，才是君子的處世之道。漢代張良，開國不重封，免遭韓信殺身之禍；東晉王導，建朝不居功，反得主政三朝，便是例證。

一四二、醒迷救難　功德無量

士君子貧不能濟物❶者，遇人癡迷處出一言提醒之，遇人急難處出一言解救之，亦是無量功德❷。

【注　釋】❶濟物　猶濟人。即幫助他人。❷無量功德　佛教語。稱頌人的功勞、恩德。《大乘義章．十功德義三門分別》：「功謂功能，能破生死，能得涅槃，能度眾生，名之為功。此功是其善行家德，故云功德。」

【語　譯】讀書人即使窮得不能濟助他人，但碰到別人迷惑時，說一句話指點提醒他；或是在別人急難時，說一句話使他擺脫困境，也是一件功德無量的善事。

【評　析】東漢劉表，聽從後妻之言，偏愛小兒子劉琮，長子劉琦自覺處境危險，請諸葛亮為他想個安全之策，而諸葛亮總是以家事不便過問而拒絕。這天，劉琦請諸葛亮登樓看一珍藏古書，暗中令人將樓梯抽去，說道：「今日上不至天，下不至地，出君之口，入琦之耳，望先生救我一命！」諸葛亮只得說：「你難道不知道晉公子申生留在國內遭到傷害，而重耳流落國外卻很安全的故事嗎？」劉琦頓悟，第二天便上言其父，出守江夏，避免了骨肉相殘之禍。讀書人兩袖清風，除了一肚子學問外，既無強健的體魄，又無富足的財物，何以濟人於世呢？其實不然，當人癡迷急難、茫然不知所措時，一言點撥，使人頓開茅塞，重見天日，則勝於千金相助。在古代，文臣武將有幕僚為自己出謀劃策，今天，各類諮詢機構應運而生，這正是讀書人發揮自己聰明才智的一種特殊方式。

一四三、趨炎附勢　人情通患

饑則附，飽則颺❶，燠❷則趨，寒則棄，人情通患❸也。

【注釋】❶颺　遠離。❷燠　熱；暖。《詩・唐風・無衣》：「不如子之衣，安且燠兮。」此指富貴之家。❸通患　通病。

【語譯】飢餓時就去依附人家，吃飽了肚子就揚長而去；看到有錢有勢的人就急切地巴結獻媚，遇到貧寒之家則掉頭不顧，這是一般人的通病。

【評析】趨炎附勢，嫌貧愛富，是人之常情，也是社會的通病。西漢翟公的例子很能說明這個問題。翟公在文帝時為廷尉，由於地位顯赫，每日迎來送往，賓客闐門。及罷官，門庭冷落，可設雀羅。後復任廷尉，賓客欲往，翟公便在大門上寫上大字：「一死一生，乃知交情；一貧一富，乃知交態；一貴一賤，交情乃見！」事見《史記・汲鄭列傳》。其實，對這種現象也不必看得太重。小人趨於利，今日烏合，明日獸散，是不足為怪的。只是啟示我們，交朋友必須注重人品，選擇那些在志趣、理想、事業上有共同點的人為友，這樣才能避免利害之交。唐賀蘭進明〈行路難〉詩云：「人生結交在終始，莫為升沉中路分。」在人的一生中，如能多幾個歷經沉浮而始終不渝的朋友，那將是莫大的幸事。

一四四、淨拭冷眼　勿動剛腸

君子宜淨拭冷眼❶，慎勿輕動剛腸❷。

【注　釋】❶冷眼　冷靜、客觀地觀察事物的眼光。❷剛腸　剛直的氣質。

【語　譯】君子應當擦亮眼睛，冷靜客觀地觀察事物，不要輕易地表現自己的剛直氣質。

【評　析】正派人心地坦誠，嫉惡如仇，遇事直言不諱，毫無顧忌，所謂古道熱腸。但這樣很容易得罪人，招致怨尤，不僅有違自己良好的願望，甚至會引來禍患。詩人李白，才華超逸，性格傲岸，醉中起草詔書，令高力士脫靴，高深以為恥。一次，楊貴妃吟誦李白的〈清平調〉：「一枝穠豔露凝香，雲雨巫山枉斷腸。借問漢宮誰得似？可憐飛燕倚新妝。」高力士進讒道：「李白把娘娘比作趙飛燕，實際上是輕賤娘娘啊！」楊貴妃聽信了高力士的話，後來玄宗幾次要授李白官職，都被貴妃阻撓了。（《唐才子傳》卷二）所以，一個人要用冷靜的態度對待事物，切忌輕動剛腸，感情用事，因為這並不利於事情的解決。許褚赤膊上陣，力戰馬超，勇雖勇矣，卻中了敵軍的亂箭，聰明人是不這樣做的。

一四五、量弘識高　其德乃厚

德隨量❶進，量由識長，故欲厚其德，不可不弘❷其量；欲弘其量，不可不大其識。

【注釋】❶量　器量。❷弘　擴大；廣大。

【語譯】道德隨著器量而增進，器量隨著見識而增長。所以，要深厚自己的品德，就不可不宏大自己的器量；要宏大自己的器量，又不可不擴大自己的見識。

【評析】品德、器量、學識三者是密切聯繫、相輔相成的。一個人的學識在很大程度上決定一個人的器量，而一個人的器量又對他品德的形成產生重要的影響。古語說：「常玉不瑑，不成文章；君子不學，不成其德。」（《漢書．董仲舒傳》）增進學識，要靠學習，也要靠生活的磨礪。學博識高，才能眼界開闊；胸懷寬廣，才有助於樹立恢宏的器量。「五嶽歸來不看山，黃山歸來不看嶽」，雖然說的是自然界的景色，也蘊含著人生的哲理。而恢宏的器量又能激發一個人的鬥志，培養一個人美好的道德和情操。「德隨量進，量由識長」，一個人只有一刻不放鬆學習，不放鬆提高自己的才識和修養，才能不斷取得進步。

一四六、一念迴光　炯然返照

一燈螢然❶，萬籟❷無聲，此吾人初入宴寂❸時也。曉夢初醒，群動❹未起，此吾人初出混沌❺處也。乘此而一念迴光，炯然❻返照❼，始知耳目口鼻皆桎梏❽，而情欲嗜好悉機械❾矣。

【注釋】❶螢然　形容燈光像螢火一般微弱。❷萬籟　謂自然界的一切聲響。❸宴寂　安定寂靜。❹群動　指所有能動的生靈。❺混沌　謂世界最初形成時的蒙昧狀態。❻炯然　明亮的樣子。❼返照　太陽將落下時反射回來的光。這裡指反觀自省。❽桎梏　枷鎖。比喻束縛。❾機械　機發的器械。

【語譯】一盞孤燈發出微弱的光亮，四周是一片沉寂，這是我們剛剛進入安睡的時刻；清晨醒來，萬物尚未噪動，這是我們剛從朦朧的夢境中走出的時刻。趁著這一念清醒時，清楚地反身內省，就會明白耳目口鼻都是束縛我們心智的枷鎖，情欲嗜好都是導致人性墮落的器械。

【評析】「吾日三省吾身」，對一般人來說，恐怕是難以做到的。但經過繁忙的白晝，到了夜深人靜、安然就寢的時候，或者是曉夢初醒、群動未起之際，反省一下自己的所作所為，不僅大有必要，而且切實可行。因為在這樣的時刻，萬籟俱寂，人的精神和肉體都處在相對安寧的狀態，心境最為純淨，頭腦最為清醒。而在白天，人的感官接觸到形形色色的外部世界，會產生種種欲望，做出許多荒唐可笑、卑鄙齷齪的事情。靜夜反思，捫心自問，最容易發現自己的缺點、錯誤和問題的癥結，也最容易使人淳樸的本性得到回歸，精神得到昇華。

一四七、反己闢善　尤人濬惡

反己❶者，觸事皆成藥石❷；尤人❸者，動念即為戈矛。一以闢眾善之路，一以濬❹諸惡之源，相去霄壤❺矣。

【注　釋】❶反己　反省自己。❷藥石　藥劑和砭石。皆為藥物。泛指規勸人改過遷善的話。❸尤人　責怪別人。❹濬　疏通。❺霄壤　雲霄和土壤。比喻相去甚遠。

【語　譯】能夠反躬自省的人，接觸到的任何事物都能成為有益的經驗教訓；怨天尤人的人，每動一個念頭，都會像戈矛一樣造成傷害。反省可以開闢通向美善的道路，尤人無異於打開了罪惡之源，兩者有著天壤之別。

【評　析】看問題的角度不同，方法不同，會有不同的結果。嚴於律己的人，凡事多作檢省，「見善則遷，有過則改」（《周易・益》），「見賢思齊焉，見不賢而內自省也」（《論語・里仁》），因此，任何事情都可以成為他們行為的借鑑，成為向上的動力。但生活中總有那麼一些人，不能正確地對待自己，遇到問題，不是從自己方面尋找原因，而是一個勁地怨天尤人，強調客觀理由，推卸責任，他們缺少的正是一種「內省」、「反己」的精神。以這樣的態度對待生活，對待事業，是沒有不失敗的。

一四八、精神萬古　氣節千載

事業文章隨身銷毀，而精神萬古如新；功名富貴逐世❶轉移，而氣節千載一日❷。君子信❸不當以彼易此也。

【注　釋】❶逐世　隨著時代。❷千載一日　千年如同一日。比喻永遠不變。❸信　實在；的確。

【語　譯】事業和文章會隨著人的消亡而消亡，而崇高的精神卻是萬古如新的；功名富貴會隨著時代的變遷而轉移，堅貞的氣節卻千年如同一日。君子實在不應該以一時的事業功名，替代永恆的精神氣節。

【評　析】中國文化歷來崇尚氣節情操，鄙夷功名富貴。司馬遷說得好：「古者富貴而名摩滅，不可勝記，唯倜儻非常之人稱焉。」（〈報任安書〉）周文王、孔子、屈原、左丘明、孫子等人，都是在逆境中發憤圖強，不折不撓，才成就了不朽的事業，留下了閃亮的足跡。「人生自古誰無死，留取丹心照汗青。」文天祥被捕後，斷然拒絕元朝統治者高官厚祿的利誘，英勇就義，以行動實現了自己的諾言。死後，人們還在他的衣帶中發現了這樣的字條：「孔曰成仁，孟曰取義，惟其義盡，所以仁至。讀聖賢書，所學何事？而今而後，庶幾無愧。」（《宋遺民錄》卷一〇）多少年來，人們讚美這種精神和氣節，把這看作民族的靈魂和脊梁。仁人志士們的身軀雖然化為了黃土，但他們的精神卻在為理想的追求中得到了永存。

一四九、機變不測　智巧何及

魚網之設，鴻❶則罹❷其中；螳螂之貪，雀又乘其後。機裡藏機，變外生變，智巧❸何足恃哉！

【注釋】❶鴻　大雁。❷罹　遭遇。❸智巧　機智巧詐。

【語譯】設置魚網捕魚，大雁卻被網捕住；螳螂貪吃眼前的蟬，卻不知道黃雀已在身後伺機而動。玄機裡暗藏著玄機，變化之外還會再生變化，智謀巧詐又何足以仗恃呢！

【評析】「螳螂捕蟬，黃雀在後」的故事出自西漢劉向《說苑‧正諫》：吳王準備攻楚，告誡左右說：「敢進諫者，斬首！」吳王有個近侍叫少孺子的想進諫又不敢明說，於是懷藏彈弓，一連數日跑到後花園中，衣服被露水打得很濕。吳王覺得奇怪，便問他怎麼弄濕了衣服。

少孺子說：「園中有樹，樹上有蟬。蟬居高樹飲露，卻不知螳螂在其身後；螳螂一心捕蟬，卻不知黃雀伸長脖子，正虎視眈眈地盯著牠；黃雀一心想著捕捉螳螂，又不知我拿著彈弓在瞄準牠。牠們都為了眼前的利益而忽視了身後的危險。」吳王聽到這裡，決定罷兵。

世事變幻莫測，「一機之中又藏一機，一變之外復生一變」，以一個人有限的才智機巧來對付千變萬化的外部世界，未有不捉襟見肘、顧此失彼的。所以，古語云：恃智不如任德。認識這種「變外生變」的現象，有助於我們克服主觀片面性，努力按照客觀規律辦事，以期收到最佳的效果。

一五〇、真懇為人　圓活涉世

作人無點真懇念頭，便成個花子❶，事事皆虛；涉世❷無段圓活機趣，便是個木人，處處有礙。

【注釋】❶花子　指油頭滑腦的人。❷涉世　經歷世事；處世。

【語譯】做人沒有一點誠懇老實的念頭，就成了油頭滑腦的傢伙，事事都是假的。處世沒有一點圓通靈活的情趣，就會像一個木頭人，處處都有障礙。

【評析】孔子在楚國時，一漁夫向孔子獻魚，孔子不肯接受。推讓了一番，漁夫終於說：「天氣太熱，市場又遠，這魚賣不掉就會發臭。與其等魚發臭了扔掉，還不如送給先生。」孔子聽了，恭敬地向漁夫拜了兩拜，將魚收下，並讓弟子打掃地方，將魚拿來祭祀。弟子不以為然，說：「人家把不新鮮的魚送給你，你卻必恭必敬地用來祭祀，這是為什麼？」孔子說：「不忍心讓東西腐爛，而用來施捨，這樣的人就是仁人。我怎能接受仁人的饋贈而不用來祭祀呢？」（《孔子家語》卷二）可見，孔子認為，誠誠懇懇地待人，老老實實地說話，便是仁人。對仁人，是應該尊重的。相反，一個人口是心非，虛偽不實，遲早會原形畢露，為人唾棄。當然，社會是複雜的，一個人在社會上處事接物，還必須有一定的靈活性，機智風趣，否則，刻板如木石，死寂如潭水，也是難以適應紛擾繁複的現實生活，難以與人融洽相處的。

一五一、去混自清　去苦自樂

水不波則自定，鑑❶不翳❷則自明。故心無可清，去其混之者而清自現；樂不必尋，去其苦之者而樂自存。

【注釋】❶鑑　鏡子。❷翳　遮蔽。

【語譯】沒有波浪的水面是平靜的，沒有灰塵的鏡子是明淨的。所以，不必刻意追求內心的清靜，只要排除混濁的邪念，明淨的心靈自然會出現；不必要一心尋求生活的歡樂，只要去除導致痛苦的煩惱，歡樂自然就會存在。

【評　析】古人云：「人之初，性本善。」只是由於後天外界的影響，才產生了欲望和嗜好，並由此帶來煩惱和痛苦。排除籠罩在善良本性上的邪思惡念，人性就會得到回歸。這就像驅散烏雲，一輪皓月高懸中天；拂去塵埃，鏡子又恢復明亮的面貌一般。「心底無私天地寬」，去除私心，眼前自有大道青天，又何必刻意追求內心的明淨呢？

一五二、一言一行　都宜慎重

有一念而犯鬼神之禁❶，一言而傷天地之和，一事而釀子孫之禍者，最宜切戒。

【注　釋】❶禁　禁戒；禁忌。

【語　譯】倘若有一個念頭觸犯了鬼神的禁忌，一句話傷害了天地之間的和氣，一件事造成了殃及子孫的災禍，這些都是最應當警惕的。

【評　析】這世界真有鬼神的存在嗎？為什麼大家都說「舉頭三尺有神明」呢？理智地說，鬼神其實是人心向善去惡的表徵。天地運行，不為人存，不為物亡，有時風和日麗，有時雨橫風狂，未必總是一團和氣吧。風調雨順、國泰民安，是人們共同的願望，因此向善去惡，求和消戾，也就變成人們共同的道德要求了，所以一念、一言、一事，都須戒慎恐懼，這不僅是道德理念的實踐，還有著要求共創群體美好生活的崇高理想。所謂「一失足成千古恨，再回首已百年身」，正宜深自警惕，尤其是年輕人，處事缺乏經驗，更應慎言謹行，明辨善惡，才能在複雜的社會中站穩腳跟，少栽跟頭。

一五三、事宜寬緩　人勿操切

事有急之不白❶者，寬❷之或自明，毋躁急以速其忿❸；人有操之不從者，縱❹之或自化❺，毋操切❻以益其頑❼。

【注　釋】❶白　明白。❷寬　舒緩。❸忿　指情緒不寧。❹縱　放開。❺自化　自然感化。語本《老子》：「法令滋彰，盜賊多有，故聖人云：我無為而民自化。」❻操切　謂辦事過於急躁。明張居正〈辛未會試程策〉二：「一令下，曰何煩苛也；一事興，曰何操切也。相與務為無所事事之老成。」❼頑　頑鈍。這裡指抵抗。

【語　譯】有些事情，越急就越弄不明白，舒緩一下心情，或許自然而然就明白了，切勿焦躁而加速心情的不寧。有些人，越加強制越不服從，放鬆對他們的約束，或許他們自然而然就會化悟，切勿操之過急而增長他們的抵抗。

【評　析】辨事要順其自然，待人要循循善誘，都不宜操之過急。以辨事來說，孔子說：「無欲速，無見小利。欲速則不達，見小利則大事不成。」《論語・子路》許多事情，情急之下，很難作出正確的抉擇，此時不妨暫擺一旁，多聽聽各方面的意見，讓發熱的頭腦冷靜下來，讓時間去沖淡一時的偏見，往往會收到意想不到的效果，這叫作「事緩則圓」。待到條件成熟時再去處理問題，便會水到渠成，迎刃而解。

一五四、不能養德　終歸末節

節義傲青雲❶，文章高〈白雪〉❷，若不以德性陶鎔之，終為血氣之私、技能之末。

【注　釋】❶青雲　比喻高官顯爵。漢揚雄〈解嘲〉：「當途者升青雲，失路者委溝渠。」❷白雪　戰國時楚國的一首歌曲名。後泛指高雅的文學藝術。

【語　譯】即使節操和道義足以傲視高官顯宦，文章華美勝過〈白雪〉，但若不能用德性來陶冶熔鑄，那麼，終究只是一時的感情衝動、微不足道的雕蟲小技而已。

【評　析】一個人不論如何清高，如何有才學，如果沒有高尚的道德情操，缺乏為國為民謀利益的精神，那麼，這種清高和才學終究只是微不足道的「血氣之私」和「技能之末」。東漢禰衡，是一個才高八斗的名士。他自以為「天文地理，無一不通；三教九流，無所不曉。上可以致君為堯、舜，下可以配德於孔、顏」，因此，恃才自傲，任何人都不放在他眼裡。初見曹操，便嘲笑曹操手下文武皆是「衣架」、「飯囊」、「酒桶」、「肉袋」，只配「看墳守墓」、「屠豬殺狗」，狂妄無忌，引起眾怒。爾後，又裸體擊鼓，辱罵曹操。禰衡後與黃祖飲酒，酒後稱黃為「廟中之神，雖然受人祭祀，恨無靈驗」，為黃祖所殺。天下狂妄自大、有才無德者，當記取禰衡的教訓。

一五五、謝事當盛　居身獨後

謝事❶當謝於正盛之時，居身宜居於獨後❷之地。

【注　釋】❶謝事　謝絕世事。指引退。❷獨後　不與人爭而居後。

【語　譯】引退應當在事業鼎盛時引退，居家度日以選擇那些與世無爭的地方為宜。

【評　析】古語云：「昌必有衰，興必有廢」，一個人要想永遠處在事業的顛峰狀態是不大可能的。漢初張良，與蕭何、韓信並稱「三傑」。劉邦稱他「運籌帷幄之中，決勝千里之外」。

封功時，劉邦準備拿出齊地三萬戶作為他的封邑，張良辭謝道：「臣與皇上在留地相會，這是上天把臣授與陛下。陛下用臣之計，幸而時時俱中。臣願得留地就足夠了。」張良了解劉邦為人，因此功成身退，為自己選擇了一塊「獨後之地」，而避免了韓信那樣身敗名裂的結局。同理，漢武帝寵幸的李夫人，臨終時不願再見漢武帝一面，就是怕漢武帝見到她憔悴衰頹的面容，會失去對她的思念，因而不能善待她的家人。因為她深知「以色事人者，色衰而愛弛」的道理。所以，一個人如能清醒地認識自己的處境，看準時機，激流勇退，把光輝的業績和美好的回憶留給後人，比被人討厭時被迫下臺，無疑要高明得多。

一五六、謹德至微　施恩不報

謹德❶須謹於至微之事，施恩務施於不報之人。

【注　釋】❶謹德　猶慎德。謂小心謹慎，無有失德之行。

【語　譯】敦品勵行，必須從最細小的事情上做起；施恩行善，要施給那些無力報答你的人。

【評　析】道德的培養要從平時一點一滴的小事情上做起，古人云：「不積蹞步，無以至千里；不積小流，無以成江海。」（《荀子・勸學》）又云：「勿以惡小而為之，勿以善小而不為。」（《三國志・蜀書・先主傳》裴松之注引）謹言慎行，防微杜漸，腳踏實地，孜孜不倦，才能鍛就高尚的人品，實現宏偉的事業。

至於說到施恩，則應抱有一種助人為樂的精神。如果在幫助別人的同時，一心想著別人如何回報自己，那就跟放債牟利沒有什麼區別了。

一五七、回歸自然　述古暢懷

交市人❶，不如友山翁；謁朱門❷，不如親白屋❸。聽街談巷語，不如聞樵歌牧詠；談今人失德過舉，不如述古人嘉言懿行❹。

【注　釋】❶市人　市井中人。❷朱門　紅顏色的大門。指權貴富豪之家。❸白屋　指貧民寒士。《後漢書・文苑下・高彪》：「昔周公旦父文兄武，九命作伯，以尹華夏，猶揮沐吐餐，垂接白屋，故周道以隆，天下歸德。」李賢注：「白屋，匹夫也。」❹懿行　善行。懿，美。

【語　譯】與其交結市井中人，不如與山野老翁為友；與其巴結豪門勢要，不如親近寒士貧民；與其聽信街談巷語，不如去聽樵夫牧童開懷謳歌；與其談論當今人的墮落敗壞，不如講述古人的嘉言善行。

【評　析】樸實善良，是人類的本性，但隨著物質財富的積累，人類的這種本性在一定程度上被扭曲。古往今來，有識之士大聲疾呼人性的復歸。市井中人，較多地接觸聲色犬馬、狗苟蠅營，易生利害之心；朱門高第，多繁文縟節、勢利之眼。所以，與其結交市井中人、權貴之家，不如去接近山野老翁、寒門白屋，因為在他們那裡，還較多地保持著自然之趣、淳樸之心。跳出紛擾複雜的世俗生活，擺脫功名利祿的糾纏束縛，聽樵夫歌吟、牧童短笛，沐山中清風、林上初陽，自會有一種心曠神怡、寵辱皆忘、歸依自然的雅懷。

一五八、修身重德　事業之基

德者，事業之基，未有基不固而棟宇❶堅久者。

【注　釋】❶棟宇　謂房屋。屋中正梁稱棟，屋檐稱宇。

【語　譯】高尚的道德是一個人建立事業的基礎，這就像蓋房屋一樣，如果沒有堅實的基礎，房屋是不會牢固的。

【評　析】儒家重視修身，把培養高尚的道德看作人生的第一要義。《左傳・襄公二十四年》中說：「太上有立德，其次有立功，其次有立言。」一個人，不論他能力多大，才學多高，如果不具備良好的道德品質，是難以擔當起重任的。即使一時獲得了成功，他的事業也只會像建築在沙灘上的房屋那樣，一遇狂風暴雨，便土崩瓦解。並且，一個品行不端的人，越有能力、有才學，造成的危害就可能越大。汪精衛風流倜儻，但在中華民族生死存亡之際，卻認賊作父，為虎作倀，淪為民族的罪人，便是例子。

一五九、心為根本 根固葉榮

心者，後裔❶之根，未有根不植而枝葉榮茂者。

【注 釋】❶後裔 後代。

【語 譯】心靈，是一個人留給子孫後代的根。沒有根不深植而枝葉茂盛的。

【評 析】中國人相信因果報應，因此有「積德行善，造福子孫」之說。其實，因果報應未必存在，而家庭對子孫的影響卻是至關重要的。俗話說「龍生龍，鳳生鳳，老鼠生兒打地洞」，雖然說得難聽，卻包含著一定的道理。出身書香門第的人，大都知書達理；市井子弟，則多幾分世俗氣息。這說明了潛移默化、耳濡目染的作用。自身正派，兒孫亦正派；自身不正，兒孫就容易走上邪路，這就叫作上行下效。因此，作父母、當長輩的，不可不慎己，為後輩作一個榜樣。

一六〇、勿昧所有　勿自誇耀

前人云：「抛卻自家無盡藏❶，沿門持鉢❷效貧兒。」又云：「暴富貧兒休說夢，誰家竈裡火無煙？」一箴❸自昧❹所有，一箴自誇所有，可為學問切戒。

【注釋】❶無盡藏　佛教語。指用不盡的財富。❷鉢　佛教徒盛飯的用具。❸箴　規勸；告誡。❹自昧　自己弄不清楚。

【語譯】古人說：「抛開自己家中無窮無盡的財富，卻效倣窮人拿著飯碗沿街乞討。」又說：「暴發戶不要得意忘形說夢話，誰家的爐竈裡面光有火而不冒煙呢？」一句是規勸人們不要忽視了自己所擁有的，一句是告誡人們不要炫耀自己所得到的。求學者應當深以為戒。

【評析】做學問不能妄自菲薄，把自己看得一無是處，這樣只會喪失信心，一事無成。佛家有言：「佛在靈山莫遠求，靈山只在汝心頭。人人有座靈山塔，好向靈山塔下修。」相信自己，認識自我的價值，自愛自重，就能增強戰勝困難的信心和勇氣。反過來，一個人有了一點成績，不能驕傲自滿，誇飾炫耀。要知道山外有山，天外有天，強中更有強中手。只有以嚴謹的、永不滿足的態度來從事學習和研究，既看到自己的長處和潛能，又看到自己的缺點和不足，才能在知識的王國中不斷地有所發現，有所前進。

一六一、隨人接引　隨事警惕

道是一重❶公眾物事，當隨人接引❷；學是一個尋常家飯，當隨事而警惕。

【注釋】❶一重　一種。❷接引　佛家語。本指引渡眾生，這裡作「引導」解。

【語譯】道是一種公眾的事情，應當不論什麼人都加以引導；學問就像家常便飯一樣，應當不論什麼事都加以警惕。

【評析】高尚的道德，精湛的學問，並非某些超凡之士的「專利」，可望而不可及。任何一個智力正常的人，只要認準目標，矢志不移，都有希望達到理想的彼岸。孟子說：「挾太山以超北海，語人曰：『我不能。』是誠不能也。為長者折枝，語人曰：『我不能。』是不為也，非不能也。」（《孟子．梁惠王上》）修養品德，就像為長者折枝一樣，是每個人都能做到的事，關鍵在於你是否願意去做。所以，孟子又說：「人皆可以為堯舜。」（《孟子．告子下》）學習也是如此，「處處留心皆學問，人情練達即文章」。只要循序漸進，持之以恆，知識的殿堂就會向你開放，所謂「學問」也就會像家常便飯一樣，變得平平常常。

一六二、信人己誠　疑人己詐

信人❶者，人未必盡誠❷，己則獨誠矣；疑人❸者，人未必皆詐❹，己則先詐矣。

【注釋】❶信人　相信別人。❷誠　真誠。❸疑人　懷疑別人。❹詐　欺騙；奸詐。

【語譯】相信別人，別人不一定都很誠實，但自己做到了誠實；懷疑別人，別人不一定都會欺詐，但自己已先存欺詐的心理。

【評析】以誠待人，自古便是人們崇尚的為人處世的準則，符合儒家的忠恕之道。對於一個組織者、領導者來說，更應懂得疑人莫用，用人莫疑的道理。因為只有相互信任，相互支持，才能精誠團結，同心同德，共創事業。孔子說：「君子坦蕩蕩，小人長戚戚。」（《論語・述而》）信任別人是一個人寬廣胸懷的體現（當然，這種信任必須建立在平時仔細觀察的基礎之上），否則，若總是戴著有色眼鏡，以小人之心去揣度別人，只會使人心存疑懼，離心離德，這樣的人是沒有不摔跟頭的。

一六三、春風育物　朔雪殺生

念頭寬厚的，如春風煦育❶，萬物遭之而生；念頭忌刻❷的，如朔雪❸陰凝，萬物遭之而死。

【注　釋】❶煦育　化育；撫育。唐方干〈除夜〉詩：「煦育誠非遠，陽和又欲昇。」煦，溫暖。❷忌刻　猜忌刻薄。❸朔雪　北方的雪。南朝宋鮑照〈學劉公幹體詩〉：「胡風吹朔雪，千里度龍山。」

【語　譯】胸懷寬廣忠厚的人，就像和煦的春風一樣吹撫大地，萬物因此而茁壯成長；心胸狹隘刻薄的人，好比嚴冬陰冷凝固的飛雪，給一切有生命之物帶來殺氣。

【評　析】秦穆公走失了一匹駿馬，後來在山腳下發現，幾個農人已將馬殺了，正準備吃馬肉。農人們驚恐萬狀，秦穆公卻爽朗地說：「吃馬肉不喝酒，會傷著身體。」便取來酒，送給那些農人喝。過了一年，秦晉交戰，秦穆公被晉軍圍困。那些吃過秦穆公馬肉的農人互相招呼說：「我們報答酒肉之恩的機會到了。」於是眾人一起行動，幫助秦軍作戰，為秦穆公解了圍。（《呂氏春秋》卷八）可見，如果一個人能夠豁達大度，寬大為懷，就會如和煦的春風一般化育萬物，同時也能得到別人的尊重與支持。相反，如果一個人心胸狹隘忌刻，處處容不得人，其結果只能是眾叛親離，陷入孤立無援的境地。「良言一句三冬暖，惡語傷人六月寒」，與人相處，莫不如是。

一六四、善益暗長　惡損潛消

為善不見其益，如草裡冬瓜，自應暗長；為惡不見其損，如庭前春雪，當必潛消❶。

【注　釋】❶潛消　暗自消融。

【語　譯】行善的益處或許一時看不出，但它就如同草叢中的冬瓜，在不知不覺中一天天地增長。作惡或許一時看不出有什麼害處，但惡人就像庭院前的春雪，終會悄然消融。

【評　析】漢朝河南太守嚴延年，為人陰狠毒辣，尤巧為獄文。他曾經將所屬各縣的囚犯押解到郡府，大開殺戒，一時血流數里，河南人稱他為「屠伯」。他的母親從東海郡來，走到雒陽，聽說要處決犯人，便停留在城外的亭子裡，不肯入府。嚴延年免冠頓首來到亭下，母親斥責他說：「你有幸當上了太守，然而不以仁愛之心教化百姓，卻用濫刑多殺來樹立威嚴。天道神明，一個人不可能只是殺人而不被人所殺的，可憐我老來卻要看到正當壯年的兒子被殺！走了，我要東歸，為你事先把墓地準備妥當！」一年以後，嚴延年果然因案被殺。事見《漢書・酷吏傳第六十》。

「多行不義必自斃」，一個人如果心存僥倖去做壞事，總有一天會東窗事發，自食苦果。而一個甘於奉獻，助人為樂的人，儘管他並不想張揚，也不指望得到回報，但人們最終總會認識他，了解他，敬仰他，這就是歷史的公允。

一六五、厚待故交　禮遇衰朽

遇故舊之交，意氣❶要愈新；處隱微❷之事，心跡❸宜愈顯；待衰朽❹之人，恩禮當愈隆。

【注釋】❶意氣　心意；心情。❷隱微　隱私祕密。❸心跡　思想與行為。❹衰朽　形容年邁體衰。

【語譯】對待老朋友，心意要格外真誠；處理隱祕的事情，言行舉止更要光明磊落；對待年老體弱者，恩情禮節要特別隆厚。

【評析】重故舊之交是人之常情，也是一個人珍視友誼、有道德修養的體現。圍繞這一話題，古往今來，留下了多少美好的話語。孔子云：「有朋自遠方來，不亦樂乎！」（《論語・學而》）王維詩：「相逢方一笑，相送還成泣。」韓愈詩：「少年樂新知，衰暮思故友。」都表達了一種超越金錢、權勢之上的真摯的情感。杜甫〈贈衛八處士〉一詩寫得更為生動具體：「夜雨剪春韭，新炊間黃粱。主稱會面難，一舉累十觴。十觴亦不醉，感子故意長。」與故人的友誼，是人一生中最美好的回憶，也是一個人最值得珍視的感情。而小人之交則不然，完全是憑一種利害關係，今朝雲集，明日鳥散，人走茶涼，有奶便是娘。在當今的商品社會中，人與人之間的情感聯繫在一定程度上趨於淡化，因此，特別需要大聲疾呼，保持一個人淳樸善良的本性，珍視你曾經有過的那番友情。因為在這個世界上，人畢竟需要真情，需要朋友。朋友多了，路才好走。

一六六、君子立德　小人圖利

勤者敏❶於德義，而世人借勤以濟❷其貧；儉者淡於貨利❸，而世人假儉以飾❹其吝。君子持身❺之符❻，反為小人營私之具矣，惜哉！

【注　釋】❶敏　勤勉；努力。❷濟　救助。❸貨利　財貨利益。❹飾　粉飾；掩飾。❺持身　修身；立身。❻符　護符。此作「法寶」解。

【語　譯】勤奮的人致力於德理，而世俗之人卻借勤奮來解決自己的窮困；儉樸的人把財物和利益看得很淡，而世俗之人卻借儉樸來掩飾自己的吝嗇。君子修身的法寶，卻被小人用來當作謀求私利的工具，實在可惜啊！

【評　析】世上之物，一旦冠以美名，就會成為人們關注的目標。努力追求、身體力行者有之，

「懸牛首於門，而賣馬肉於內」（《晏子春秋・內篇雜下一》）者也不乏其人。對於後一種人來說，所謂的嘉言懿行，實際上只是他們偽裝自己，欺騙別人，以謀取私利的工具。因此，作為一個有道德修養的人，應該嚴於律己，踏踏實實地辦事，老老實實地做人，名實相符，而切忌故弄玄虛，譁眾取寵。而我們看待一個人呢，就不能停留在表面上，必須聽其言，觀其行，察其果，這樣才不至於被假象所蒙蔽，才能得出客觀科學的判斷。

一六七、學貴有恆　道在悟真

憑意興❶作為者，隨作則隨止，豈是不退之輪❷？從情識❸解悟者，有悟則有迷，終非常明之燈❹。

【注　釋】❶意興　意向、興趣。❷不退之輪　佛家語。輪，佛家認為，佛法能摧毀眾生罪惡，如車輪一般，能碾碎一切邪惡魔鬼。《維摩經・佛國品》：「三轉法輪於大千，其輪本來常清淨。」❸情識　才情與識見，此指情感。❹常明之燈　智慧的明燈。佛門所點的燈稱長明燈。

【語　譯】憑著一時興趣去做事，會隨作隨停，怎會像轉動不停的車輪？從情感出發去領悟事理，有領悟就會有迷惘，終究不會有永恆的智慧。

【評　析】佛家稱如來作法時，常以佛法摧毀眾生的執迷和邪惡，使眾生在大徹大悟之後轉成正見，這個過程宛如車輪轉動，碾過之處，一切罪惡隨之化解，所以稱佛法為法輪。法輪運轉，永不停息。而佛像前的燈火長明不滅，象徵著智慧之光和對人生徹底的領悟。本則以佛理來比喻世事，說明一個人做事不能憑一時的興致，而要從理性出發，慎重抉擇，一旦認準，就要持之以恆。認識事物，重在真知灼見，而不能感情用事，以個人的好惡為標準，否則，必然陷入主觀片面之中。

一六八、恕人之過　忍己之辱

人之過誤❶宜恕❷，而在己則不可恕；己之困辱❸當忍，而在人則不可忍。

【注釋】❶過誤　過失和錯誤。❷恕　寬恕。❸困辱　困阨和恥辱。

【語譯】別人的過失和錯誤應當多加寬恕，自己的卻不可寬恕；自己的困阨和屈辱應當盡量忍受，別人的就要設法替他消除。

【評析】恕以待人，嚴於律己，是儒家的處世之道，其核心是強調克己。對人寬厚，有謙恭之風，無不平之怨，嚴格自律，則能防微杜漸，使人少犯錯誤。但人們往往不能正確地對待自己，「以聖人望人，以常人自待」，因而引發種種矛盾，難以和睦相處。傳說王安石棲居金陵半山寺時，有一老兵供役，汲泉掃地，無不當其意，他譽之不絕。忽一日誤觸燈檠，王大怒，將其逐去。當時僧參寥在座，對人說道：「公以喜怒進退一老兵，如在朝廷，以喜怒進退士大夫也。」王安石的才識學問，在當時堪稱一流，但由於性格褊急，以致有不能大肚容人之訾，我們應當從中吸取教訓。

一六九、為奇不異　求清不激

能脫俗❶便是奇，作意❷尚奇者，不為奇而為異❸；不合汙便是清❹，絕俗求清者，不為清而為激❺。

【注　釋】❶脫俗　不染世俗習氣。❷作意　有意做作。❸異　怪異。❹清　高潔。❺激　偏激。

【語　譯】不沾染世俗之氣就是奇，故意標新立異，就稱不上奇而只能是怪異了。不同流合汙就是高潔，為顯示其高潔而斷絕世俗間的往來，那就不是高潔而是偏激了。

【評　析】天下之物，重自然而忌刻意，所以，陳子昂針對唐初文壇的浮豔之風，慷慨悲歌：「前不見古人，後不見來者！」大聲疾呼詩風改革。一代詩仙李白，卓越不群，其詩不同凡俗之處，就在於「清水出芙蓉，天然去雕飾」。為人處世也是這樣，貴在樸實自然，不矯揉做作。如果一個人為了表現超脫，一味地標新立異，為了顯示清高，斷絕世俗往來，彷彿不食人間煙火，那麼，除了沽名釣譽、虛偽不實之外，是難以有其他解釋的。

一七〇、先淡後濃　先嚴後寬

恩宜自淡而濃，先濃後淡者，人忘其惠❶；威宜自嚴而寬，先寬後嚴者，人怨其酷❷。

【注　釋】❶惠　恩惠。❷酷　冷酷；殘酷。

【語　譯】給人恩惠要由淡逐漸濃，如果先濃而後淡，人家就會忘記你的恩惠；樹立威望要先嚴而後寬，如果先寬而後嚴，人家就會怨恨你的冷酷。

【評　析】恩威並用、寬猛相濟是古代明主的施政之道，但恩威的用法頗有講究：施恩自淡而濃，使人感覺還有更大的恩惠在後，因此長存懷恩之心；樹威由嚴而寬，使人於無望之中得一僥倖，自然欣喜感激。諸葛亮治蜀，採用的就是這種方法。據《三國志・諸葛亮傳》裴松之注：諸葛亮治蜀之初，用法嚴峻，護軍將軍法正曾建議諸葛亮施行柔政，並引劉邦之例說：「昔高祖入關，約法三章，秦民知德，……願緩刑弛禁，以慰其望。」諸葛亮分析了當時蜀中的情況與劉邦之時秦二世暴戾無道的差異後說：「劉璋暗弱，……德政不舉，威刑不肅，蜀士人每專權自恣，君臣之道，漸以陵替。寵之以位，位極則賤；順之以恩，恩竭則慢。……

吾今威之以法，法行則知恩；限之以爵，爵加則知榮。榮恩並濟，上下有節，為治之要。」諸葛亮深諳恩威兼施中的先後緩急，為此，簡選官吏，明修法度，集思廣益，興利除弊，蜀境大治。

一七一、心虛意淨　見性明心

心虛❶則性現，不息心而求見性❷，如撥波覓月；意淨❸則心清，不了意而求明心，如索鏡增塵。

【注　釋】❶心虛　謂內心空明而無雜念。❷見性　佛教語。謂悟徹清淨的佛性。《壇經．般若品》：「若開悟頓教，不能外修，但於自心常起正見，煩惱塵勞常不能染，即是見性。」❸意淨　意念純淨。

【語　譯】內心坦蕩空明，天性就會顯現。思緒不寧而想發現人的本性，就好像撥動水波尋覓月亮一般。意念純淨，心地就會清明。雜念一刻不停而求心中的清明，無異於想用落滿灰塵的鏡子照出自己的模樣，只能是徒增塵土。

【評　析】《大學》中云：「欲修其身者，先正其心；欲正其心者，先誠其意。」心虛意淨，坦蕩光明，才能大徹大悟，顯現人的本性。而心緒不寧，浮躁不安，或為私欲邪念所左右，欲求心地清明，則無異於霧裡看花，水中撈月，徒勞無益。所以，一個人要修身養性，就必須排除私心雜念，保持心境的平和安寧。「寧靜以致遠，澹泊以明志」，這一古訓，對每一個人都是適用的。

一七二、世態炎涼　不喜不怒

我貴而人奉之，奉此峨冠大帶❶也；我賤而人侮之，侮此布衣草履❷也。然則原非奉我，我胡❸為喜？原非侮我，我胡為怒？

【注　釋】❶峨冠大帶　高冠和闊衣帶。古代士大夫的裝束。❷布衣草履　貧窮百姓的裝束。履，鞋。❸胡　為什麼。

【語　譯】我有權有勢而人家奉承我，他們奉承的是我的官位和紗帽；我貧窮卑賤而人家輕視侮辱我，他們輕視侮辱的是我的布衣和草鞋。可見，奉承的不是我本人，我為什麼要高興呢？輕視侮辱的也不是我本人，我又為什麼要生氣呢？

【評　析】戰國時，蘇秦遊說秦惠王，勸秦國採用連橫的策略對付東方各國，未被採納。衣服穿破了，盤纏也用完了，只好回到家中。他的妻子一心織她的布，似乎沒有看見丈夫回來，嫂子不給他做飯吃，連父母也懶得理睬他。蘇秦羞愧萬分，便發憤讀書，研究謀略。一年以後，以合縱之說遊說東方，受到趙王的器重，拜為相，賞賜無數。他出使楚國路過家鄉時，父母張樂設宴，出迎三十里；妻子側目而視，側耳而聽；嫂子伏在地上，不停地磕頭道歉。蘇秦問道：「嫂子為何前倨後卑如此？」嫂子說：「因為叔叔現在身居高位，又有了許多錢。」蘇秦嘆息道：「一個人貧賤時連父母都瞧不起，而一旦富貴，親戚畏懼。人生在世，怎能忽略了權位富貴呢！」（《戰國策》卷三）可見，趨炎附勢，自古而然。世俗之人，崇奉的是「峨冠大帶」而不是一個人的道德與修養；輕視的是「布衣草履」，而不是一個人的素質與才能。明白這一點，就不要過於看重別人的態度，而應坦然地對待榮辱得失，順境中不驕不矜，失勢時不卑不亢，永遠保持健康平靜的心態。

一七三、慈悲之心　生生之機

「為鼠常留飯，憐蛾不點燈」，古人此等念頭，是吾人一點生生之機❶。無此，便所謂土木形骸❷而已。

【注釋】❶生生之機　謂萬物繁衍生長的契機。生生，孳生不絕；繁衍不已。《周易・繫辭上》：「生生之謂易。」孔穎達疏：「生生，不絕之辭。陰陽變轉，後生次於前生，是萬物恆生謂之易也。」機，契機。❷土木形骸　比喻僅具軀體而沒有靈魂。土木指泥土和樹木等只有形體而無靈魂的物體。形骸指人的軀殼。

【語譯】「因為怕老鼠挨餓，經常留些剩飯；憐憫飛蛾撲火傷身，晚上不點燈」，古人的這種心腸，是我們繁衍不息的生機。沒有這樣一點精神，那人就變成了一具沒有靈魂的軀殼，與泥土樹木沒有什麼兩樣。

【評析】「為鼠常留飯，憐蛾不點燈」是宋代大文人蘇東坡的詩句，之所以不脛而走，廣泛流傳，是因為詩句表達了人類的一種善良情感、惻隱之心。佛家主張「不殺生」，儒家主張「王道」、「仁政」，從根本上說，都是基於這種思想。當然，人類要維護自身良好的生存環境，未必真的會「為鼠留飯」、「憐蛾熄燈」，東坡先生的本意大概也不會在此，而是應當理解為：為人處事要多為別人著想，要有憐憫同情弱者的心腸。在我們這個世界上，如果多一分這樣的心腸，就會多一分誠信，多一分真情，多一分溫暖與光明。

一七四、心即天體　廓然無礙

心體便是天體，一念之喜，景星慶雲❶；一念之怒，震雷暴雨；一念之慈，和風甘露❷；一念之嚴，烈日秋霜。何者少得？只要隨起隨滅，廓然❸無礙，便與太虛❹同體。

【注　釋】❶景星慶雲　大星和瑞雲。古代以為祥瑞的徵兆。明方孝孺〈御書贊〉：「惟天不言，以象示人，錫羨垂光，景星慶雲。」❷甘露　甘甜的露水。《老子》：「天地相合，以降甘露。」❸廓然　空闊；廣大。❹太虛　指太空。

【語　譯】人的心體宛如天體，心中喜悅，就如同天空中出現了瑞星祥雲；心中憤怒，就如同天空中的雷電風雨；慈悲心腸，像和風甘露一樣；冷峻嚴酷的念頭，像烈日秋霜一樣。有哪些能少了呢？只要能喜怒哀樂，隨生隨滅，就可以空闊無礙，和太空一樣。

【評　析】天人關係是自古以來的話題，《周易・乾》中就有「天行健，君子以自強不息」之語。先秦以來，歷代思想家對這一關係有過多方面的論述，總的來說，道家主張「人法自然」，儒家主張「仁民愛物」、「民胞物與」。漢代的董仲舒以儒家思想為宗、兼融道法諸家，提出以天道人道互相感應的形式構建起仁政王道的學說，即天人合一說。宋明理學視太虛為心體，將人的修養與天地間大自然的變化聯繫起來，彌補了早期儒家對本體論的忽視。本則所謂的「心體便是天體」說，也就是「上應天象，下應人事」的天人合一思想的反映。人有喜怒慈嚴，情緒起伏，天有雨雪風霜，四時變化，只有合乎規律行事，才能廓然無礙，運行不息，這就是本則文字給人的啟示。

一七五、無事惺惺　有事寂寂

無事時，心易昏冥❶，宜寂寂❷而照以惺惺❸；有事時，心易奔逸❹，宜惺惺而主以寂寂。

【注　釋】❶昏冥　糊塗；迷茫。❷寂寂　沉寂無聲。❸惺惺　機警；清醒。❹奔逸　快速奔跑。這裡作浮躁不安解。

【語　譯】無事時，心情最容易迷惘，應以機警來照應沉寂；有事時，心情最容易浮躁，應以冷靜來控制浮躁。

【評　析】生活過於清閒容易消磨銳氣，生懶惰之心；生活過於緊張繁忙又易使人浮躁不安。所以，一個人要學會合理地調節自己，有張有弛。閒暇時，不妨讀讀書，有所悟，有意外之喜，生活就會感到充實。忙碌時，忙中覓閒，經常抽空靜心反省自己的工作，考慮籌劃今後的人生。這樣便能客觀理智地把握住自己，避免陷入懶散鬆懈或忙亂無緒之中。

一七六、議事深入　任事超然

議事者身在事外，宜悉❶利害之情；任事者❷身居事中，當忘利害之慮❸。

【注釋】❶悉　明白；了解。❷任事者　負責事務的人。❸慮　心思；意念。

【語譯】議論的人身在事務之外，應該去了解其中的利害關係；負責的人身在事務之中，應該要忘掉利害的念頭。

【評析】議論者置身事外，一般來說，能夠比較客觀地看待事物，理性地提出興革的意見，但也正因為未曾深入事物之中，不能清楚其間的來龍去脈、利害糾葛，意見縱然合理，卻不能務實，無法針對問題、解決問題，所以「宜悉利害之情」。而當事人因為深入其中，深知其利害，考慮問題的角度往往會搖擺不定，或遷就現實，或將個人得失毀譽攙雜於其中，因而失去公正客觀。所以，一個人在處理公眾事務時，要特別注意把個人的利益放在一邊，秉公忘私，分析其間的利害得失，以最大多數人的最大福祉為依歸，那天下的事情就會好辦得多了。

一七七、操履嚴明　心氣和易

士君子❶處權門要路❷，操履❸要嚴明，心氣要和易，毋少隨而近腥羶之黨❹，亦毋過激而犯蜂蠆之毒❺。

【注　釋】❶士君子　士大夫；讀書人。❷權門要路　權貴之門，樞要之路。指權勢關鍵之處。❸操履　操守和行為。❹腥羶之黨　貪贓枉法的集團。腥羶，魚臭叫腥，羊臭叫羶。此喻操守不良的人。❺蜂蠆之毒　比喻人心險側惡毒。蠆，蝎類毒蟲。

【語　譯】讀書人身居政要地位時，操守和行為要嚴正廉明，心境要平和寬容。不要隨便接近那些貪贓枉法的黨派，也不要言行過激而觸怒那些陰險狠毒的小人。

【評　析】仕途險側，龍蛇混雜，士君子處其間，如臨深淵，如履薄冰，因此，舉步投足，尤當謹慎。既要保持清正廉明的稟性，不趨炎附勢，不同流合汙；又要有與小人斡旋的技巧，不鋒芒畢露，不意氣用事，審時度勢，注重方式方法。這樣說，並不意味著要學得八面玲瓏，像五代時的宰相馮道，歷事四姓十君，視亡國喪君，未嘗以屑意，成為政治上的不倒翁，而是說，一個步入仕途的人，要有敏銳的眼光、清醒的頭腦、深厚的學養，處理各方面關係，既有原則性，又靈活機動。惟有如此，才能保護自己，免遭無端攻擊和排擠。

一七八、渾然和氣　居身珍寶

標❶節義者，必以節義受謗；榜道學❷者，常因道學招尤❸。故君子不近惡事，亦不立善名，只渾然和氣❹，才是居身之珍。

【注釋】❶標　標榜。下文「榜」同義。❷道學　舊稱宋明理學為道學。此處泛指道德學問。❸尤　責難。❹渾然和氣　純樸敦厚、溫文儒雅之氣。

【語譯】標榜節義的人，必然會因為節義而受到詆毀；標榜道德學問的人，常常因為道德學問而招致責難。因此，君子不去接近壞事，也不刻意追求好名聲，只是保持一種渾厚純樸、溫文儒雅的氣象，這才是立身處世的珍寶。

【評析】氣節仁義和道德學問是君子必須具備的要素，但如果一味地標榜節義和道學，則會給人以虛偽不實的感覺。因為氣節仁義靠的是身體力行，而道德學問必須經過長年累月的努力，才能積累而成，靠自我吹噓、自我標榜是無濟於事的。《清稗類鈔》中就有一則故事，對這種假道學進行了辛辣的諷刺。故事是這樣的：一天，潘祖蔭到相國徐桐府上拜訪，見徐桐正以道學家的口吻訓斥門生，要他們立身高潔，修身養性，嚴戒嫖妓，嘮叨不絕。潘祖蔭聽得很不耐煩，便說道：「在這一點上，相國不必多慮，因為近來的舉人、學生都是貧寒出身，即便是京官也頗窮窘，絕對沒有餘錢供他們肆意揮霍。哪能像過去你我老同年那樣，一日看花，千金買笑，何等闊綽風流呢！」說完，故作嘆息之狀，將徐桐羞得滿面通紅。可見，虛偽的言行，不論在什麼朝代，都是不會有市場的。只有老老實實，保持自然淳樸的本色，才是一個人處世的根本。

一七九、誠心感化　名義激勵

遇欺詐的人，以誠心感動之；遇暴戾❶的人，以和氣薰蒸❷之；遇傾邪❸私曲❹的人，以名義氣節激勵之；天下無不入我陶冶❺中矣。

【注釋】❶暴戾　粗暴凶殘。❷薰蒸　沐浴；感化。薰，香草名，又名蕙草。❸傾邪　指為人邪僻不正。《漢書・蕭望之傳》：「後朋行傾邪，望之絕不與通。」❹私曲　謂偏私阿曲，不公正。《管子・五輔》：「故善為政者，田疇墾而國邑實，朝廷閒而官府治，公法行而私曲止。」❺陶冶　感化教育。

【語譯】遇到欺詐的人，用真誠感動他；遇到暴戾的人，用溫和的態度感化他；遇到奸邪自私的人，用名分氣節激勵他。這樣，天下的人沒有不受我的教化培育了。

【評析】古人云：「精誠所至，金石為開。」以我之德，化人困惑，啟人覺醒，歷史上的記載很多，後漢陳寔善待「梁上君子」，西晉周處「朝聞道而夕死」，都是生動的例子。所以，對於那些誤入歧途但尚存良知的人來說，德化的作用是不可忽視的。當然，對一貫為非作歹、冥頑不化的人來說，僅僅用薰蒸、激勵、陶冶、感化的方法顯然不夠，還得繩之以法律，施之以威嚴，這是另當別論的事了，然而對此，善良的人不可不明瞭。

一八〇、慈祥致和　潔白垂芬

一念慈祥❶，可以醞釀❷兩間❸和氣；寸心❹潔白，可以昭垂❺百代清芬。

【注釋】❶慈祥　仁慈和善。❷醞釀　製造。❸兩間　指天地之間。❹寸心　即心。古人認為心的大小在方寸之間，故名。❺昭垂　昭示；垂示。明宋濂〈送錢允一還天台〉詩：「龍劍一揮赴水死，大動星日同昭垂。」

【語　譯】一個慈祥的念頭，可以產生天地間的祥和之氣，一顆潔白的心，可以留下百代的美名。

【評　析】根據宋儒張載的說法，氣聚而為萬物，萬物散，氣又歸之於太虛。人稟氣而生，又受心之所控，一念所生，可致天地和氣，可垂千古美名，也可留下一生憾缺。元代詩人王冕〈墨梅〉詩寫得好：「不要人誇顏色好，只留清氣滿乾坤。」中國文人一向注重自己的名聲氣節，甚至把它看作比自己的生命還要寶貴。在生與死的抉擇面前，文天祥大義凜然，寫下了「人生自古誰無死，留取丹心照汗青」的不朽詩句。戊戌變法失敗之際，有人勸譚嗣同趕緊出走避難，他卻回答說：「自古至今，地球萬國，為民變法，必先流血，我國二百年來，未有為民變法流血者，流血請自嗣同始！」毅然就義。先人的情操和美德，多麼值得我們去宏揚，去光大啊！

一八一、庸德庸行　混沌和平

陰謀怪習，異行奇能，俱是涉世的禍胎❶。只一個庸❷德庸行，便可以完混沌❸而召和平❹。

【注釋】❶禍胎　即禍根。❷庸　平常。❸混沌　宇宙初成時的景象。比喻原始自然的狀態。❹和平　和順；安定。

【語譯】暗中的計謀、怪癖的習慣，異常的行為，奇特的技能，都是處世的禍根。只要平平常常的品德和行為，就能夠成就純樸的德行，達到長久的和順與安寧。

【評析】何為庸德庸行呢？莊子的故事值得一讀：莊子行於山中，見一棵大樹，枝葉茂盛，但伐木者經過時卻連望都沒望一眼。莊子問其緣故，伐木者道：「無所可用。」莊子便對弟子說：「此木以不材得終其天年。」莊子出山，住在一故人家中。故人大喜，命童子殺鵝款待。童子請示：「兩隻鵝，一隻會鳴，一隻不會鳴，殺哪一隻呢？」主人道：「殺不會鳴的。」弟子請教說：「山中之木，以不成材得終其天年；主人之鵝，以不成材而遭宰殺。在成材與不成材之間，先生您願作何選擇呢？」莊子笑道：「我將處在材與不材之間。」《莊子・山木》這裡所謂的「材與不材之間」，與本則所言的「庸德庸行」，就其表達的思想而言，是一致的。在古人眼裡，奇行異能，是災禍的根源，而平平常常，則可保得無虞。它反映了一種不矯矯於俗，不激激於世，順乎自然的常人心態。

但是，人們生活在競爭激烈的時代，以「庸德之行，庸言之謹」去面對紛繁複雜、千變萬化的社會，並不可取。社會發展需要人們的創見活動，只要不是矯揉虛飾、譁眾取寵，就應該鼓勵人們充分發揮各自的才智和特長。唯有如此，歷史才會進步，而我們每一個人，也才能在歷史的進步之中，實現自我的價值。

一八二、坎坷世道　以耐撐持

語云：「登山耐❶側路❷，踏雪耐危橋。」一「耐」字極有意味。如傾險❸之人情，坎坷之世道，若不得一「耐」字撐持過去，幾何不墮入榛莽❹坑塹❺哉？

【注釋】❶耐　禁得住。❷側路　傾斜的路。❸傾險　指用心邪僻險惡。❹榛莽　雜亂叢生的草木。榛，落葉灌木或小喬木。莽，謂荒草漫野。❺坑塹　溝壑；山谷。此喻險惡的境地。

【語譯】俗話說：「登山要禁得起爬斜坡的考驗，踏雪路要耐得住過危橋的驚險。」這一個「耐」字具有深長的意味。正像是險惡奸邪的世態人情，坎坷不平的人生道路，如果沒有一個「耐」字撐持過去，有誰能不墮入荒野深壑的危險呢？

【評析】人生在世，有時退一步海闊天空，有時卻必須咬緊牙關，苦苦撐持，這就好比在激流險灘中行舟，只有迎著水流而上，絕沒有後退的餘地。當然，一個「耐」字，說起來容易，做起來卻很難。讀書人要耐得寂寞，做學問要耐得清貧，辦企業要耐得困阨，政治家要耐得挫折。這就好像松柏耐得冰雪，才能根深葉茂；臘梅耐得嚴寒，才會清芬四溢。一個人要成就大的事業，就必須像孟子所說的那樣：「必先苦其心志，勞其筋骨，餓其體膚，空乏其身，行拂亂其所為，所以動心忍性，增益其所不能。」

一個「耐」字，道盡了人生哲理，包含著無窮意蘊，難道不值得我們去細細品味嗎？

一八三、瑩然本真　堂堂正正

誇逞❶功業，炫耀文章，皆是靠外物做人。不知心體瑩然❷，本來不失，即無寸功隻字，亦自有堂堂正正做人處。

【注　釋】❶誇逞　誇耀；顯示。❷瑩然　謂如玉一般光潔。瑩，原指光潔的美石。

【語　譯】誇耀功業，炫耀文章，都是依靠外物來做人。殊不知我們的心靈本來就像美玉一般光潔，只要不喪失它，即使沒有尺寸的功業、隻字的文章，也自有堂堂正正做人的地方。

【評　析】《左傳・襄公二十四年》中說：「太上有立德，其次有立功，其次有立言，雖久不廢，此之謂不朽。」在古人眼裡，立德是最為重要的，其次才談得上立功和立言。所謂立德，就是以高尚的德行垂範千古，孔子、屈原、蘇武大概可以稱得上是這類人的典範。而世俗之見則是以功業的大小、著述的多寡來判斷和衡量一個人，殊不知這已顛倒了本末關係。君不見秦始皇翦滅六國，統一宇內，功業達到了極點，但一旦陳涉、吳廣揭竿而起，天下響應，秦王朝便在頃刻之間土崩瓦解。戰國時的楊朱，提倡「為我」，主張「拔一毛而利天下，不為也」，是絕對的利己主義。在百家爭鳴的時代，成一家之言，但後世卻沒有人敢公開恭維。所以說，以威勝、以言勝，不如以德勝。以德服人，才能使人心悅誠服。其實，德與功、德與言，並不是對立的，「德彌盛者文彌縟，德彌彰者人彌明」（漢王充《論衡・書解》），高尚的德行有助於一個人成就功業，也有助於讀書明志，創立學說，二者是相輔相成的。但是，如果一個人既無尺寸之功，又無神來之筆，是否就頹唐了這一生呢？顯然不是。著者告訴我們，只要心地純潔、坦蕩光明，即使沒有什麼作為，也一樣可以堂堂正正地做人，這便是本則的主旨。

一八四、忙裡偷閒　鬧中取靜

忙裡要偷閒，須先向閒時討個欛柄❶；鬧中要取靜，須先從靜處立個主宰。不然，未有不因境而遷，隨事而靡者。

【注　釋】❶欛柄　同「把柄」。這裡作「憑藉」解。

【語　譯】要想在繁忙時有個閒逸，必須先在閒暇時作好準備；要想在喧鬧中保持寧靜，必須先在安靜時立定主意。不然的話，心情就會隨著環境而改變，隨著事情而屈服。

【評　析】辦事要有計劃，而計劃必須預先制定。臨池結網，臨陣磨槍，倉促上陣，只會手忙腳亂，把事情弄糟。「凡事豫則立，不豫則廢」。一個成熟穩健的人，善於在閒暇時及早打算，寧靜中深入思索，未雨綢繆，這樣才能在日後緊張的工作和學習中、在複雜多變的人生征途上，得心應手，應付自如。

一八五、為民立命　造福子孫

不昧❶己心，不盡人情，不竭❷物力。三者可以為天地立心，為生民立命，為子孫造福。

【注釋】❶昧　本義「昏暗」。這裡作「蒙蔽」解。❷竭　用盡；耗盡。

【語譯】不蒙蔽良心，不絕情絕義，不浪費物力。能做到這三點，就可以在天地間樹立良好的心性，為黎民百姓建立生活的法則，為子孫後代創造長久的福祉。

【評析】良心、人情、物力是構成人類社會的基本要素。物力是有限度的，因此，開源節流，合理利用資源，是人類生存和發展的前提。人情即人際關係，它的好壞直接關係到一個人能否在社會上安身立命。良心也就是仁愛之心，是維繫良好人際關係，保證和諧安寧環境的基礎。妥善地處理好這三個方面，社會才會健康有序地發展。宋代理學家張載針對物欲橫流、爭鬥不息的社會現實，提出「為天地立心，為生民立命，為往聖繼絕學，為萬世開太平」的人生目標和社會使命，並強調，要做到這些，就必須從每個人的自我修養做起，這就是「先成己而後才能成物」的哲學思想。了解宋明理學中的這一思想，對於我們加強自身修養，建立現代社會的新型人際關係，不無借鑑意義。

一八六、居官公廉　居家恕儉

居官❶有二語，曰：惟公則生明，惟廉則生威❷。居家❸有二語，曰：惟恕❹則情平❺，惟儉則用足。

【注釋】❶居官　擔任官職。❷威　威望。❸居家　治家；處理家務。❹恕　寬容。❺情平　情緒平穩而無怨尤。

【語譯】當官有兩句格言：只有公正才能清明，只有廉潔才有威望。治家也有兩句格言：只要寬容就能心平氣和，只要勤儉就能日用充足。

【評析】廉潔奉公是做官的準則，只有去除私心，才能明辨是非，公正執法；只有清廉不貪，才能信服眾人，威嚴自生。據宋彭乘《墨客揮犀》，包拯任知府日，眾吏請示名諱，包拯問：「何為諱？」吏解釋說：「大人祖先之名，小人稱呼時應當避開，稱作諱。」包拯瞋目道：「吾無所諱，惟諱吏之有贓汙者！」包拯正是以清正廉明、剛正不阿的品行留下了千古美名。

治家也須以身作則。寬恕待人，家庭才能和諧；勤儉節約，日用才能充足。明朱用純云：「一粥一飯，當思來處不易；半絲半縷，恆念物力惟艱。」先賢的治家格言，對今人來說，也還是具有教育意義的。

一八七、富當知貧　壯須念衰

處富貴之地，要知貧賤的痛癢；當少壯之時，須念衰老的辛酸。

【語譯】處富貴的環境，要知道貧賤的艱困；當年輕力壯時，須了解衰老的辛酸。

【評析】飽漢不知餓漢飢。晉惠帝司馬衷聽說天下饑荒，民多餓死，竟困惑不解地問：「何不食肉糜？」自幼生長於溫柔富貴之鄉的人，是很難理解貧賤者的痛癢的。即便是從艱苦環境中走過來的人，也不是個個都能記得曾經經歷過的苦難。陳勝傭耕時，與人相約：「苟富貴，無相忘。」但一旦稱王，擁有享不盡的榮華富貴，便把當年的諾言拋到了爪哇國。這時的他，已忘記了水能載舟，亦能覆舟的道理。處富思貧，居安思危，常存惕厲之心，才能富得踏實，安得久遠。

一個人年少之時，要能了解到衰老的景象，一方面要珍惜年華，趁年輕時精力充沛，創建事業，否則，蹉跎歲月，一事無成，垂暮之年，將不堪回首。一方面要能敬老恤衰，了解年老力衰者的心情，「老吾老，以及人之老」，為社會的溫馨祥和，貢獻一分心力。

一八八、茹納垢辱 包容賢愚

持身不可太皎潔❶，一切汙辱垢穢要茹納得❷；與人不可太分明，一切善惡賢愚要包容得。

【注 釋】❶皎潔 光明清白。❷茹納得 容納得下。茹，容納。

【語 譯】立身處世，不可以過分潔身自好，一切汙穢恥辱，都要容納得住；與人相處，不要過分的黑白分明，不論是善惡賢愚，都要包容得下。

【評 析】潔身自好並不錯，但不能過分。因為我們生活的這個世界並不是真空，就像長江大河一樣，魚龍混雜，泥砂俱下，「嶢嶢者易缺，皦皦者易汙」，只有具有包容萬物的胸懷，才能適應複雜多變的社會。李斯說過：「太山不讓土壤，故能成其大；河海不擇細流，故能就其深；王者不卻眾庶，故能明其德。」（〈諫逐客書〉）清濁並容，藏垢納汙，這是王者的氣象。

與人相處也是這樣，「人至察則無友，水至清則無魚」，所以，對人不能有苛刻的要求。因為每個人都有長處和缺點，自己看問題也有片面的時候。真誠待人，寬宏大量，才能取得別人的理解和信任，也才能建立起和諧的人際關係。

一八九、勿仇小人　勿媚君子

休與小人仇讎❶，小人自有對頭；休向君子諂媚，君子原無私惠❷。

【注　釋】❶仇讎　作仇人；當冤家對頭。❷私惠　私下的恩惠。

【語　譯】不要與小人當冤家，小人自然會有人與他為敵；不要向君子獻殷勤，君子原本不私下施捨恩惠。

【評　析】鼠怕貓，貓畏犬，一物降一物，是自然界保持生態平衡的規則，人類社會也不例外，惡人自有惡人磨，何須君子干戈見？君子與小人計較，不僅糾纏不清，還很難避其蜂蠆之毒，因為小人是無所不用其極的。當年，韓信在淮陰市上受到胯下之辱，及其功成封王後，找到那個曾經羞辱過他的無賴，對諸將說：「當初他侮辱我的時候，我難道沒有力量殺死他嗎？不是的！我忍受了一時的侮辱，才成就了今天這樣的地位和功業。」「小不忍則亂大謀」，一個有遠大志向的人，切不可因一時之忿而自毀了前程。而遇到有德行的人呢？你也不必逢迎拍馬，大獻殷勤。君子辦事公允，坦蕩無私，要想從他那裡得到私惠是不可能的。

一九〇、勢理難醫　理障難除

縱欲之病可醫，而勢理❶之病難醫；事物之障可除，而義理❷之障難除。

【注　釋】❶勢理　謂固執己見，偏於一隅。❷義理　原指講求儒家經義的學問，後亦稱宋以來的理學為義理之學。清章學誠《文史通義・浙東學術》：「儒者欲尊德性而空言義理以為功，此宋學之所以見譏於大雅也。」

【語　譯】放縱情欲的毛病還可以醫治，而固執己見、自以為是的毛病卻難以醫治；事情發生了障礙可以消除，而意識觀念上的障礙卻難以根除。

【評　析】《荀子・解蔽》云：「凡人之患，蔽於一曲而暗於大理。」主觀偏見，就是認識上的大患。戰國時，宋康王的例子很能說明這個問題：當時，宋國國力強盛，在周邊諸侯國中，堪稱一時之雄。齊國發兵襲宋，有人前來稟報：「齊軍已兵臨城下，百姓人心惶惶。」而宋王身邊大臣卻說：「此人無中生有，滿口胡言！現在的宋國如此強大，怎麼會發生兵臨城下的事呢？」宋康王聽信了大臣的話，一連殺了三個稟報實情的人。第四個派去打聽消息的人只好以謊言搪塞。結果，宋國都城被齊軍攻破，宋康王於慌亂中跳上一輛馬車，落荒而逃。

可見，一個人如果剛愎自用，聽不進意見，憑主觀意願辦事，是沒有不栽跟頭的。當然，人非聖賢，難免會犯錯誤，但只要能認識錯誤，知過能改，則善莫大焉。而如果固執己見，「一葉蔽目，不見太山；兩耳塞豆，不聞雷霆」，積深日久，就會形成本則所說的「勢理之病」、「義理之障」，到那時，想改也就十分困難了。

一九一、金須百鍊　矢不輕發

磨礪❶當如百鍊之金，急就者非邃養❷；施為❸宜似千鈞之弩❹，輕發者無宏功。

【注　釋】❶磨礪　猶言磨鍊。礪，磨刀石。❷邃養　精深修養。明張居正〈王觀吾六十序〉：「博學邃養，厚積而晚發。」❸施為　做事；作為。❹弩　一種利用機械力量發射箭的弓。

【語　譯】磨鍊身心應當像冶鍊金屬一樣，急於求成，不會有深厚的學養。做事情要像拉千鈞強弓一樣，輕拉即射不會有宏大的功效。

【評　析】思想品格的修養是長期的事情，不可能一蹴而就，就像鋒利的寶劍必須經過反覆的鍛造磨礪，百步穿楊的本領必須經過長年累月的勤學苦練。荀子說：「騏驥一躍，不能十步；駑馬十駕，功在不舍。」《荀子・勸學》一個人，不論天資如何，境遇如何，只要認準目標，矢志不移，終會走向成功。這裡需要注意的是，要有堅韌不拔的意志，持之以恆，而不可急於求成。孔子曰：「無欲速，無見小利。欲速則不達，見小利則大事不成。」（《論語・子路》）人生之路何其漫漫，積之厚才能發之勁。有了一點點小成績就沾沾自喜的人，是永遠不會有大作為的。

一九二、戒小人媚　願君子責

寧為小人所忌毀❶，毋為小人所媚悅❷；寧為君子所責備，毋為君子所包容。

【注釋】❶忌毀　猜忌詆毀。❷媚悅　本指以美色取悅於人，此指阿諛逢迎，討取歡心。

【語譯】寧可被小人猜忌毀謗，也不要接受小人的阿諛逢迎；寧可受到君子的責備，也不要被君子所包容。

【評析】為人處世要有一定的是非標準，也就是原則性。《論語・子路》中云：「子貢問曰：『鄉人皆好之，何如？』子曰：『未可也。』『鄉人皆惡之，何如？』子曰：『未可也。不如鄉人之善者好之，其不善者惡之。』」小人諂媚取悅於你，必然有所企求，所以，不可為之所動；小人忌恨毀謗於你，也許正證明了你的清正廉潔，因此也不必為之沮喪。人生於世，只要坐得正，行得直，就不要怕別人議論，不要計較流言蜚語。而對於君子的告誡，則不可不重視。常言道：「良藥苦口利於病，忠言逆耳利於行。」見賢思齊，聞過必改，就能少犯錯誤，多獲裨益。

一九三、好利害淺　好名害深

好利者，逸出❶於道義之外，其害顯而淺；好名者，竄入❷於道義之中，其害隱而深。

【注　釋】❶逸出　超出。❷竄入　潛入；隱藏於。

【語　譯】貪圖利益的人，超越道義之外，造成的傷害雖然明顯，還比較淺；追求名聲的人，以道義為幌子，造成的禍害不易察覺，但卻深遠。

【評　析】好利之徒，熙熙攘攘，奔走鑽營，雖然有違於聖賢的道德規範，但也反映了一種人之常情，尤其是在商品社會中，更有著其生存的基礎。他們的危害雖然明顯，但容易識別，也容易提防。相比之下，「好名者」打著漂亮的幌子，滿口動人的辭藻，卻是很難對付的。他們冠冕堂皇，道貌岸然，儼然是一副正人君子的模樣，而實際上卻心懷鬼胎，一肚子男盜女娼。在欺世盜名的同時，他們也就得到了豐厚的物質利益，可謂「名利雙收」，這便是他們較之「好利者」的高明之處。這樣的人一旦爬上權力的顛峰，是十分危險的，因此不得不嚴加提防。

一九四、忘恩疑善　刻薄之尤

受人之恩，雖深不報，怨則淺亦報之；聞人之惡，雖隱不疑❶，善則顯亦疑之。此刻之極，薄之尤❷也，宜切戒之！

【注　釋】❶雖隱不疑　雖然不明確，卻深信不疑。❷刻之極二句　刻薄到了極點。尤，過分。

【語　譯】接受別人的恩惠，雖然很深，卻不思報答；而對人有了怨恨，即使是很淺，也一定要設法報復；聽說別人做了壞事，雖然還不明確，卻深信不疑；聽說別人做了善事，即便明確無誤，也心存懷疑。這真是刻薄到了極點！應當深以為戒！

【評　析】有的人在接受他人恩惠後，即「船過水無痕」，再也想不到去報答。對於一些微不足道的怨恨，他們卻耿耿於懷，伺機報復。而聽到別人的壞話，雖然還不確切，也寧信其有，不信其無，甚至捕風捉影，大肆渲染，必欲置之死地而後快；聽到別人做了善事則不然，總是心存疑惑，不願它是事實。這樣的人，真是刻薄到了極點了。

中華文明歷來有「隱惡揚善」、「以德報德」的傳統。《論語・憲問》中說：「或曰：『以德報怨，何如？』子曰：『何以報德？以直報怨，以德報德。』也就是說，要以公平正直的態度來對待怨恨，用恩惠來酬報恩惠。齊桓公不計一箭之仇，重用管仲，終成霸業；荊軻知恩必報，冒死刺殺秦王，一去不返，都是典型的例子，幾千年來，傳為美談，成為高尚品質的象徵。

一九五、讒言自明　甘言侵肌

讒夫❶毀士，如寸雲蔽日，不久自明；媚子❷阿人，似隙風❸侵肌，不覺其損。

【注釋】❶讒夫　說人壞話、撥弄是非的人。❷媚子　諂媚取寵的人。❸隙風　從牆和門窗縫隙中吹入的風。

【語譯】撥弄是非的人惡語中傷別人，就像一片烏雲遮住了太陽，不久又會重現光明。而諂媚之徒阿諛奉承別人，就像門縫中吹進的陰風一樣，使人的身體在不知不覺之中受到損傷。

【評析】聽好聽的話使人愉悅，所以，奸佞之人總是用甜言蜜語取悅於當權者，唐代的盧杞就是這樣的一個小人。據《舊唐書‧盧杞傳》，盧相貌醜陋，頗具辯才，以逢迎拍馬的手法贏得了唐德宗的寵幸，於是玩弄權術，讒害忠良。當時，郭子儀患病，百官前往探視，皆不避姬侍，惟獨盧杞來時，子儀悉令退去。家人問其緣故，郭子儀說：「盧杞面貌醜陋而心地險惡，左右之人見之必笑，這樣一來，盧一定懷恨在心。此人一旦掌權，我們家族便無生存之地了。」郭子儀身為朝廷重臣，對盧杞尚懷畏懼之心，可見盧杞之陰險凶殘。然而，讒諂之伎只有遇到昏庸者才會發生功效，這就像陰風只有透過縫隙才能入戶侵肌一樣。宋蘇洵在〈辯奸論〉一文中說：「王衍之為人，容貌言論，固有以欺世盜名者。然不忮不求，與物浮沉，使晉無惠帝，僅得中主，雖衍百千，何從而亂天下乎？盧杞之奸，固足以敗國。然而不學無文，容貌不足以動人，言語不足以眩世，非德宗之鄙暗，亦何從而用之？」可見，當事人如果能夠明辨是非，擋住空穴來風，奸佞之人就難以有活動的空間。

一九六、行戒高絕　性戒褊急

山之高峻處無木，而溪谷迴環則草木叢生；水之湍急處無魚，而淵潭❶停蓄則魚鱉聚集。此高絕之行，褊急❷之衷❸，君子重有戒焉。

【注　釋】❶淵潭　深潭。❷褊急　器量狹小而性情急躁。❸衷　指內心。

【語　譯】山的高峻處不長樹木，而溪谷環繞的地方卻草木茂盛；水流湍急的地方沒有游魚，而潭深水止處卻聚集著魚鱉。可見，過分清高孤絕的行為和過於狹隘偏激的內心，都是君子應當深深引以為戒的。

【評　析】「山之高峻處無木」，「水之湍急處無魚」，都說明了「曲高和寡」、「過潔人妒」這樣一個道理。偉大出自於平凡，任何驚天動地的偉業，都必須從平平常常的小事做起。自命清高、孤芳自賞的所謂「高絕之行」、「褊急之衷」，都是不足取的。孤高自傲只會失去朋友，使自己成為離群孤雁。惟有心胸寬廣、平易近人，才能接納眾庶，廣結友情；才能像溪谷迴環處那樣，草木鬱鬱蔥蔥，欣欣向榮。

一九七、虛圓立業　執拗僨事

建功立業者，多虛圓❶之士；僨事❷失機❸者，必執拗之人。

【注　釋】❶虛圓　謙虛圓通，靈活應變。❷僨事　敗事。《大學》：「此謂一言僨事，一人定國。」❸失機　失去機會。

【語　譯】建立豐功偉業的，大多是謙虛圓通隨機應變的人；而那些敗壞事業坐失良機的人，必定是固執倔強的人。

【評　析】俗話說：「識時務者為俊傑。」識得時務，靈活機動地處理問題，是一個人處世立身、建功立業的基礎。西漢陳平，便是這樣的佼佼者。當初，天下大亂，陳平慕名投奔項羽，隨羽入關。但不久便發現項羽剛愎自用，難成大業。於是，封金掛印而去，歸奔劉邦，得到重用。從此屢進奇謀，成為漢朝開國重臣。劉邦死後，呂后專權。其時，陳平為左丞相，為避呂氏鋒芒，他故意放浪形骸，每日醇酒婦人，上朝唯唯稱諾，以免震主之嫌。呂后欲立諸呂為王，徵詢大臣意見，右丞相王陵生性耿直，不諳權謀，回答說：「高帝殺白馬為盟，誓曰非劉氏而王者，天下共擊之。今立諸呂為王，就是違約。」陳平卻說：「昔日高帝定天下，即以劉氏子弟為王；現今太后稱制，欲以諸呂為王，無所不可。」呂后大喜，便奪王陵相權，擢陳平為右丞相。陳平表面上忠順呂氏，實際上卻在靜候時機，準備起事。呂后一死，陳平便與太尉周勃一起設計鏟除了諸呂勢力，恢復了劉氏天下，成為西漢功垂史冊的勳臣。

從陳平的例子不難看出，把握局勢，圓通處世，不墨守陳規，不偏於一隅，是何等重要！尤其對一個政治家來說，往往關係到事業的盛衰成敗，執拗之人，哪能理解呢？

一九八、處世作事　不即不離

處世不宜與俗同，亦不宜與俗異；作事不宜令人厭，亦不宜令人喜❶。

【注釋】❶令人喜　討人歡心。

【語　譯】處世不應當迎合世俗，也不應當與眾不同；做事不可以讓人厭惡，也不可以討人的歡心。

【評　析】孔子曾向一個善泳者請教蹈水之道，善泳者說：「我並沒有什麼訣竅，只是憑著本能生活，依靠適應性成長，順乎自然而成功。」並解釋說：「我生在陸地而安於陸地，就是本能；長在水上而安於水，就是適應性；不知為什麼會這樣而結果這樣，就是順乎自然。」一個人處世也應順乎自然，適應社會，而不宜清高孤傲，與人格格不入。「處世忌太潔，至人貴藏輝」，過分地潔身自好只會令人生厭，這樣的人就像孤雲野鶴一般，形影相弔，是難以在複雜的社會上安身立命的。另一方面，人也不能隨波逐流，與惡勢力同流合汙，而應像荷花那樣，「出淤泥而不染，濯清漣而不妖」，亭亭玉立，不即不離，這才能成就高尚的人品。

一九九、末路晚年　精神百倍

日既暮而猶煙霞絢爛❶，歲將晚而更橙橘芳馨❷。故末路晚年，君子更宜精神百倍。

【注　釋】❶絢爛　光彩炫耀。❷芳馨　氣味芬芳。

【語　譯】太陽快要落山時，西天的晚霞格外光彩炫耀；深秋季節，橙橘更是芳香沁人。所以，到了困境之中、晚年之時，君子更應該振作精神，奮發有為。

【評　析】人的一生可以分成幾個階段。少壯時有所作為固然是美好的，但如果到了垂暮之年方領悟到人生的真諦，仍然是一件可喜的事。晉文公曾對師曠說：「我已經七十歲了，想學習，恐怕已經晚了！」師曠說：「為何不點起蠟燭呢？我聽說，年輕時好學，就像初昇的太陽一樣燦爛；壯年時好學，就像中午的太陽一樣熾烈；年老時好學，就像晚上的蠟燭一樣明亮。點起蠟燭，總比在黑暗中摸索強吧！」（《說苑》卷三）失之東隅，收之桑榆，歷史上大器晚成的人並不少見。曹孟德詩云：「神龜雖壽，猶有竟時……老驥伏櫪，志在千里。」仰望天穹，最美莫過夕陽紅。老年人何不打點起精神，描繪人生最絢麗的晚霞呢！

二〇〇、藏才隱智　肩鴻任鉅

鷹立如睡，虎行似病，正是他攫❶人噬❷人手段處。故君子要聰明不露，才華不逞❸，才有肩鴻任鉅❹的力量。

【注　釋】❶攫　用爪子迅速抓取。❷噬　咬。❸逞　炫耀。❹肩鴻任鉅　謂肩負重任。鴻，通「洪」。即大。鉅，通「巨」。

【語　譯】鷹站立時就像在打盹，虎行走時彷彿生著病，其實，這正是牠們捕捉獵物的一種手段。所以，君子要聰明不外露，才華不可炫耀。只有這樣，才有擔當起重責大任的能力。

【評　析】司馬德操曾對劉備說：「伏龍、鳳雛，兩人得一，可安天下。」其中的鳳雛，就是江南名士龐統。但龐統初見劉備，並沒有引起劉備的重視，而被安排在耒陽縣當一個小小的縣令。龐統到縣百日，不理政事，終日飲酒為樂。待到張飛發難，龐統扶醉而出，笑著說：「量百里小縣，些小公事，何難決斷！」於是在半日之內，將百餘日所積，批判發落完畢，曲直分明，不差分毫，將張飛驚得目瞪口呆。老子說過：「良賈深藏若虛，君子盛德，容貌若愚。」一個有真才實學的人，是不會輕易顯山露水表現自己的，正所謂「不鳴則已，一鳴驚人」。「鷹立如睡，虎行似病」，看起來並不可怕。然而，就在這如睡似病之中，蘊伏著勃勃殺機。而虛浮不實的人，「半瓶子醋晃蕩」，最喜歡炫耀賣弄，這樣的人是斷然成不了大事的。

二〇一、過儉傷雅　過讓多機

儉，美德也，過則為慳吝❶，為鄙嗇❷，反傷雅道❸；讓，懿行❹也，過則為足恭❺，為曲謹❻，多出機心❼。

【注　釋】❶慳吝　吝嗇。❷鄙嗇　過分小氣。❸雅道　正道。❹懿行　美好的行為。❺足恭　過度謙恭。足，過度。❻曲謹　過分謹小慎微。❼機心　機巧功利之心；巧詐之心。

【語　譯】儉是一種美德，一旦過分，就成了吝嗇、小氣，反而有傷正道；讓是一種美好的行為，一旦過分，就會卑躬屈膝、謹小慎微，這多半出於巧詐的心思。

【評　析】勤儉是持家之本，但過於節儉，會使人產生吝嗇之感；謙讓是為人的美德，但過於謙讓便有虛偽之嫌。老子說：「去甚，去奢，去泰。」（《老子》二十九章）意思是說，做事不要太走極端，太過分。孔子也說：「巧言、令色、足恭，左丘明恥之，丘亦恥之。」（《論語・公冶長》）可見，過度的謙恭、極端的言行，如同花言巧語、虛偽容顏一樣，都是君子所不恥的。為人處世，謹慎一些自然無可非議，但一旦落入「曲謹」，便會轉彎抹角，異乎自然，平添了幾分心機，也就平添了幾分陰霾，使人不得不防上一手。

凡事講究適度，不卑不亢，不曲不矜，順乎自然，恰到好處，這才是雅道懿行。

二〇二、喜憂安難　勿介於心

毋憂拂意❶，毋喜快心❷，毋恃久安，毋憚❸初難。

【注　釋】❶拂意　不稱心；不如意。拂，違背。❷快心　猶稱心。感到滿足。❸憚　害怕；恐懼。

【語　譯】不要因為不稱心而憂愁，不要因為歡樂而得意，不要因為長久的安定而有恃無恐，不要因為開始的艱難而畏縮不前。

【評析】遇拂意之事而憂慮，逢快心之事而欣喜，處久安之中而自恃，經初難之後而畏懼，這是人之常情，為什麼要一反其常呢？因為失意時憂慮重重，會使人喪失信心；快心時欣喜若狂，則不易看到前進道路中存在的困難；久安中有恃無恐，難以對可能出現的危險有所警戒；初難後畏懼退縮，便無法在事業上開拓進取。其實，事物總是處在發展變化之中的。老子說：「禍兮福所倚，福兮禍所伏。」失意和挫折往往是成功的基礎，而順境與安逸又往往成為災禍的根源。山窮水盡時，頑強拚搏，柳暗花明的契機就在眼前；風平浪靜時，掉以輕心，中流覆舟的危險隨時存在。一個人如能排除外界的干擾，保持情緒的穩定，就能禁得起任何考驗。

二〇三、聲色名位　不可過貪

飲宴之樂多，不是個好人家；聲華❶之習勝，不是個好士子❷；名位❸之念重，不是個好臣士❹。

【注釋】❶聲華　淫靡的音樂和華美的服飾。❷士子　讀書人。❸名位　功名地位。❹臣士　即臣子。

【語譯】經常宴飲作樂的，不是好人家；喜愛淫靡之音、華美服飾的，不是正派的讀書人；看重功名地位的，不是賢臣良士。

【評　析】孔子說：「君子食無求飽，居無求安，敏於事而慎於言，就有道而正焉，可謂好學也已矣。」（《論語・學而》）又說：「士志於道而恥惡衣惡食者，未足與議也。」（《論語・里仁》）一個有志於事業學問的人，不會在生活上有過高的要求。素食而居，褐衣而服，更有利於培養人的意志和情操。顏回「一簞食，一瓢飲，在陋巷，人不堪其憂」，而他卻處之泰然，「不改其樂」，不移其志。而沉溺於宴飲聲華中的人，追求享樂，是難以潛心學業、磨礪心志的；看重功名地位的人，熱中於投機鑽營，爭權奪利，怎麼會有匡世濟民的宏偉抱負呢？當然，社會生活需要一定的交際和應酬，物質生活提高之後，適當的消費也無可指責，只是需要注意，不要因此而丟掉了艱苦奮鬥的精神，消沉了奮發向上的意志。

二〇四、樂極生悲　苦盡甘來

世人以心肯❶處為樂，卻被樂心引在苦處；達士以心拂❷處為樂，終為苦心換得樂來。

【注　釋】❶心肯　心中滿意。❷心拂　不稱心。

【語　譯】一般人以滿足心願為快樂，卻被這種快樂引向痛苦；豁達的人以樂觀對待不如意，最終會將痛苦轉變為快樂。

【評　析】「人生不如意事十之八九」，處在逆境之中，不氣餒，不悲觀，臥薪嘗膽，奮發努力，終會有「乘風破浪，直掛雲帆」的那一天。古人云：「十年寒窗無人問，一舉成名天下聞。」漢代匡衡鑿壁偷光，晉人孫康映雪夜讀，都是在惡劣的環境中潛心苦學、自強不息而獲得成功的。相反，一個人如果滿足於眼前的一星半點成績，沉浸於樂心之中而不思進取，就有樂極生悲，墮入深谷的危險。《大戴禮記・曾子之事》云：「先憂事者後樂事，先樂事者後憂事。」說的就是這種辯證的關係。

二〇五、過滿則溢　過剛則折

居盈滿❶者，如水之將溢未溢，切忌再加一滴；處危急者，如木之將折未折，切忌再加一搦❷。

【注　釋】❶盈滿　謂達到極限。❷一搦　一點壓力。搦，按捺。

【語　譯】處在鼎盛的時候，就像水滿後快要溢出而未溢出時的情形，千萬不能再加上一滴；處在危險急迫之中，就像樹木快要折斷而未折斷時，千萬不能再加上一點壓力。

【評　析】「日中則昃，月盈則虧」，事物發展到極盛時，往往也就是走向危險的臨界點，稍一不慎，便有衰敗的可能，自然界如此，人類社會也是如此。開元、天寶年間，唐代社會進入鼎盛時期，萬民頌揚，一片歌舞昇平的景象。唐玄宗被這種盛世氣象弄得昏昏然，喪失了應有的警戒之心，李林甫、楊國忠等人又把持朝政，瞞上欺下，以致發生了「安史之亂」，唐王朝從此走上了下坡路。所以，當一個人居盈處滿的時候，應該滿而戒溢，安而思危，切忌推波助瀾，長其驕矜之氣。正確的方法倒是吹些涼氣，潑些冷水，清醒清醒發熱的頭腦。古語云：「人道惡盈而好謙。」（《周易．謙》）一個人只有虛懷若谷，兢兢業業，才能永不自滿，永不停息，永遠進取。

二〇六、冷眼觀人　理智處世

冷眼❶觀人，冷耳聽語，冷情當❷感，冷心思理。

【注釋】❶冷眼　冷靜的眼光。❷當　承受。

【語譯】用冷靜的眼光觀察別人，用冷靜的耳朵聽人說話，用冷靜的心情面對感情，用冷靜的頭腦思考問題。

【評析】正確的判斷和理智的抉擇來源於客觀冷靜的觀察與思考。常言道：「萬物靜觀皆自得。」而內心浮躁，冒冒失失，輕舉妄動的人，是沒有不栽跟頭的，《左傳．隱公元年》中所記的共叔段便是這樣的人。他自恃有母親武姜撐腰，便心存異志，「繕甲兵，具卒乘」，蠢蠢欲動；而鄭莊公卻不動聲色，靜觀其變，一旦時機成熟，即發兵擊之，共叔段只落得個倉皇出奔的下場。雖然這是統治階級內部爭權奪利的鬧劇，鄭莊公陰險虛偽、欲擒故縱的伎倆也不值得肯定，但這次戰爭卻不失為我國古代以靜制動的一次成功的範例。孔子說：「視其所以，觀其所由，察其所安。」《論語・為政》古語云：「君子喜怒不形於色。」可見，保持冷靜的心態，理智的思維，對一個人立身處世來說是多麼重要。

二〇七、量寬福厚　器小祿薄

仁人心地寬舒，便福厚而慶長❶，事事成個寬舒氣象；鄙夫❷念頭迫促❸，便祿薄❹而澤短❺，事事得個迫促規模。

【注　釋】❶慶長　幸福長久。慶，幸福。❷鄙夫　鄙陋淺薄之人。❸迫促　狹隘。❹祿薄　福分淺薄。祿，福。❺澤短　恩澤短淺。

【語　譯】仁人心胸寬闊，所以福祿豐厚而長久，凡事都表現出恢宏大度的氣概；鄙陋淺薄的人心胸狹窄，所以福祿微薄而德澤短淺，凡事都落得個局促狹隘的格局。

【評　析】「投之以桃，報之以李」，一個心地仁慈的人，以寬厚善良之心對待別人，自然也會得到人家的善待。所以，從某種意義上說，「仁者福厚」，並非虛誕之言。而鄙陋奸邪之人，心胸狹窄，利欲熏心，做事不顧禮義廉恥，即使靠機巧奸詐獲得一時的成功，也難保長久。他們的功業福澤，宛如鏡中花、水中月，轉眼之間，便會煙消雲散，化為烏有。

二〇八、惡不即信　善不急親

聞惡不可就惡，恐為讒夫❶洩怒；聞善不可急親，恐引奸人進身❷。

【注　釋】❶讒夫　說人壞話、讒陷別人的人。❷進身　謂陞官晉級。

【語　譯】聽到說某人做了壞事，不可輕易就厭惡他，因為這可能是讒陷小人為了洩憤而捏造的謠言；聽到說某人做了好事，也不可急於和他親近，因為這可能是奸邪小人為了陞官晉級而採用的手段。

【評　析】如何識別人才，孟子有一段精闢的論述：「左右皆曰賢，未可也；諸大夫皆曰賢，未可也；國人皆曰賢，然後察之；見賢焉，然後用之。左右皆曰不可，勿聽；諸大夫皆曰不可，勿聽；國人皆曰不可，然後察之；見不可焉，然後去之。」（《孟子．梁惠王下》）左右近臣，所言未必可信；諸大夫之言，可信的程度有所增強，但也有可能是出於私利的緣故；國人之論，一般說是公允的，但人有因為迎合流俗而被眾人所悅的，也有因為品行高潔而被眾人厭惡的，所以，必須親自觀察，冷靜省視，才能決定取捨。這樣，賢德之人就不會被遺棄，不才之人也不會幸運而被錄用。孟子的這一觀點是十分科學的，即使在今天，仍然具有借鑑意義。「兼聽則明，偏信則昧」，多作調查，深入觀察，後作結論，就不會被假象所蒙蔽，被讒陷小人所利用。就能明辨是非善惡，交結真正的朋友，擢用真正的人才。

二〇九、性躁無成　和平集福

性躁心粗者，一事無成；心和氣平者，百福自集。

【語　譯】性情急躁、粗心大意的人，什麼事情都辦不成功；性情平和、心緒寧靜的人，所有的幸福都會聚集在他的身上。

【評　析】《世說新語》中記載東晉藍田侯王述性急，一次吃雞蛋，用筷子「刺之不得」，大怒，舉以擲地。雞蛋在地上旋轉不止，王藍田便下地用木屐踩之，「又不得，瞋甚」，於是將蛋放入口中，「齧破，即吐之」。這個故事發人深省之處就在於它告訴人們，遇事必須心平氣和，考慮問題必須冷靜周詳，切忌心浮氣躁，盲目衝動。因為性躁不僅於事無補，往往還會壞事。西楚霸王項羽，縱然勇猛過人，蓋世無雙，但最後兵困垓下，自刎烏江，一個重要的原因就在於心躁氣傲，剛愎自用，不能採納臣下計謀，以致坐失良機。相比之下，劉邦兵微將寡，一直處於劣勢，但他心性冷靜，處事圓通，知人善任，一次次化險為夷，終於成就了帝王之業。《大學》中說：「定而後能靜，靜而後能安，安而後能慮，慮而後能得。」一個人經歷了由定而靜，由靜而安，由安而慮，由慮而得這樣幾個階段後，就能進入「智欲圓而行欲方，膽欲大而心欲細」的境界。這也是一個人處世成熟、為人練達的重要標誌。

二一〇、刻失人和　濫招惡友

用人不宜刻❶，刻則思效者去；交友不宜濫❷，濫則貢諛❸者來。

【注　釋】❶刻　苛刻；刻薄。❷濫　過多。這裡指輕率、隨便。❸貢諛　獻媚。

【語　譯】用人不要太苛刻，太苛刻，願意效力的人就會離去；結交朋友不要太輕率，太輕率，阿諛逢迎的小人就會接踵而來。

【評　析】用人是為了成事，成事必須有人樂於為你效力，要使人樂於效力就必須寬厚待人，這是一個很簡單的道理。韓信在與劉邦議論楚漢優劣時曾說到，項羽在封賞有功之臣時十分刻薄，甚至將刻好的印信捏在手中，把稜角磨圓了也捨不得拿出來，這是他手下人才紛紛出走的一個重要原因。劉邦則不然，雖然他傲而少禮，但封賞起來卻慷慨大方，所以，天下名利之徒趨之若鶩。劉邦正是利用了項羽的這個弱點，組織了一支浩浩蕩蕩的隊伍，取得了最後的勝利。

而交友不同於用人，不宜過濫。因為，一濫，獻媚趨利者便會接踵而至。人生得一知己，勝過一群酒肉朋友。孔子說過：「益者三友，損者三友：友直，友諒，友多聞，益矣；友便辟，友善柔，友便佞，損矣。」（《論語・季氏》）結交一個真誠的朋友，受益不盡；而結交偽善君子、邪惡小人，貽害無窮，聰明人怎能不慎重對待呢？

二一一、急處站穩　險地回首

風斜雨急處要立得腳定，花濃柳豔❶處要著得眼高，路危徑險處要回得頭早。

【注　釋】❶花濃柳豔　比喻女色。

【語　譯】在風雨交加時要站穩腳跟，在花濃柳豔的溫柔鄉要把眼光放得高遠，在路途險絕之處要及早回頭。

【評　析】翻開一部「二十四史」，充滿著刀光劍影，血雨腥風。朝代更替，事業興廢，白骨丘山，滄海桑田，歷史演出了一幕幕悲壯的史詩。人生其中，路途艱險，前程難卜。所以，認清形勢，站穩腳跟，處驚不變，居安思危，迷途知返，見險抽身，是何等的重要！當然，此話說起來容易做起來難。歷代志士仁人，為之奮鬥，身體力行，有的成功，有的湮沒，他們坎坷的人生旅程給後人留下了許多寶貴的經驗：如，孔子說：「危邦不入，亂邦不居」，「天下有道則見，無道則隱」。如，張良功成不居，以避猜疑；王翦多置田產，明哲保身；馮異不自邀功，一謙四益；司馬懿佯病免禍，後發制人，……不管他們採取什麼方式，有一點是必須堅持的，即一個人不論處在什麼樣的風雲變幻之中，都必須堅定自己的操守，不放棄人生的追求，時時保持警覺惕厲之心，這樣才不至於陷入迷惘，墮入深淵。

二一二、和濟節義　德承功名

節義之人濟❶以和衷❷，才不啟❸忿爭之路；功名之士承以謙德❹，方不開嫉妒之門。

【注　釋】❶濟　補益；調劑。❷和衷　和善。《尚書・皋陶謨》：「同寅協恭和衷哉。」孔傳：「衷，善也。」❸啟　開啟；引發。❹謙德　謙遜的美德。

【語　譯】守節操重義氣的人，應以和善的內心相調劑，才能避免與人發生意氣之爭；建功立業享有名望的人，應保持謙遜的美德，才不會招致別人的嫉妒怨恨。

【評　析】「樹大招風，功高招妒」，有一定地位和功績的人特別要注意保持謙遜謹慎的作風，才高不炫，功高不伐，不與人爭名利權位，這樣才能避免別人的嫉妒與詆毀，同時，客觀上也將自己擺在了一個有利的位置之上。從歷史上看，只要一個人確實作出了成績，是不會長久被埋沒的。古語云：「桃李不言，下自成蹊。」（《史記・李將軍列傳》）又云：「江海所以能為百川王者，以其善下之。」（《老子》六十六章）北宋開國之臣曹彬就是一個謙遜恭讓而深受重用的人。宋初，曹彬率軍伐蜀，得勝後，其他將領多取美女玉帛，滿載而歸，而他行囊之中「唯圖書、衣衾而已」。趙匡胤嘉其軍功，擢為節度使，他推辭再三。後來，他領兵征伐南唐，金陵城破之日，不妄殺一人，受到百姓的歡迎。趙匡胤曾許諾攻下南唐後封曹彬為相，但他班師回朝後卻從不言及。為此，趙匡胤深受感動，親賜銀兩。不久，提升他為樞密使，位兼將相。《漢書・藝文志・道家》中說：「易之嗛嗛，一謙而四益。」保持謙虛的品格，將使人一生受益。

二一三、居官有節　居鄉敦舊

士大夫居官不可竿牘❶無節，要使人難見，以杜❷倖端❸；居鄉不可崖岸❹太高，要使人易見，以敦❺舊好。

【注釋】❶竿牘　簡牘。即書信。竿，通「簡」。❷杜　杜絕。❸倖端　謂佞人僥倖進身的端倪。❹崖岸太高　比喻性情高傲，不易接近。❺敦　敦厚；加強。

【語　譯】讀書人做了官，對於求薦的書信不能毫無節制地接納，要給人一種難以接見的感覺，以杜絕投機者進身的機會；隱退以後不要高不可攀，要使人很容易接近，以加強與老朋友的感情。

【評　析】一個人當了官，手中有權，登門拜訪的人自然就多了，託人求情的事也就多了。如果來者不拒，不僅窮於應付，還會給投機者以可乘之機。所以，不妨將會客的門開得窄一些。回到鄉裡，就該收起官架子，阿貓阿狗不都是從小在一起長大的嗎？同敘鄉誼，無拘無束，才會有親切感。如果故作姿態，只會令昔日的朋友作嘔，疏而遠之，這也可以叫做「入鄉隨俗」。《論語．鄉黨》中云：「孔子於鄉黨，恂恂如也，似不能言者；其在宗廟朝廷，便便言，唯謹爾；朝，與下大夫言，侃侃如也；與上大夫言，誾誾如也；君在，踧踖如也，與與如也。」意思是說，孔子在家鄉父老面前，態度溫恭，好像不大會說話的樣子；在宗廟朝廷，雖然發表見解，但態度敬謹；上朝，與下大夫侃侃而談，無拘無束；與上大夫議論，態度就嚴肅一些；國君在時，則要保持一種恭敬中適之貌。可見，在朝與在野，當官與鄉居，處境不同，身分不同，對象不同，採取的態度也不同，這是形勢的需要，也是為了適應不同環境中的世態人情。

二一四、既畏大人　亦畏小民

大人❶不可不畏❷，畏大人則無放逸❸之心；小民❹亦不可不畏，畏小民則無豪橫❺之名。

【注釋】❶大人　德行高尚的人。❷畏　敬畏。❸放逸　放任不拘。❹小民　平民百姓。❺豪橫　強暴蠻橫。

【語譯】對於德行高尚的人，不可不敬畏，只有這樣，才不會有放任不拘的念頭；對於平民百姓，也不可不敬畏，只有這樣，才不會有蠻橫無理的惡名。

【評析】孔子說：「君子有三畏：畏天命，畏大人，畏聖人之言。」（《論語・季氏》）因為大人的言行舉止是以道德為準則的，躬身實踐，萬民瞻仰，所以不可不敬畏之。畏大人，才能加強自我約束，增進品行修養。

對小民也不可不畏，孟子說：「民為貴，社稷次之，君為輕。是故得乎丘民為天子，得乎天子為諸侯，得乎諸侯為大夫。」（《孟子・盡心下》）因為小民無名無位，容易被人忽視，但民心向背，卻是一股移山填海的力量。唐太宗懂得「水能載舟，亦能覆舟」的道理，以「亡隋為戒」，重視民心，勵精圖治，才出現了「貞觀之治」。

二一五、逆境比下　怠荒思上

事稍拂逆❶，便思不如我的人，則怨尤❷自消；心稍怠荒❸，便思勝似我的人，則精神自奮。

【注釋】❶拂逆　不順心；不如意。❷怨尤　埋怨。❸怠荒　懶散荒廢。

【語譯】事情不順利時，就想一想那些境遇還不如我的人，埋怨的情緒就會自然而然地消除。精神懈怠時，就想一想那些比我強的人，自然會精神奮發。

【評析】保持正常的心態至關重要，因為人的一生不會永遠順利，遇到拂心之事，怨天尤人，不僅於事無補，還會使人灰心喪氣，一蹶不振。此時，不妨和那些不如自己的人作些比較，這樣，就會產生一種「比上不足，比下有餘」的感覺，心理上就能重新得到平衡，這有利於恢復信心，增強勇氣。而順境之中最易懈怠，此時若能和勝過自己的人比一比，就會看到山外有山、天外有天，強中更有強中手，任何驕傲自滿都會顯得那樣的幼稚可笑。這樣，就能鞭策自己，振作精神，奮力攀登新的高峰。

二一六、輕諾惹事　倦怠無成

不可乘喜而輕諾❶，不可因醉而生嗔❷，不可乘快而多事，不可因倦而鮮終❸。

【注　釋】❶輕諾　輕易答應別人。❷生嗔　生氣；發怒。❸鮮終　有始無終。鮮，少。

【語　譯】不要趁一時高興而輕易許諾，不要因為酒醉而亂發脾氣，不要憑一時的痛快而惹是生非，不要因為困倦而有始無終。

【評　析】為人處世，貴在誠信，一諾千金，為的是不失信於人。曾子之妻出門，哄孩子說：「你待在家裡，媽媽回來殺豬給你吃。」等到曾妻回來，曾子真的把豬給殺了。(見《韓非子・外儲說左上》)曾子這樣做，為的是從小教育孩子，言必守信。然而，輕諾而寡信的例子也很多，五代時，後唐莊宗李存勗便嘗到過自己釀就的苦酒。當年，李存勗遵父臨終所囑，率軍擊梁。先鋒李嗣源率先攻入開封，李存勗欣喜之餘，牽著李嗣源的衣袂說：「吾有天下，由公之血戰也！當與公共之。」但滅梁之後，李存勗卻舉起二隻手讓臣下看，意思是說：我是從這十指之中得到天下的，你們休想在我面前撈到什麼。李嗣源自然忿忿不平。更可惡的是，李存勗寵幸伶人，他自己也常常粉墨登場。他恩寵的伶人，往往可以做到一州刺史，這更引起了大臣們的不滿。待到李嗣源擁兵自立，諸軍歸附，李存勗已無當年之勇，他神情沮喪地哀嘆：「吾不濟矣！」後來，伶官郭從謙生變，李存勗被亂箭射死，也是咎由自取。

二一七、讀書至樂　觀物融洽

善讀書者，要讀到手舞足蹈處，方不落筌蹄❶；善觀物者，要觀到心融神洽❷時，方不泥跡象❸。

【注　釋】❶筌蹄　比喻達到目的的手段或工具。筌，捕魚的用具。蹄，捕兔的圈套。《莊子．外物》：「筌者所以在魚，得魚而忘筌；蹄者所以在兔，得兔而忘蹄。」❷心融神洽　精神與事物融為一體。❸不泥跡象　不拘泥於表面形式。

【語　譯】善於讀書的人，要讀到手舞足蹈的境界，才不會停留於詞章文字的表面；善於觀察事物的人，要做到精神與事物融合為一的境界，才不會拘泥於事物的表面形式。

【評　析】觀察事物，要善於透過現象，看清本質，找出規律。這就像庖丁解牛一樣，開始時，「所見無非牛者」；三年之後，「未嘗見全牛」；待到洞悉了牛的筋肉骨骼以後，「以神遇而不以目視」，「手之所觸，肩之所倚，足之所履，膝之所踦，砉然嚮然，奏刀騞然，莫不中音」。《莊子．養生主》達到了心融神洽，遊刃有餘的境界。

讀書也是這樣，如果僅僅停留於表面文章，是難以深入下去的。書籍固然是前人知識的結晶，但事物在發展，人的認識在深化，死搬教條、人云亦云是不可取的。孟子說：「盡信書則不如無書。」（《孟子・盡心下》）孔子說：「學而不思則罔，思而不學則殆。」（《論語・為政》）只有勤於思索，深入領會書中的精髓，融會貫通，舉一反三，才會有自己的真知灼見。讀書讀到這種境界，才能讀出樂趣，讀出味道來。

二一八、勿逞己長　勿恃所有

天賢❶一人以誨❷眾人之愚，而世反逞所長以形❸人之短；天富一人以濟❹眾人之困，而世反挾所有以凌人之貧；真天之戮民❺哉！

【注　釋】❶賢　有才德。這裡用作動詞，使人賢。下文「富」，用法同。❷誨　教誨；教導。❸形　比較；對照。❹濟　救助。❺戮民　猶戮人。原指受過刑罰的罪人，此泛指有罪之人。

【語　譯】上天使一些人聰明賢德來教誨眾人的愚昧，可是世間的聰明人卻炫耀才華，來映襯出別人的愚笨；上天使一些人富有來救助眾人的貧困，可是世間的富人卻仗恃財富，欺凌窮人。這真是違背天意的罪人啊！

【評　析】人由於天資的高低，環境的影響，機遇和個人努力的不同而存在著差異。有的人脫穎而出，成為時代的寵兒；有的人默默無聞，平淡無奇地了此一生；有的人腰纏萬貫，揮金如土；而更多的人卻得為一日三餐疲於奔命。芸芸眾生，千差萬別，但有一點是一致的，即每個人在人格上都是平等的。聰明的人應將自己的才智用來幫助別人，造福社會，如果恃才自傲，只有暴露自己的淺薄。富有的人應用自己的財富來接濟窮人，如果欺貧凌弱，為富不仁，那便是罪惡。

《孟子・梁惠王下》引用《尚書》中的話說：「上天降生百姓，也降生君主、老師。君主人師的職責是幫助上天，保護四方百姓。不管是有罪還是無罪，都由我來負責，天下有什麼人敢超越這一天職而胡作非為呢？」孟子引用這段話，意在勸誡齊宣王除暴救民，以安天下。今日之人，是否可以從中得到一些有益的啟迪呢？

二一九、中才之人　難與下手

至人❶何思何慮，愚人不識不知，可與論學，亦可與建功。唯中才的人，多一番思慮知識，便多一番臆度❷猜疑，事事難與下手。

【注釋】❶至人　德才兼備、完美無缺的人。❷臆度　憑空推測。

【語譯】才德完美無缺的人，沒有憂思，沒有煩慮，愚鈍憨厚的人無知無識。與這兩種人可以一同研究學問，也可以一同建功立業。只有那些中才的人，多一分思慮，多一分知識，就多一分揣測，多一分猜疑，事事都難以和他們一起進行。

【評　析】孔子說：「唯上知與下愚不移。」《論語・陽貨》意思是說，最聰明的人與最愚笨的人都不容易改變自己的做法。因為最聰明的人看問題透澈，有成熟的思想，不會輕易受人影響；而最愚笨的人頭腦簡單，不存心機。這兩種人都可與之共事。

而介於二者之間的中等之才卻不好應付。他們有知識，但只是一知半解；有思想，但又不能洞悉社會，把握人生。因此主意多，疑慮多，猜忌也多。與他們打交道，可得多長一個心眼。

二二〇、守口須密　防意須嚴

口乃心之門，守口不密，洩盡真機❶；意乃心之足，防意不嚴，走盡邪蹊❷。

【注　釋】❶真機　指真正的機密。❷蹊　小路。

【語　譯】口是心的大門，守口不嚴密，就會把心中的祕密全都洩露出去；意志是心的雙腳，意志不堅定，就會走上邪路。

【評析】《詩經・小雅・小明》中云：「心之憂矣，自詒伊戚。」「自詒伊戚」，意思是自己招致禍患。在這方面，清代慈安太后的教訓是慘痛的。同、光兩朝，慈安與慈禧先後兩次垂簾聽政。慈安為人忠厚，性情溫順，而慈禧權欲心重，臥榻之側容不得他人。光緒七年，慈安置酒以慶賀慈禧病愈為名，婉言規勸，袖出咸豐皇帝密授遺詔。詔內寫道：「葉赫氏既生皇子，異日必以子貴，唯朕不得深信其人。日後如能安分守己則已，否則，汝可出此詔，命廷臣傳遺命除之。」慈安笑著說：「吾姊妹相處已久，何必留此詔乎！」並當面將詔書焚毀。慈禧面赤稱謝，但心中忌恨，不久，即令太監進毒餅，將慈安毒死。

俗話說：「禍從口出」、「隔牆有耳」。麻痺大義，對奸偽之人吐露真情，便會身罹其禍。因此，關鍵時刻，說話猶當謹慎，以防不測。

二二一、責人宜寬　責己宜苛

責人者，原❶無過於有過之中，則情平❷；責己者，求有過於無過之內，則德進。

【注釋】❶原　原諒；寬恕。❷情平　情緒安定。

【語譯】責備別人，要能夠原諒別人的過失就像根本沒有發生過失一樣，這樣，人家才能心平氣和。要求自己，要在看似沒有過失的地方找出自己的過失，這樣，自己的品德就能增進。

【評　析】每個人的心中都有一個是非標準，但人們往往習慣於拿這個標準去衡量別人而不要求自己，於是，總覺得別人如何不是。其實，人誰無過？原人之過，責己之失，才有利於協調人際關係，改正自己的缺點，彌補自己的不足。因此，儒家主張「寬以待人，嚴以律己」。對犯錯的人，不宜歧視，不宜呵斥，而要抱著與人為善的態度，坦誠地指出他們的過失，啟發他們的良知，清初陸隴其採取的就是這種德化教育的方法。他審訊犯人時，總是先講明事理，好言相勸，不用刑罰。為此，他專門寫了一篇〈勸盜文〉，大意是：人的本性是善的，犯錯的人也不例外，只是由於一念之差，才誤入歧途。然而，人是可以改正的，只要排除惡習，摒棄私欲，就可以重新做一個好人，仍然可以成家立業。他對犯人宣講這篇文章，犯人往往會為他的真誠所感動，情不自禁地痛哭失聲，因此，他經手處理的犯人很容易接受教誨。

反之，一個人對自己則應該嚴格要求。曾子說：「吾日三省吾身。」（《論語・學而》）朱熹也說：「日省其身，有則改之，無則加勉。」（《四書集注・論語・學而》注語）如果大家都能採取這種態度，我們的周圍就會少一分埋怨和敵視，多一分和諧與溫馨。

二二二、幼不陶鑄　長不成器

子弟❶者，大人之胚胎；秀才❷者，士夫之胚胎。此時若火力不到，陶鑄❸不純，他日涉世立朝，終難成個令器❹。

【注　釋】❶子弟　子與弟，對父兄而言。亦泛指年輕後輩。❷秀才　元明以來稱書生、讀書人。❸陶鑄　本指製作陶範並用以鑄造金屬器物，此比喻培養造就。❹令器　大器；有用之才。

【語　譯】小孩子是成年人的雛形，讀書人是士大夫的前身，此時如果鍛鍊的程度不夠，培養教育不佳，將來步入社會，或在朝廷做官，終究難以成為棟梁之才。

【評　析】教育必須從小開始，這是符合教育的客觀規律的。因為此時的人尚是一張白紙，可塑性最強。北朝顏之推說：「人生小幼，精神專利，長成已後，思慮散逸，固須早教，勿失機也。」（《顏氏家訓・勉學第八》）從古代家訓到近代的蒙學讀物，諸如《三字經》、《幼學瓊林》、《龍文鞭影》之類，無不對此告誡再三。所謂「幼不學，老何為！玉不琢，不成器；人不學，不知義。為人子，方少時，親師友，習禮義」，「幼而學，壯而行」，以及「少小不努力，老大徒傷悲」等，歷代警句格言，都說明了一個普通的道理。年幼時是人生學習知識本領和做人的開始，此時的教育，在某種程度上決定了人的一生。只有努力學習，通過艱苦的磨鍊，培養堅強的意志和高尚的品格，長大以後才能成為對社會有用的人才。

二二三、不憂患難　不懼權豪

君子處患難而不憂，當宴遊而惕慮❶；遇權豪而不懼，對惸獨❷而驚心。

【注　釋】❶惕慮　警惕憂慮。❷惸獨　孤獨無依。《詩・小雅・正月》：「哿矣富人，哀此惸獨。」惸，指無兄弟，引申為孤獨。

【語　譯】君子處在艱難困苦中不會憂愁，在宴飲遊樂時，會警惕與憂慮；碰到豪強勢要時毫不畏懼，遇到孤苦無依的人，會很自然地產生憐憫與同情之心。

【評　析】一個有深厚修養的人應具備獨立的人格，按照生活的準則行事，因此，不會屈服於惡劣的環境。處患難之中，充滿樂觀主義的精神，堅信光明的未來並為之奮鬥不息；當安樂之時，保持清醒的頭腦，居安思危，防微杜漸，有強烈的憂患意識。他們有高尚的氣節和善良的心地，因此，不會對權貴卑躬屈膝，阿諛逢迎；而對弱小者卻會充滿同情心，盡其所能，給予幫助。孟子說：「富貴不能淫，貧賤不能移，威武不能屈」（《孟子・滕文公下》），便是對這種品行與節操的肯定與讚譽。

二二四、濃夭淡久　早秀晚成

桃李雖豔，何如松蒼柏翠之堅貞❶？梨杏雖甘，何如橙黃橘綠之馨洌❷？信乎，濃夭❸不及淡久，早秀❹不如晚成也。

【注　釋】❶堅貞　謂節操堅定不變。❷馨洌　香氣清洌。馨，芳香。❸濃夭　謂美色過早地消失。❹秀　秀茂；特異。

【語　譯】桃李雖然花色豔麗，怎麼比得上松柏蒼翠，具有堅定不變的節操呢？梨杏雖然味道甘美，怎麼比得上橙黃橘綠散發出清洌的芳香呢？的確是這樣啊！濃豔的花朵容易早謝，不如淡淡的清香卻能保持久遠；過早地秀茂，不如晚成啊！

【評　析】在「人化」的自然中，許多自然物是具有象徵意義的。以水為例，孔子認為它滋潤萬物而無私，似德；所到之處，帶來勃勃生機，似仁；由高流向低處，舒緩湍急皆循其理，似義；奔騰澎湃，一瀉千里，似勇；有深有淺，淺可涉足，深不可測，似智。因此，水是儒家道德的象徵。同樣之理，松柏經風雪寒霜而不凋，象徵著堅貞的品質；橙橘氣味清芬而持久不變，象徵著崇高的氣節，歷來為人讚頌。相反，桃李之花雖然璀燦，卻只能爭豔一時；梨杏之實雖然甘甜，卻難以保得長久。一個人少年得志，很容易產生狂妄自大的心理，導致挫折和失敗。而大器晚成的人，由於經歷過人世間的憂患與滄桑，經驗豐富，思想成熟，往往更能把握人生，建立長久的事業。

二二五、靜中真境　淡中本然

風恬浪靜❶中，見人生之真境❷；味淡聲希❸處，識心體❹之本然。

【注　釋】❶風恬浪靜　比喻平靜的生活。恬，寧靜。❷真境　原指道教勝地，這裡指人生的真正境界。❸味淡聲希　比喻生活清貧。❹心體　心的本體。指思想。

【語　譯】在平靜安寧中，能領悟人生的真正境界；在清貧澹泊中，能體會心性的本來面目。

【評　析】一個人如果只是滿足於轟轟烈烈的場面、忙忙碌碌的工作，是難以有深邃的思想、長遠的謀劃的。人生的真境在於恬靜自然、澹泊淳樸，一切功名利祿都有違人的初衷。古語云：「寧靜以致遠，澹泊以明志。」又云：「靜以修身，恬以養志。」所以，從某種意義上說，清貧的生活，安寧的環境，更值得人們去珍惜、去把握。事實上，許多閃光的思想、驚天動地的偉業，正是在冷落寂寥處萌生、昇華並成就的。

後集

一、談者不真　言者無行

談山林❶之樂者，未必真得山林之趣；厭❷名利之談者，未必盡忘名利之情。

【注　釋】❶山林　古代隱者多居住在山林，因以山林喻隱居。❷厭　憎惡；厭惡。

【語　譯】喜歡高談隱居之快樂的人，未必真的領悟了這種生活的樂趣；厭惡談論功名利祿的人，也未必真的摒棄了名利思想。

【評　析】有真才實學的人，懂得學無止境，因此虛懷若谷，不會吹噓賣弄，倒是一知半解的人，熱中於高談闊論，儼然學者模樣。超脫豁達的人，看淡名利，隨性所適，不會刻意去談論隱居之樂、名利之苦，倒是沽名釣譽之徒，喜歡故作雅態，彷彿不食人間煙火。古語云：「上士忘名，中士立名，下士竊名。」（北齊顏之推《顏氏家訓・名實》）既要竊名，就得進行一番喬裝打扮，唐代盧藏用一心想做官，便躲進長安附近的終南山，找到了仕途上的一條捷徑。但是，騙人的伎倆一旦被識破，就不再會有施展的餘地，所以，老老實實地做人，還是最可靠的方法。

二、省事為適　無能全真

釣水❶，逸事❷也，尚持生殺之柄❸；弈棋❹，清戲❺也，且動戰爭之心。可見喜事❻不如省事之為適，多能不若無能之全真❼。

【注　釋】❶釣水　臨水垂釣。❷逸事　閒適超逸之事。❸柄　權柄；權力。❹弈棋　下棋。❺清戲　清雅的遊戲。❻喜事　好事。❼全真　保全淳樸的天性。三國魏嵇康〈幽憤詩〉：「志在守樸，養素全真。」

【語　譯】垂釣是一件閒適愉悅的事情，然而，其中卻操持著對魚的生殺大權；下棋是一項高雅的娛樂，然而，其中卻蘊含著你死我活的爭勝心理。由此可見，多一事不如少一事那樣悠閒自在，多才華不如平庸無能更能保全一個人淳樸的本性。

【評　析】道家提倡絕聖去智、清靜無為，認為只有事物的自然狀態才是最美好的，而伴隨著人類文明出現的一切奇技淫巧，必然會給社會帶來爭鬥與災難。因此，他們讚美渾沌初開的原始社會，歌頌赤子與愚人。道家的這一思想，作為物欲橫流的社會的一種反動，具有一定的意義。但是，應該看到，人類智慧的演進固然帶來緊張與衝突，但也帶來了進步與文明。時代在不斷地發展，老子嚮往的那種「雞犬之聲相聞，民至老死不相往來」（《老子》八十章）的理想社會在當時不可能實現，在今天已更不可能存在。歷史需要人們進行創造性的思維和勞動，因此，積極進取的精神，在任何時候都是不能丟棄的。

三、春為幻境　秋見真吾

鶯花茂而山濃谷豔，總是乾坤❶之幻境❷；水木落❸而石瘦崖枯，才見天地之真吾❹。

【注　釋】❶乾坤　天地。乾，指天。坤，指地。❷幻境　虛幻之境。比喻世事變幻。❸水木落　山水乾涸，樹葉凋零。形容秋時山色。❹真吾　謂脫去外相顯現本質的我。宋翁森〈四時讀書樂〉詩：「木落水盡千崖枯，炯然吾亦見真吾。」

【語　譯】春天鶯啼花開，山色豔麗，這只是天地間的一種虛幻之境。秋天溪流乾涸、樹木凋零，山嶺瘦削，巖崖枯寂，這時才能見到大自然的本來面目。

【評　析】這一則是以春秋季節山色的變化來寓意人生，說明功名富貴只不過是過眼煙雲，人赤條條而來，赤條條而去，誰也帶不走什麼，而執迷之人，卻為此而苦苦相爭。《三國演義》開篇有〈臨江仙〉一詞云：「滾滾長江東逝水，浪花淘盡英雄。是非成敗轉頭空，青山依舊在，幾度夕陽紅。白髮漁樵江渚上，慣看秋月春風。一壺濁酒喜相逢，古今多少事，都付笑談中。」有形之物會隨著時間的推移而流逝，只有精神的力量才是不朽的。一個人經歷過刀光劍影、鼓角錚鳴的喧囂之後，對於清風明月、漁樵江渚的生活，大概會另有一番感受吧！

四、世間廣狹 皆由自造

歲月本長，而忙者自促；天地本寬，而鄙者自隘❶；風花雪月本閒，而勞攘❷者自冗❸。

【注 釋】❶隘 狹窄。❷勞攘 勞碌忙亂。攘，指精神上的煩擾。❸冗 繁忙。宋劉宰〈走筆謝王去非詩〉：「知君束裝冗，不敢折簡致。」

【語 譯】歲月本來是悠長的，而忙亂的人自己過得很倉促；天地本來是寬廣的，而淺薄的人自己過得很狹隘；風花雪月本來是閒適的，而勞碌的人自己過得很繁忙。

【評 析】世界本來就是美好的，只要我們用心去體察，就會感受到造物的無窮魅力。比如，蘇東坡筆下的赤壁之遊，帶給我們的是「江上之清風，與山間之明月，耳得之而為聲，目遇之而成色」。著者寬廣的胸懷與自然的景物有機地融為一體，造就的是一種豪放而優雅的生活意蘊。試想，如果換作一個心胸狹隘的人，能表現出如此這般的情趣嗎？答案是否定的。佛家有一首偈頌說得好：「高坡平頂上，盡是採樵翁；人人盡懷刀斧意，不見山花映水紅。」樵夫以採樵為生，心中驅動著的是物質的利欲，眼前的景色再美好，也難以引起他們的關注。

所以說，一個人的生活情趣要靠自己去調節。悠悠歲月，天高地闊，清風朗月，花紅雪白，只要我們棄絕誘人的「刀斧之意」，正確把握自己的心態，就一定會發現人生是多麼絢麗多彩。

五、趣不在多　景不在遠

得趣不在多，盆池拳石❶間煙霞❷具足；會景❸不在遠，蓬窗竹屋下風月自賒❹。

【注　釋】❶盆池拳石　池小似盆，石小如拳。形容景物之小。❷煙霞　謂風景。❸會景　欣賞景色。❹賒　長久；永遠。

【語　譯】領會自然之趣並不在於景物的多少，一個小小的池塘，幾塊拳頭般大小的山石，其間就會有足夠的風光。欣賞景色也不必求遠，蓬窗竹屋之下，清風明月，自有一番悠遠的情致。

【評　析】景物不在大小，而在於是否協調、得當。明魏學洢〈核舟記〉記載了雕刻藝人王叔遠高超的技藝，在「徑寸之木」上，雕刻了各具形態的人物及船艙、雕欄、活動的窗戶、膾炙人口的詩句等，栩栩如生，真可謂「納須彌於芥子」。核舟雖小，但趣味盎然。

對景物的感受還與人的心境有很大的關係。陶淵明歸去田園，「採菊東籬下，悠然見南山」，領悟到的是淳樸自然中的「真意」。從看似平淡的生活中發現樂趣，這便是本則文字的主旨。

現代都市生活喧囂而又繁忙，蓬窗竹屋下悠閒自得的優雅環境已難尋覓，但一個人只要內心充實豐富，就能從各個不同的方面感受到生活的情趣。比如說，品茗賞月是一種情趣，潑墨揮毫是一種情趣，弈棋撫琴是一種情趣，植花觀魚是一種情趣，談天說地也是一種情趣……從這個意義上來說，「會景不在遠」，景就在你心裡。

六、醒夢中夢　窺身外身

聽靜夜之鐘聲，喚醒夢中之夢❶；觀澄潭之月影，窺見身外之身❷。

【注　釋】❶夢中之夢　謂人生本來就是一場虛幻的夢，而一切嗜欲則是夢中之夢。❷身外之身　佛教稱肉身之外的涅槃之身為身外之身。這裡指人的精神世界。

【語　譯】夜深人靜時，聽遠處傳來的陣陣鐘聲，可以喚醒人虛幻的夢境；從清澈的潭水中觀賞月的倒影，能夠發現我們肉身之外的精神世界。

【評　析】歲月流逝，人生苦短，因此，李白發出「夫天地者，萬物之逆旅；光陰者，百代之過客，而浮生若夢，為歡幾何」的感嘆。如何度過這短暫的一生呢？靜夜之中，聽聽遠處傳來的悠揚的鐘聲，看看澄潭之上清晰的月影，人的心緒很容易沉靜安寧，這對於消除白晝的煩惱，拋棄世俗的紛爭，認識自己的過去，思考未來的人生，都是十分有益的。禪宗認為人生來就有靈明覺知，一個人由迷到悟，轉識成智，往往通過頓然之間的覺醒，也就是「頓悟」。宋明理學雖然與佛學不同，但也認為，人的道德境界和道德意識是通過由「明」到「覺」的過程而完成的。明即明察，是理性的品格；覺即自覺，是主體的頓悟。本則文字也包含著這樣的思想內容。

七、清徹玲瓏　觸物會心

鳥語蟲聲，總是傳心❶之訣；花英❷草色，無非見道❸之文。學者要天機❹清徹，胸次玲瓏❺，觸物皆有會心處。

【注　釋】❶傳心　溝通心靈。❷花英　謂百花開放。英，用作動詞，開放之義。❸見道　洞徹真理；明白道理。《漢書・翼奉傳》：「聖人見道，然後知王治之象。」❹天機　原意天道機密，這裡指人的靈性智慧。❺胸次玲瓏　胸懷光明磊落。胸次，胸懷。玲瓏，本來形容玉發出的撞擊聲，此作光明磊落、坦蕩無私解。

【語　譯】鳥的啼叫、蟲的鳴聲，都是牠們表達情感的方式；爛熳的鮮花，青翠的草色，都是可以悟道的文采。讀書人只要心靈清明透澈，胸懷坦蕩光明，接觸事物時，就會有心領神會之處。

【評　析】佛教認為迷與悟是佛與眾生的區別所在。釋迦牟尼看見星月之光而悟道，靈雲和尚看見桃花開放而悟道，香巖法師聽見竹子之聲而悟道。可見，天地之間，處處都蘊含著真理大道，只是往往被人的私欲和煩惱所蒙蔽了。一個人，只要心靈澄澈，坦蕩無私，就能仰察宇宙、俯視人生，悟得真知。因此，禪宗有言：「青青翠竹悉是真如，鬱鬱黃花無非般若。」

八、不以神用　何以得趣

人解讀有字書，不解讀無字書❶；知彈有弦琴，不知彈無弦琴。以跡用❷，不以神用，何以得琴書之趣？

【注　釋】❶無字書　指書本之外的知識。❷跡用　形體的運用。

【語　譯】人們知道閱讀有文字的書，卻不知道閱讀沒有文字的書；只知道彈有弦的琴，卻不知道彈無弦的琴。只會使用有形，卻不懂得領會無形，這樣的人如何能得到琴書的樂趣呢？

【評　析】書能弘人，也能縛人。茫茫宇宙，漫漫人生，深奧莫測，非文字之書所能窮盡。因此，古人主張「讀萬卷書，行萬里路」。讀萬卷書，是為了吸收前人的成果，繼承前人的知識與智慧；行萬里路，則是為了了解社會、了解人生，把握前程，開拓未來，這是更為重要的無字之書。

陶淵明詩云：「但識琴中趣，何勞弦上聲？」人生是一個大舞臺，只有明睿之人才能不著痕跡，心馳神暢，充分發揮自己的才學和技藝，演奏出瑰麗的人生旋律。

九、心無物欲　坐有琴書

心無物欲，即是秋空霽海❶；坐有琴書，便成石室❷丹丘❸。

【注　釋】❶霽海　霽日下浩瀚的大海。霽，指雨雪止，雲霧散，天氣轉晴。❷石室　原指古代藏貯圖書檔案的地方，這裡指隱居之室。❸丹丘　傳說中的神仙居住之地。屈原〈遠游〉：「仍羽人於丹丘兮，留不死之舊鄉。」

【語　譯】心中沒有物質利益的欲望，胸懷就會像秋日的藍天和浩瀚的大海一樣；坐時有琴書相陪伴，生活就會像神仙一般逍遙自在。

【評　析】孟子說：「養心莫善於寡欲。」（《孟子・盡心下》）莊子說：「其耆欲深者，其天機淺。」（《莊子・大宗師》）一個人的欲望如果過重，就如烏雲蔽日，如何能感受到陽光的明媚燦爛、春風的和熙溫暖？去除個人的嗜欲和雜念，天地才會顯露出它的寬廣，人生也才會變得格外的美好。

一個人的情操與他所處的環境的影響也很大。蘇東坡說：「無肉使人瘦，無竹使人俗。」如果經常陶冶在琴棋書畫的氛圍之中，人的心靈就會得到淨化，行為舉止就會超逸脫俗。「坐有琴書，便成石室丹丘」，便是這種因心靈得到淨化而產生的愉悅感覺。

一〇、樂極而哀　興味索然

賓朋雲集，劇飲淋漓，樂矣。俄而漏盡燭殘❶，香銷茗冷❷，不覺反成嘔咽，令人索然無味。天下事率類此，奈何不早回頭也？

【注　釋】❶漏盡燭殘　更漏滴盡，蠟燭已殘。形容夜闌人靜之時。漏，古代計時器具。《說文》：「漏，以銅受水，刻節，晝夜百刻。」❷香銷茗冷　檀香燃盡，茶水冰涼。香，檀香。古代宴會常置檀香燃燒，使滿室生香。茗，茶。

【語　譯】賓朋滿座，歡聚一堂，暢懷狂飲，痛快淋漓，是快樂了。轉瞬之間，更深夜靜，檀香燃盡，熱茶變涼，不覺有一種倒胃欲吐的感覺，使人索然無味。天下的事情大多如此，為何不及早醒悟呢？

【評　析】月有陰晴圓缺，人有悲歡離合，好景易散，人生無常，這是事物的客觀規律。宋倪思《鉏經堂雜志》中說：「凡筵宴，三杯亦散，五杯亦散，極千百杯亦散。諺云：『未有不散之筵。』余於是有深感。」《紅樓夢》中也多次引用到「盛筵必散」這句諺語，如第二十六回，紅玉說道：「千里搭長棚，沒有個不散的筵席。」

本則以宴會狂歡之後「漏盡燭殘，香銷茗冷」的淒清景象為例，說明歡樂越盛，隨後而至的孤獨與冷落之感就會越加使人難以消受。旨在規勸人們，功名富貴、嗜欲淫樂，都會轉眼成空。人生如能預見到盛景之後的淒涼蕭條，及早回首，處世有度，就能夠避免「樂極生悲」的結局。

一一、會個中趣　破眼前機

會得個中趣，五湖❶之煙月❷盡入寸裡❸；破得眼前機❹，千古之英雄盡歸掌握。

【注　釋】❶五湖　古代五湖有多種說法，這裡泛指湖泊。❷煙月　煙霞風月。泛指自然風光。❸寸裡　方寸之內，即心中。❹機　機變；事物的關鍵所在。

【語　譯】領會得個中真趣，五湖四海的美景都能進入自家心中；看得準時運轉變的關鍵所在，天下的英雄都能為己所用。

【評 析】唐代以科舉取士，天下俊傑趨之若鶩。一日，唐太宗私幸端門，看見新進士綴行而出，不禁大喜道：「天下英雄入吾彀中矣！」入彀，指進入弓箭的射程範圍之內，比喻受籠絡，被掌握。唐太宗可以稱得上是一個破得眼前機的人物，他能夠吸取隋朝滅亡的教訓，廣羅人才，注意民心向背，因而奠定了大唐的基業。由此可見，做任何事情都必須掌握其中的關鍵，這樣，觀水，能得個中真趣；處世，能應時代風雲。

一二、非上上智　無了了心

山河大地已屬微塵，而況塵中之塵❶？血肉身軀且歸泡影，而況影外之影❷？非上上智❸，無了了心❹。

【注 釋】❶塵中之塵　比喻人在茫茫宇宙之間極其渺小。❷影外之影　比喻身外虛幻的名利地位。❸上上智　超凡脫俗的智慧。❹了了心　明白透澈的心思。

【語 譯】山河大地只是一粒塵埃而已，何況是渺小的個人呢？血肉之軀遲早都會成為泡影，何況是身外的功名利祿呢？沒有超凡脫俗的智慧，是難以把人生看透的。

【評 析】從宏觀上看，宇宙無窮，而人生有限，誠如蘇東坡在〈前赤壁賦〉中所云：「寄蜉蝣於天地，渺滄海之一粟。哀吾生之須臾，羨長江之無窮。」人在天地之間，就像蜉蝣一般渺小；而天地在宇宙之中，又像是一粒微不足道的塵埃。人的生命在歷史的長河裡只不過是短短的一瞬，一切功名富貴轉眼皆成泡影。從這個角度看待問題，人就能心胸開闊，豁達大度。既然財富、名利、地位乃至世間的一切都是身外之物，人有什麼不能理解？有什麼個人的欲望不能捨棄呢？

一三、不爭長短　不較雌雄

石火光中❶爭長競短，幾何光陰？蝸牛角上❷較雌論雄，許大世界？

【注釋】❶石火光中　以石敲擊所迸發的火花光中，極言其短暫。北齊劉晝《新論・惜時》：「人之短生，猶如石火，炯然以過，唯立德貽愛為不朽也。」❷蝸牛角上　比喻地方極小。《莊子・則陽》：「有國於蝸之左角者曰觸氏，有國於蝸之右角者曰蠻氏，時相與爭地而戰，伏屍數萬，逐北旬有五日而後反。」

【語譯】在擊石所迸發的火光中爭長競短，能爭得到多少的時光？在蝸牛的觸角上爭強鬥勝，能爭得到多大的地盤？

【評析】爭強鬥勝大概也是人類的天性吧，所以，數千年的文明史，也就是一部充滿著硝煙與戰火的歷史。然而，從茫茫宇宙俯看社會，從歷史長河體察人生，人世間的一切你爭我奪都顯得那麼可笑。當年，曹操挾天子以令諸侯，釃酒臨江，橫槊賦詩，固然稱得上是一世之雄，但蘇軾卻發出「而今安在哉」的不盡感嘆。《紅樓夢》中有一首〈好了歌〉，透徹地說明了功名富貴的虛幻，很值得世人一讀：「世人都曉神仙好，惟有功名忘不了。古今將相在何方？荒塚一堆草沒了！世人都曉神仙好，只有金銀忘不了。終朝只恨聚無多，及到多時眼閉了！世人都曉神仙好，只有嬌妻忘不了；君在日日說恩情，君死又隨人去了！世人都曉神仙好，只有兒孫忘不了。癡心父母古來多，孝順子孫誰見了！」

一四、槁木死灰　不免落空

寒燈無焰，敝裘無溫，總是播弄❶光景；身如槁木，心似死灰，不免墮落頑空❷。

【注　釋】❶播弄　顛倒玩弄。❷頑空　冥頑虛空。

【語　譯】寒冷的油燈沒有光焰，破舊的皮衣不能保溫，這種生活，只是在虛度光陰。身體像乾枯的樹木，心靈像熄滅的灰燼，這樣修行，不免落入了冥頑虛空。

【評　析】佛門有「四大皆空」之說。所謂「四大」，是指地、水、風、火。地為骨肉，水為血液，火為體溫，風為呼吸，由此四者「結而成身」。從緣起的角度而言，「四大」的和合積聚，只不過是暫時的，因為緣散則離，其性非有，本來只是一個虛幻的影像而已。因此，佛學主張，人應當排除我執，棄絕物欲，達到「心空」之境。但一個人清心寡欲，看淡世間的利益紛爭固然不錯，如果一味空寂，身如槁木，心似死灰，對世事沒有任何熱情，對未來不抱任何希望，則不免陷入了「空」的誤區。這樣的人與行屍走肉有何區別？於社會、於他人又有何益處？

一五、得休便休　得了便了

人肯當下❶休，便當下了。若要尋個歇處，則婚嫁雖完，事亦不少。僧道❷雖好，心亦不了。前人云：「如今休去便休去，若覓了時無了時。」見之卓❸矣！

【注釋】❶當下　即時；即刻。❷僧道　指和尚和道士。❸卓　卓越；高明。

【語譯】一個人肯即時罷手，便能即時了結。如果想要找個休息的地方，就算完了男婚女嫁，婚後的事情仍然不少。和尚道士雖然很好，他們的心也還未了結。古人說：「現在能罷休就趕緊罷休，倘若想等一個了結的好機會，永遠也不能了結。」這真是高明的見解啊！

【評析】古語云：「當斷不斷，反受其亂。」鴻門宴上，項羽懷婦人之仁，放虎歸山，留下了日後兵敗身死之患；建文帝不拘朱棣，釀成了「靖難之役」。所以，欲成大事者絕不可以纏綿徬徨，猶豫不決。遇事當機立斷，才不至於坐失良機。

當然，果斷的決定必須建立在對事物清醒的認識的基礎之上。審時度勢，因勢利導，激流勇退，見好即收，拿得起放得下，這樣的人才能有大的作為。

一六、熱處無益　閒中有味

從冷視熱，然後知熱處之奔馳無益；從冗❶入閒，然後覺閒中之滋味最長。

【注　釋】❶冗　繁忙；煩瑣。

【語　譯】冷眼旁觀那些熱中於名利的人，才發現名利場中的奔波忙碌毫無益處；從繁忙瑣雜的環境回到清靜閒適的生活，才發覺安逸悠閒的生活趣味盎然。

【評　析】功業和名利閃著五彩的光環，特別對初涉世事的年輕人來說，有著迷人的誘惑力。但人們從名利場中沉浮過後，便會體會到名利的虛幻與無聊。尤其是一個清高而正直的人，是很難適應名利場中那種逢迎拍馬、爾虞我詐、互相傾軋的風氣的，所以陶淵明才發出「少無適俗韻，性本愛丘山；誤入塵網中，一去三十年……久在樊籠裡，復得返自然」的感嘆。

一個人如果處在汙濁的環境之中而又不願與之同流合汙，不若及早退出來，老老實實地去做一點學問，切切實實地去辨一些實事。

一七、浮雲富貴　醉酒耽詩

有浮雲富貴之風❶，而不必岩棲穴處❷；無膏肓泉石之癖❸，而常自醉酒耽❹詩。

【注　釋】❶浮雲富貴之風　將富貴看作如同浮雲一般的品格。《論語・述而》：「不義而富且貴，於我如浮雲。」❷岩棲穴處　居住在深山洞穴之中，過隱居的生活。❸膏肓泉石之癖　喜愛泉水山石成癖，像病人病入膏肓那樣不可扭轉。❹耽　沉溺；入迷。

【語　譯】能把榮華富貴看作像天上的浮雲一樣，就不一定要去深山幽谷修養心性；對山林泉石並不喜愛成癖，可以經常飲飲酒賦賦詩。

【評　析】人往往注重於外在的形式而忽視其內在的實質，所以，沽名釣譽者、附庸風雅者、掛羊頭賣狗肉者，便有了其生存的空間。其實，一個人的影子是不能完全說明其本身的，而一個人只要自身正，也大可不必考慮影子會如何。若能視黃金如糞土、視富貴如浮雲，自然用不著像古代高士那樣岩棲穴居，刻意表現自己的澹泊；若是情操雅潔，那麼，不論是賦詩作文，還是飲酒賞月，都會感受到一種生活的情致，自然就不必總是在人面前喋喋不休地談論山水之樂、林泉之趣，以顯示自己的高雅脫俗。

一八、法空不纏　身心自在

競逐❶聽人❷，而不嫌盡醉；恬淡適己，而不誇獨醒❸。此釋氏❹所謂「不為法纏❺，不為空纏❻，身心兩自在」者。

【注　釋】❶競逐　競爭。這裡指追逐名利。❷聽人　聽任別人。❸獨醒　獨自清醒。屈原〈漁父〉：「舉世皆濁我獨清，眾人皆醉我獨醒。」❹釋氏　即釋迦牟尼。這裡作佛教解。❺法纏　梵語。為法所束縛。法，指事物及其現象。纏，束縛；困擾。❻空纏　為虛無之理所困擾。空，虛無。

【語　譯】聽任別人去追逐名利，而不必嫌惡世人都醉心於此；靜心恬淡以順應自己的本性，不必以獨自清醒而自我誇耀。這就是佛家所說的：「既不為萬物所束縛，又不被虛幻的空相所困擾，身體和心靈都安逸自在。」

【評　析】「舉世皆濁我獨清，眾人皆醉我獨醒」，是屈原在〈漁父〉一篇中發出的憤世嫉俗之嘆。漁父曾經勸他說：「聖人不凝滯於物，而能與世推移。世人皆濁，何不淈其泥而揚其波？眾人皆醉，何不餔其糟而歠其釃？何故深思高舉，自令放為？」但屈原終不願以身之察察，受物之汶汶，寧赴湘流，葬身魚腹。後世之人，懷念屈原，紀念屈原，是因為景仰他崇高的品行，而不是欣賞他自沉汨羅的做法。

與屈原相比，佛家開通得多。既然世上之人醉心於功名利祿，那就由他們去奔走競逐好了，何必去嗤笑他們的愚昧無知？等到他們在現實面前碰得頭破血流的時候，自然會看破紅塵，幡然醒悟；既然靜心恬淡是為了適應自己的本性，又何必去顯耀自己的清高脫俗，博取無聊的虛名呢？佛家所謂「不為法纏，不為空纏」，也就是不受外物和心欲的羈絆。能從這種羈絆中解脫出來的人，便是一個真正步入自由境地的人。

一九、廣狹長短　由於心念

延促❶由於一念，寬窄係之寸心❷。故機閒者❸一日遙於千古，意廣者斗室❹寬若兩間❺。

【注　釋】❶延促　謂時間長短。延，長。促，短。❷寸心　即心。心的大小約方寸，故稱。❸機閒者　指能把握時間忙中偷閒的人。❹斗室　形容房間狹小如斗。❺兩間　指天地之間。

【語　譯】時間的長短由於主觀的感受，空間的寬窄基於內心的體會。所以，能夠忙裡偷閒的人，一天長過千年；心胸曠達的人，一間小小的房子，會像天地那樣寬廣。

【評　析】《詩經》中說：「一日不見，如三秋兮。」一日何其長也！陶淵明卻說：「一生復能幾，倏如流電驚。」一生又何其短也！可見，時間的長與短，是與人的心理感受相聯繫的。

但從物理的概念上說，時間對每個人又都是平等的。人生百年，匆匆過客，時間實在太寶貴了。善於利用時間的人，一生可以做許多事情，他的生命的價值由此而得到延伸。而不善於利用時間的人，朝看水東流，暮看日西墜，蹉跎歲月，一事無成，年老之時，只能徒留傷悲。

同樣之理，房屋的大小、優劣也會因人的感情而異。唐劉禹錫〈陋室銘〉中說：「山不在高，有仙則名；水不在深，有龍則靈。斯是陋室，惟吾德馨。苔痕上階綠，草色入簾青；談笑有鴻儒，往來無白丁……」如此雅致的環境，如此脫俗的友人，加上主人高尚的品格，儘管是陋室，也勝過華堂美屋，所以說：「何陋之有！」

二〇、損之又損　忘無可忘

損之又損❶，栽花種竹，盡交還烏有先生❷；忘無可忘，焚香煮茗，總不問白衣童子❸。

【注　釋】❶損之又損　減少到最低限度。損，減少。老子《道德經》：「為學日益，為道日損，損之又損，以至無為。」❷烏有先生　謂虛幻中的人物。典出漢司馬相如〈子虛賦〉。為虛擬人名，意為無有其人。❸白衣童子　謂送酒的人。南朝宋檀道鸞《續晉陽秋・恭帝》：「王宏為江州刺史，陶潛九月九日無酒，於宅邊東籬下菊叢中摘盈把，坐其側。未幾，望見一白衣人至，乃刺史王宏送酒也。即便就酌而後歸。」

【語　譯】把欲望減少到最低的限度，平時只是栽花種竹，將一切煩惱都交還給烏有先生。忘掉不能忘記的事，每天燒香烹茶，即使有白衣童子送酒來，也不要問他是誰。

【評　析】對物質利益貪得無厭的追求，使人類社會充滿了紛爭和血腥。因此，道家主張師法自然，排除物欲，一心修行，以達到物我兩忘的境地。栽花種竹，焚香煮茗，讀讀詩書，做做學問，都可以使人的志趣得到淨化。孔子說：「發憤忘食，樂以忘憂，不知老之將至。」《論語・述而》便是這種忘我境界的寫照。

二一、知足則仙　善用則生

都來❶眼前事，知足者仙境，不知足者凡境；總出世上因，善用者生機❷，不善用者殺機。

【注　釋】❶都來　全部；所有。❷生機　充滿生命力。

【語　譯】對於眼前所有的現實，知道滿足的人有如身在仙境一樣；不知足的人，就無法擺脫得了塵世間的煩惱。事物總是由因緣和合而成，善於運用的人到處充滿生機，不善於運用的人則危機四伏。

【評　析】中國有句成語，叫「欲壑難填」，就是說，人的欲望是永遠不會有滿足的時候的。一個人不論地位多高，多麼富有，如果野心勃勃，貪得無厭的話，那就永遠只能是一個精神上的乞丐，也就永遠無法享受到生活的樂趣。而知足常樂的人，即使布衣素食，曲肱而枕，也是一個精神上的富有者。「事能知足心常愜，人到無求品自高」，人生不能遂意的事情很多，心胸開闊，隨遇而安，就能保持心靈的愉悅。從某種意義上說，這也就是最大的滿足。

二二、趨炎速禍　棲恬味長

趨炎附勢之禍，甚慘亦甚速；棲恬守逸❶之味，最淡亦最長。

【注　釋】❶棲恬守逸　靜心恬淡，保持安逸。

【語　譯】依附權勢的禍患，最淒慘又最迅速；恬淡安逸的味道，最平淡也最長久。

【評　析】從歷史上看，趨炎附勢、逢迎拍馬的人大多不會有好的結局。這是因為：一則，權門勢要猶如冰山，一遇春風化凍，便會消融，是不可能永遠靠得住的；二則，眾人趨利，相爭必烈，互相傾軋，免不了會鬥個魚死網破。和珅靠住了乾隆皇帝這座最大的靠山，似乎可以高枕無憂了。然而，一到乾隆駕崩，嘉慶皇帝掌權，便治了和珅的罪。而品行方正的人，不逐名利，具有澹泊的情懷，與人為善，過著樸實無華的生活，雖然平淡，卻能遠離災禍，安享永年。

二三、閒雲為友　明月為伴

松澗邊，攜杖獨行，立處雲生破衲❶；竹窗下，枕書高臥，覺時月侵寒氈❷。

【注　釋】❶衲　和尚穿的衣服。此指長袍。❷氈　用毛製造的毯子。

【語　譯】在長著松樹的溪水邊拄著手杖獨自行走，站立之處，雲氣從破舊的長袍之中飄蕩而出；在竹編的窗戶下枕著書本鼾然入睡，一覺醒來，月色照著身上的毛毯。

【評　析】松樹、澗水、雲霧、竹窗、詩書、明月，本則文字為我們展現了一幅充滿詩情畫意的生活畫卷。這是中國古代知識分子在嚴酷的社會現實面前碰壁之後，追求清新恬淡、與世無爭生活願望的象徵，帶有老莊哲學中清靜無為思想的色彩。

在競爭激烈的現代社會，閒雲野鶴般的生活作為緊張工作之餘的一種調劑未嘗不可，但若把它看作一種人生的理想和追求，消極遁世，一心尋覓自己的「世外桃源」，則並不可取。

因為外面的世界畢竟是豐富多彩的，特別是年輕人，更應該把自己的聰明與才智投入到多彩的生活中去。

二四、消除幻業　增長道心

色慾火熾❶，而一念及病時，便興似寒灰；名利飴❷甘，而一想到死地，便味如嚼蠟❸。故人常憂死慮病，亦可消幻業❹而長道心❺。

【注　釋】❶火熾　火勢熾盛貌。❷飴　飴糖。即麥芽熬成的糖漿。❸嚼蠟　咀嚼蠟丸。形容索然無味。❹幻業　虛幻之業，如功名利祿等。業，佛教語，梵文羯磨的意譯。佛教謂業由身、口、意三處發動，分善、不善、非善非不善三種，一般偏指惡業。❺道心　佛教語。謂悟道之心。南朝梁慧皎《高僧傳・義解四・釋道溫》：「義解足以析微，道心未易可測。」

【語　譯】當色慾如火一般熾熱時，只要一想到生病的痛苦，就會變得像冷卻的灰燼一樣；當功名利祿像飴糖一般甘甜誘人時，只要一想到死亡的情景，就會像咀嚼蠟丸一樣令人興趣索然。所以，人能夠經常憂慮到身老病死，也就能夠看破人生的虛幻，而增長進德修道之心。

【評　析】一個人在生病的時候，會壓抑自己的性欲，以有利於身體的康復。而在生命行將結束的時候，對於甘之如飴的功名利祿也會覺得味同嚼蠟，毫無興致。因為這些身外之物會隨著自己生命的消失而失去意義。所以，如果能夠經常想想身老病死時的情形，便會看淡人世間的種種利益之爭。歲月匆匆，人生何必汲汲營營，以有限的生命去追求那永遠不會滿足的功名、財富、聲色！能想通這一點，就能靜心恬淡地面對生活，切切實實地做一些對社會、對後人有益的事情。

二五、退步寬平　清淡悠久

爭先的徑路❶窄，退後一步，自寬平一步；濃豔❷的滋味短，清淡一分，自悠長一分。

【注　釋】❶徑路　小路。《周易・說卦傳》：「艮為山，為徑路。」孔穎達疏：「為徑路，取其山雖高，有澗道也。」引申為處世行事的途徑。❷濃豔　豔麗；華美。引申為生活奢華。

【語　譯】爭強好勝的路徑很狹窄，退後一步，自然寬闊平坦一步；濃麗華美的滋味很短暫，清淡一分，自然滋味悠長一分。

【評　析】爭強好勝是人之常情，但要分清時機和場合。在賽場上拚搏，在學習和工作中爭先，可以激發人的鬥志，鞭策人不斷前進。但在名利場中卻不宜爭先。試想，如果人人爭名，個個趨利，一個個像鬥雞似的，恨不得我吃了你、你吃了我，那麼，社會將會變得何等險惡！

生活之路將會變得何等狹窄！常言道「得饒人處且饒人」、「與人方便，自己方便」、「讓一分風平浪靜，退一步海闊天空」，這些都是生活的經驗之談，也是一個有修養的人應該具備的品質。

二六、修養定靜　心性不亂

忙處不亂性❶，須閒處心神❷養得清❸；死時不動心❹，須生時事物看得破。

【注　釋】❶性　本性。這裡指人的性情、脾氣。❷心神　謂精神。❸清　謂沖和之氣、和靜之氣。《荀子・解蔽》：「故道之以禮，養之以清。」楊倞注：「清，謂沖和之氣。」《淮南子・原道》：「聖人守清道而抱雌節。」高誘注：「清，和靜也。」❹不動心　謂鎮定而不畏懼。《孟子・公孫丑上》：「我四十不動心。」注：「言四十彊而仕，我志氣已定，不妄動心有所畏也。」

【語　譯】要在繁忙時冷靜不慌亂，必須在平時培養和靜清明的精神；要面對死亡時能鎮定不畏懼，必須在平日就將一切看破。

【評　析】「臨淵羨魚，不如退而結網」，一個人要想在動蕩不寧的環境和生與死的考驗面前鎮定自若，就必須在平時加強道德品質與情操方面的修養，樹立起正確的人生觀。孔子說：

「三十而立，四十而不惑，五十而知天命……。」《論語・為政》又說：「朝聞道，夕死可矣。」《論語・里仁》孟子說：「我四十不動心。」《孟子・公孫丑上》都說明了一個人只有經過長期的磨鍊之後，才會對人生有比較透徹的領悟，才會有比較成熟的思想和獨立的見解，不為形勢所左右。在我們民族的歷史上，多少志士仁人正是這樣通過平時的努力，鑄成了他們優秀的品格。在關鍵的時刻，他們就能臨危不懼、大義凜然，譜寫壯麗的人生篇章。文天祥〈過零丁洋〉詩云：「人生自古誰無死，留取丹心照汗青。」便是這種精神的寫照。

二七、隱無榮辱　道無炎涼

隱逸林中無榮辱，道義❶路上無炎涼❷。

【注釋】❶道義　道德義理。❷炎涼　比喻人情冷暖。炎，熱。涼，冷。

【語譯】在山林中隱居的人，沒有世間的榮辱之心；追求道德義理的人，沒有人際的人情冷暖。

【評析】道家主張返璞歸真、清靜無為，因此，在他們看來，塵世間的一切功名富貴、得失榮辱，都是毫無意義的，這是一種出世超脫的人生哲學。儒家則不然，主張入世，匡世濟民，講究的是世間法。在道義上，儒家提倡恩怨分明。曾有人問孔子：「以德報怨，何如？」孔子回答說：「何以報德？以直報怨，以德報德。」這便是儒家為人行事的原則。兩種學說，兩種不同的處世法，是中國哲學紛繁複雜、博大精深內涵的外在體現。

二八、除去惱愁　身涼心安

熱不必除，而除此熱惱❶，身常在清涼臺上；窮不可遣❷，而遣此窮愁❸，心常居安樂窩❹中。

【注　釋】❶熱惱　由於天熱而引起的煩躁不安的情緒。❷遣　排遣；消除。❸窮愁　窮困所起的愁苦。❹安樂窩　指舒適的處所。

【語　譯】不必設法消除炎熱，只要去除因熱而起的煩躁不寧，就會經常置身於清涼平臺上；不必設法排除貧窮，只要排除因貧窮而生的愁苦煩惱，心情就會經常處在安樂窩中。

【評　析】「望梅止渴」的典故是人們熟知的，它說明了人能夠通過心理作用調節對外界事物的感受。道家倡導意守，佛教主張坐禪，也都是通過凝神守意的心理過程來排除雜念，使人進入平和清淨的境界。在炎熱的季節，越是煩躁不寧，越是熱不可耐，靜下心來，卻能感到一絲涼意，這是常人都有的體驗。所以，禪宗稱：「安禪何必須山水，滅去心頭火亦涼。」人對物質的感受也是如此。物質追求達不到的時候，煩惱愁苦，不僅於事無補，並且有損心身；不如安貧樂道，自會感受到一番生活的情趣。宋邵雍有詩〈安樂窩中吟〉，錄此與讀者共賞：「安樂窩中春欲歸，春歸忍賦送春詩。春老雖難於復牽，夏初卻能有移就。飲酒莫教成酩酊，賞花慎勿至離披。人能得知此般事，焉有閒愁到兩眉？」

二九、進便思退　著先圖放

進步處便思退步，庶免❶觸藩❷之禍；著手時先圖放手，才脫騎虎之危❸。

【注　釋】❶庶免　希望免除。庶，希望；但願。❷觸藩　羝羊觸藩。比喻進退兩難。藩，竹籬笆。❸騎虎之危　騎在老虎身上，欲下不能。比喻一旦著手事物後，無法從危險中脫身。

【語　譯】順利的時候就先想好退路，才能避免陷入進退兩難的災禍；開始做一件事情的時候，就先想好怎樣罷手，才不致形成騎虎難下的危險。

【評　析】山羊性情莽撞好鬥，往往將犄角往竹籬笆上撞，被卡住後陷入進退兩難的境地。《周易》上解釋「大壯卦」說：「羝羊觸藩，不能退，不能遂。」其實，不獨山羊，人類社會中這種「觸藩」的現象也很普遍。范蠡在功成之後，駕一葉之扁舟，浮海而去。他寫信給大臣文種說：「飛鳥盡，良弓藏；狡兔死，走狗烹。你如果不及時離去的話，越王一定會加害於你。」文種不相信范蠡的話。後來，越王句踐果然派人送了一柄劍給文種說：「你曾經教我七條計謀攻打吳國，我用了其中的三條就滅了吳國。剩下的四條請你帶到陰間去，替越國的祖先向吳國的祖先報讎吧！」此時文種想退，卻沒有退路了。所以，一個人必須懂得居安思危、處進思退的道理。既要擒虎，就必須有擒虎的本領。如果沒有十足的把握，又想一搏，也必須想好從虎背上下來的方法，這樣才能在複雜的社會中安身立命，遊刃有餘。

三〇、貪富則貧　知足則富

貪得者，分金恨不得玉，封公❶怨不受❷侯，權豪自甘乞丐；知足者，藜羹❸旨❹於膏粱❺，布袍煖於狐貉❻，編民❼不讓王公。

【注釋】❶公　爵位名。古代爵分公、侯、伯、子、男五等，公為最高級。❷受　同「授」。授予。❸藜羹　藜葉燒製的湯。比喻粗劣的食物。藜，一種可供食用的野菜。❹旨　味美。《詩經・小雅・頍弁》：「爾酒既旨，爾殽既嘉。」❺膏粱　泛指美食。膏，油脂。粱，上等穀物。❻狐貉　狐貉皮衣。貉，一種貴重的毛皮獸，棲息在山林中，晝伏夜出。通稱貉子，也叫狸。❼編民　編列於戶籍上的百姓，即平民。

【語譯】貪得無厭的人，給了他金銀，他還怨恨沒有美玉，封他為公，他還怨恨沒有封他為侯。他們身為權貴豪富，其行為已自甘淪為乞丐一樣。知足常樂的人，喝著野菜湯，也覺得比山珍海味還要鮮美；穿著粗布衣服，也感到比狐貉皮製成的大衣還要溫暖。他們身為平民百姓，精神上的富足卻不輸王侯。

【評　析】五代後晉時有個節度使名叫潘環，到處搜刮錢財。一次，他手下一牙將犯了一點小過失，怕受責罰，便託人送給他兩錠鍬腳銀子。潘不滿足，說：「鍬本幾腳？」來人回答：「三腳。」潘又說：「今兩腳能成鍬乎？」於是，牙將只好又添上了一錠。潘也因此得到一個綽號「潘鍬腳」。（《舊五代史》卷九四）可見，得寸進尺，得隴望蜀，是古今貪婪之輩的通病，而一旦陷入這樣的泥淖，便成了財富的奴隸，雖為富豪，形同乞丐。而具有高尚情操的人，粗衣疏食，安貧樂道，他們追求的是道德修養和文章事業。也許，他們得為此而清貧一生，但在精神上，他們永遠是充實而滿足的。

三一、逃名有趣　省事能閒

矜名❶不若逃名趣，練事❷何如省事閒？

【注　釋】❶矜名　誇耀名聲。❷練事　熟諳世事。

【語　譯】誇耀名聲不如逃避名聲來得有趣；熟諳世事怎如無所事事來得悠閒？

【評　析】不慕名利，不求財富，無為出世，是老莊哲學的基本思想。《莊子・列禦寇》中說：

「巧者勞而知者憂，無能者無所求，飽食而遨遊，汎若不繫之舟。」中國古代的知識分子，在經受過挫折之後，往往退居山林，修心養性，過起了不問人世間事的隱者生活，以求得心靈的平靜。這種消極遁世的做法，無疑是對物欲橫流的社會的一種蔑視和抗議，昭示了人清高脫俗的一面，但它與儒家所提倡的積極入世、建功立業、匡世濟民的思想是相違悖的。

「矜名不若逃名趣」，不顯耀自己的才華學識，即所謂「君子盛德，容貌若愚」，既是一個人涵養的體現，也是複雜社會中韜光養晦之計，自然是一種明智的做法。但若認為「練事何如省事閒」，則不免墜入虛無之中了。人既然來到這個世界上，就要熟悉這個世界、認識這個世界、改造這個世界，並在這一過程中發揮自己的才智，實現人生的價值，怎麼能無所事事、碌碌無為呢？

三二、超越喧寂　悠然自適

嗜寂者❶，觀白雲幽石而通玄❷；趨榮者❸，見清歌妙舞而忘倦。唯自得❹之士，無喧寂，無榮枯❺，無往非自適之天。

【注釋】❶嗜寂者　特別喜愛清靜的人。❷通玄　通曉玄妙之理。唐戴叔倫〈暉上人獨坐亭〉：「性空長入定，心悟自通玄。」❸趨榮者　追求榮華的人。❹自得　自己感到舒適。三國魏嵇康〈與山巨源絕交書〉：「所謂達能兼善而不渝，窮則自得而無悶。以此觀之，故堯舜之君世，許由之巖棲，子房之佐漢，接輿之行歌，其揆一也。」❺榮枯　喻人世的盛衰、窮達。

【語譯】嗜好清靜的人，看看白雲幽石，便能領悟玄妙的道理；追求榮華的人，聽到清脆的歌聲，看到美妙的舞蹈，便會樂此而不倦。只有怡然自得的人，不受喧譁和寂寞的影響，沒有盛衰窮達的牽掛，所到之處，無不是悠遊自在的天地。

【評析】老子說：「五色令人目盲，五音令人耳聾，五味令人口爽，馳騁畋獵令人心發狂，難得之貨令人行妨。是以聖人為腹不為目，故去彼取此。」（《老子》十二章）這段話的意思是：過分沉溺於物質上的享受，會使人視而不見，聽而不聞，食而不知其味，心神不定，道德淪喪。所以，聖人只求溫飽，不求享樂，寧可拋棄紛繁奢華的物質生活，而保持心靈的純潔與寧靜。

在現代社會，過分地嗜好清靜寂寞，似可不必，但保持一種澹泊的情懷倒是十分需要的。因為只有這樣，才能在五光十色的物質財富和蠱惑人心的權勢利益面前泰然處之，不為環境所左右，不為物欲所羈絆，完善自己獨立的人品。

三三、去留不係　靜躁不干

孤雲出岫❶，去留一無所係❷；朗鏡❸懸空，靜躁兩不相干。

【注釋】❶孤雲出岫　一朵浮雲從山峰間騰起。陶淵明〈咏貧士〉詩：「萬族各有託，孤雲獨無依。」李善注：「孤雲，喻貧士也。」岫，峰巒。陶淵明〈歸去來兮辭〉：「雲無心以出岫，鳥倦飛而知還。」❷係　牽掛。❸朗鏡　喻明月。

【語譯】一片白雲從群峰中浮起，來去自在，毫無牽掛；一輪月高掛天空，人世間的寧靜或喧囂都與之毫不相關。

【評析】人生活在世界上，會受到各方面的牽制和約束，這種牽制和約束來自道德觀念、經濟法律、宗教信仰等各個方面。因此，要像莊子所說的那樣，無拘無束，無牽無掛，「飽食而遨遊，汎若不繫之舟」（《莊子・列禦寇》），是很難實現的。人不能脫離社會，必須適應社會，才能生存和發展。但人又不能被動地受制於社會、受制於客觀環境，尤其不能為自己的種種欲望所束縛。在這熙熙攘攘、五光十色的世界上，人必須不時地調整和平衡自己的心理，既正視現實，積極進取，又保持澹泊的情懷，不斤斤計較個人的利害得失。如果說人要在社會中求得某種自由的話，這便是一種自由的境界。

三四、濃處味短　淡中趣真

悠長之趣，不得於醲釅❶，而得於啜菽飲水❷；惆悵❸之懷，不生於枯寂，而生於品竹調絲❹。固知濃處味常短，淡中趣獨真也。

【注　釋】❶醲釅　指味道醇厚濃烈。❷啜菽飲水　比喻清淡的生活。啜，吃。菽，豆的總稱。《禮記・檀弓下》：「孔子曰：『啜菽飲水，盡其歡，斯之謂孝。』」❸惆悵　愁悶；傷感。❹品竹調絲　泛指吹彈管弦樂器。竹，指管樂器。絲，指弦樂器。元張壽卿《紅梨花》第四折：「往常我樽前歌宛轉，席上舞蹁躚；生疏了品竹調絲，不承望侍歡宴。」

【語　譯】悠長的趣味，並非得之於醇厚濃烈的美酒佳肴，而得之於粗茶淡飯的生活；愁苦淒愴的情懷，並非產生於寂寞孤獨之中，而來自管弦歌舞的歡樂之後。由此可知，從濃烈中獲得的趣味常是短暫的，而清淡中的情趣顯得格外真實。

【評　析】子路曾經很傷感地對孔子說：「傷哉貧也！生無以為養，死無以為禮也！」孔子教誨他說：「啜菽飲水，盡其歡，斯謂之孝。」（《禮記・檀弓下》）孔子談的是如何盡孝道，但也說明了一個道理，人的生活情趣的高下有無，並不在於物質財富的多寡，而在於精神世界是否充實。追求物質享受的人，沉溺於醇酒美食、管弦歌舞、紙醉金迷之中，但酒醒舞罷之後，留下的是精神的空虛和莫名的惆悵，因為人的欲望宛如溝壑，是永遠也填不滿的。而清貧的生活，有益於一個人志趣的培養。「衣不求華、食不厭蔬」的人，才會將他們的精力集中於事業之上，從而感受到精神上的富足。只有這種感覺，才是最為真切，最為悠長的。

三五、有意反遠　無心自近

禪宗❶曰：「飢來吃飯倦來眠。」詩旨❷曰：「眼前景致口頭語。」蓋極高寓於極平，至難出於至易；有意者反遠，無心者自近也。

【注　釋】❶禪宗　佛教的一個教派，又名佛心宗或心宗，以印度菩提達摩為初祖。流傳中國，分為北方神秀的漸悟說和南方慧能的頓悟說兩宗。❷詩旨　作詩的要旨、要訣。

【語　譯】禪宗說：「餓了吃飯，倦了睡覺。」詩旨說：「眼前的景致，口頭的語言。」因為最深奧的道理，都包含在最平常的事物裡面；最困難的事情，可以用最容易的方法處理。刻意求取的人，反而離目標越遠，任其自然的人，更容易達到理想。

【評　析】明代王陽明詩云：「飢來吃飯倦來眠，只此修去玄更玄。說與世人渾不信，卻由身外覓神仙。」世界上的許多事情原本是十分簡單的，但一到專家學者手中，就變得艱澀難懂。於是，學問越做越深，道理越講越玄，凡夫俗子除了頂禮膜拜、洗耳恭聽之外，是沒有發言權的。其實，最高深的道理，就蘊涵在最普通的事物之中，就像金子埋藏在沙粒中一樣。趙州和尚曾請教南泉和尚：「如何是道？」南泉回答說：「平常心是道。」又說：「擬向就錯。」趙州和尚由此而悟。參禪悟道如此，賦詩作文如此，做一切事情都是如此，只要你走入那個圈子，就會發現，一切都是平平常常的。只要你順其自然，不三心二意，左顧右盼，就可以登堂入室。

三六、處喧見寂　出有入無

水流而境無聲，得處喧❶見寂之趣；山高而雲不礙，悟出有入無之機❷。

【注　釋】❶處喧　置身於喧鬧熱烈中。❷機　事物變化之所由。《莊子．至樂》：「萬物皆出於機，皆入於機。」疏：「機者，發動，所謂造化也。」

【語　譯】流水淙淙，而周遭一片寧靜，這就是鬧中取靜的真趣；高山聳立，而浮雲來去無礙，可以領悟從有入無的機由。

【評　析】「有」和「無」的概念出自老子《道德經》，其第二章云：「有無之相生。」這裡的「有」指的是具體的實體的存在，「無」指的是抽象的形而上的虛無境界。孔子也曾說過：魚爭相投水，人爭相求道。魚相忘於江湖裡，人相忘於道術中。（《莊子．大宗師》）常居水邊而不聞水流之聲，身居鬧市而心澄意凝，不為喧囂嘈雜的環境所擾，便是一種「無我」的境界。一個人如果能加強自身修養，專心致志於自己的事業和追求之中，是會領悟到人生這種

「出有入無」境界的玄機妙趣的。

三七、心無戀染　仙都樂境

山林是勝地❶，一營戀❷便成市朝❸；書畫是雅事，一貪癡便成商賈❹。蓋心無染著❺，欲界是仙都；心有係戀，樂境成苦海矣。

【注釋】❶勝地　風景優美的地方。❷營戀　沉迷留戀。❸市朝　市場和朝廷。這裡偏指「市」，謂集市、市場。❹商賈　商人；生意人。古代商指行商，賈指坐商，故有「行商坐賈」之謂。❺染著　沾染。

【語譯】山林本來是風景優美之地，一旦沉迷留戀，便成了喧囂的街市；書畫本來是高雅的藝術，一旦貪心癡迷，便會染上市儈氣息。這就是說，如果心無所沾染，即使置身於人欲橫流的環境中，也會像在仙境一般；如果內心有所掛戀，即使處在快樂世界，也會像在苦海中一樣。

【評析】山林之美，美在幽靜天然。溪水淙淙，松風撲面，鳥語蟲鳴，野花爛漫，給人以滌胸蕩懷之感。但若構築裝飾點綴人為景點，喧囂聲不絕於耳，便與吵雜的集市無異。可惜，文明社會發展到今天，能保持自然風貌的「勝地」已不多見。秀如峨嵋，幽若青城，亦在劫難逃。潑墨揮毫、賞品書畫，本是文人雅事，但若過分貪癡，乃至四處搜購，待價而沽，便成了古董商人。只是當今由書畫而發跡的已為數不少。可見，雅與俗並不完全取決於客觀事物本身，人的主觀態度起著關鍵的作用。《維摩經》中說：「心靜則佛土也靜。」人如果能破除對物質利益的執迷，便能進入高雅的境界。相反，如果為貪欲所纏，那麼，雅事也就會變得俗不可耐。而人一旦心有係戀，便落入了佛家所說的「所欲不得」的苦海之中。

三八、喧雜則昏　清寧則明

時當喧雜，則平日所記憶者，皆漫然忘去；境在清寧，則夙昔❶所遺忘者，又恍爾❷現前。可見靜躁稍分，昏明頓異也。

【注　釋】❶夙昔　從前。❷恍爾　恍然；忽然。

【語　譯】在喧囂嘈雜的環境中，平時所記得的事物，會忘得一乾二淨；在清靜安寧的氛圍裡，從前所遺忘的事物，又會突然浮現在眼前。可見只要稍有浮躁與寧靜的分別，人心的昏昧與明朗便會頓時不同。

【評　析】環境對人情緒的影響是很大的。喧鬧雜亂的場所使人心浮意躁，難以集中注意，而寧靜優雅的環境使人頭腦清楚，思慮澄澈。所以，古人云「寧靜以致遠」。但一個人生活工作的環境往往不能完全由自己選擇，因此，努力適應環境，控制自己情緒的波動，是十分重要的。《荀子・勸學》說：「螾無爪牙之利、筋骨之強，上食埃土，下飲黃泉，用心一也。蟹六跪而二螯，非蛇蟺之穴無可寄託者，用心躁也。是故無冥冥之志者，無昭昭之明；無惽惽之事者，無赫赫之功。」拂意則憂，順意則喜，志得則揚，志阻則餒，是難以辨好事情的。只有在任何情況下都保持穩定的心態，不以物喜，不以己悲，沉著冷靜，理智果斷，才是事業成功的保證。

三九、臥雪眠雲　絕俗超塵

蘆花被❶下，臥雪眠雲❷，保全得一窩夜氣❸；竹葉杯❹中，吟風弄月❺，躲離了萬丈紅塵❻。

【注　釋】❶蘆花被　用蘆葦花絮做成的被子，以喻粗劣。❷臥雪眠雲　比喻過著清高貧困的隱居生活。眠，伏臥。❸夜氣　夜間遠離人事後清明純淨的心境。❹竹葉杯　酒杯。竹葉，酒的別稱。❺吟風弄月　謂吟詩填詞。古代詩詞多以風花雪月等自然景物為題材，故稱。❻紅塵　熱鬧繁華之地。

【語　譯】蓋著蘆葦花絮製成的棉被，過著貧困的生活，尚能保持一點純淨之心；端起一杯美酒，賦詩填詞，可以避開塵世的喧囂嘈雜。

【評　析】提起遠離紅塵的隱居生活，人們會很自然地想到陶淵明。「採菊東籬下，悠然見南山」，「方宅十餘畝，草屋八九間。榆柳蔭後檐，桃李羅堂前。曖曖遠人村，依依墟里煙。狗吠深巷中，雞鳴桑樹顛」，詩人向我們展現的是一幅充滿悠閒恬淡情趣的鄉居畫卷。其實，在這畫卷的背後，何嘗不蘊含著詩人艱澀的苦楚呢？陶淵明隱居的真正原因仍然是仕途的失意和理想的破滅。只是陶淵明可貴就可貴在他的真切自然，義無反顧地歸去田園，保全了他高潔的人品，而不像歷史上的許多「隱士」那樣，一旦得了隱士之名，便已不隱了。更有甚者，以終南為捷徑，可謂名利雙收，聰明之至。

四〇、濃不勝淡　俗不如雅

袞冕❶行中，著一藜杖❷的山人❸，便增一段高風；漁樵路上，著一袞衣的朝士❹，轉添許多俗氣。固知濃不勝淡，俗不如雅也。

【注釋】❶袞冕　袞衣和冠冕。古代帝王及大夫的禮服和禮帽。此處代稱達官貴人。❷藜杖　用藜的老莖做的手杖。藜，一種草本植物，嫩葉可食。明徐復祚《投梭記・敘飲》：「藜杖西山且挾書，蹉跎光景徂。」❸山人　山居之人。指隱士。❹朝士　朝廷官員。

【語譯】在達官貴人的行列之中，出現一位手持藜杖的山野隱士，便會增添一番高雅的風韻；在漁人樵夫往來的道路之上，如果加入一個身穿華麗朝服的官員，反而增加了許多俗氣。

所以說，濃豔比不上清淡，庸俗不如高雅。

【評　析】出世與入世，為官與為民，一直是讀書人關注的論題。在清流之士眼裡，一為官便是俗，一入山便成清，有點絕對化的味道。其實，不論是當官的還是隱居的，有雅士也有庸材，是不能一概而論的。只是由於中國的清官太少的緣故吧，官員在人們心目中的形象並不美好。明代後期，官場黑暗，吏治腐敗，民不聊生，作者作為一個清高的知識分子，對達官顯宦的鄙夷情緒流露無遺。「濃不勝淡，俗不如雅」，便是這種情緒的表現，充滿著哲理的意蘊，是很值得人玩味的。

四一、出世涉世　了心盡心

出世❶之道，即在涉世❷中，不必絕人以逃世；了心❸之功，即在盡心❹內，不必絕欲以灰心❺。

【注　釋】❶出世　佛家語。超脫人世。❷涉世　經歷世事。唐唐彥謙〈第三溪〉詩：「早知涉世真成夢，不棄山田春雨犁。」❸了心　佛家語。佛家以明心見性為了心，即了悟人生。❹盡心　以智慧擴張善良的本心。《孟子．盡心上》：「盡其心者，知其性也。」❺灰心　使內心枯寂。

【語　譯】超脫俗世的途徑，就在世間的磨鍊之中，不必與人隔絕、逃避現實；了悟人生的功夫，就在於以智慧擴張善良的本心，無須斷絕一切欲望而使內心枯寂冷漠。

【評析】相傳禪宗二祖慧可大師傳法於三祖僧璨大師後，即雲遊天下，四處說法。他「或入酒肆，或過屠門，或習街談，或隨廝役」，無拘無束。有人問他：「師是僧人，何故如是？」二祖說：「我自調心，關汝何事？」慧可的回答多少帶有一點詼諧詭辯的味道，但也不妨這樣理解：看待事物，應重在其本質而不是外在的形式。所以說，披著袈裟的未必是真佛，吟哦林間的也未必是高士。一個人如果一味地逃避現實，離群索居，彷佛不食人間煙火，結果只會被社會所拋棄。須知入世才能出世，盡心才能了心，只有面對嚴酷的現實，不斷地磨鍊，才能認識世界，認識人生，成就事業。

四二、身放閒處　心安靜中

此身常放在閒處，榮辱得失誰能差遣我？此心常安在靜中，是非利害誰能瞞昧❶我？

【注釋】❶瞞昧　欺騙；隱瞞。

【語譯】只要經常置身於閒適，榮辱得失怎能驅遣我？只要此心經常處在寧靜中，是非利害怎能瞞過我？

【評　析】佛家主張「六根清靜，一塵不染」。慧律法師就曾勸誡世人說：「榮辱紛紛在眼前，不如安分且隨緣。身貧少慮為清福，名重山丘長業冤。淡飯猶堪充一飽，錦衣哪得幾千年？世間最大惟生死，白玉黃金盡枉然。」其實，不獨佛家，道家也主張摒棄物質上的奢華，以保持精神上的寧靜。莊子在〈天地〉篇中談到：「失性有五」：一為五色亂目，使目不明；二為五聲亂耳，使耳不聰；三為五氣熏鼻，悶塞額竇；四為五味濁口，使口病傷；五為得失利害亂心，使人性情浮躁。此五者，擾亂了一個人正常的生活，使人陷入無法自拔的物欲的泥淖之中。

在當今物質文明高度發展的商品社會裡，摒棄物質文明，阻隔人與社會的廣泛聯繫，是不現實的。然而，看淡得失榮辱、是非利害，保持寧靜平和的心境，仍然是佛道學說留給今人的有益啟迪。

四三、雲中世界　靜裡乾坤

竹籬下，忽聞犬吠雞鳴，恍似雲中世界❶；芸窗❷中，雅聽蟬吟鴉噪，方知靜裡乾坤❸。

【注　釋】❶雲中世界　比喻仙境。❷芸窗　指書齋。芸，香草名。宋沈括《夢溪筆談・辨證一》：「古人藏書辟蠹用芸。」❸乾坤　即天地。

【語　譯】在竹籬笆下，忽然聽到狗叫雞啼，恍如置身於仙境；在書房裡，耳邊傳來蟬的低吟、鴉雀的鳴噪，這才領會到幽靜之中別有一番天地。

【評　析】此中的意境，出自陶淵明〈飲酒〉：「採菊東籬下，悠然見南山」，與〈歸園田居〉：「狗吠深巷中，雞鳴桑樹顛」。主人翁徜徉於竹籬之下，心無羈絆，悠閒自得，忽聞犬吠雞鳴之聲，將其從夢幻般的思緒中驚醒，這是從「無我」的境界進入「有我」。而那不住低吟的蟬聲和聒耳的鴉噪，卻不曾影響到靜坐書齋中的求學者，這又是從「有我」之境復歸於「無我」。禪機奧祕，只有情操高潔者才能領悟其中的玄妙。

自然景致與鄉居情趣在本則中交織成一幅充滿詩意的畫面，它的可貴之處，還在於能引起人哲理性的深思。

四四、不求榮達　無憂無畏

我不希榮，何憂乎利祿之香餌❶？我不競進❷，何畏乎仕宦之危機？

【注　釋】❶香餌　原指漁獵所用的誘餌，此處比喻引誘人上圈套的事物。三國魏嵇康〈答難養生論〉：「是以古之人，知酒肉為甘鴆，棄之如遺；識名位為香餌，逝而不顧。」❷競進　指追逐名利。

【語　譯】我不貪圖榮華富貴，何必擔心功名利祿的引誘呢？我不與人追逐名利，何必畏懼官場的危機呢？

【評　析】官場自古險惡，風雲變幻。李斯位至丞相，權勢榮華可謂達到了極點，但到頭來，想與兒子「復牽黃犬，俱出上蔡東門逐狡兔」，而不可再得。儘管如此，歷朝歷代，人們為了謀得一官半職，仍然競相奔走，趨之若鶩，朝服官帽的誘惑力實在太大了。然而，能在仕途上左右逢源，一路亨通的人畢竟是少數，大多數人在宦海中沉浮起伏，嘗盡了傾軋與失意的苦楚，尤其對尚存正義感且不願與黑暗勢力同流合汙的人來說，官場到處布滿了荊棘與陷阱，稍一不慎，便會成為權力之爭中的犧牲品。如果能看穿這紛紛擾擾的一切，走出名利場，將富貴榮華、高官厚祿看作如浮雲敝帚一般，就不會為名利所累，也毋庸擔心仕途上的風風雨雨，豈不自在？只是世上之人執迷不悟，因此，「香餌之下，必有死魚」，便成了歷史上屢見不鮮的現象。

四五、徜徉夷猶　借境調心

徜徉❶於山林泉石之間，而塵心❷漸息；夷猶❸於詩書圖畫之內，而俗氣潛消。故君子雖不玩物喪志，亦常借境調心❹。

【注　釋】❶徜徉　徘徊；往來。❷塵心　指凡俗之心，名利之念。唐白居易〈馮閣老處見與嚴郎中酬詩因戲贈絕句〉：「縱有舊游君莫憶，塵心起即墮人間。」❸夷猶　亦作「夷由」。從容自得的樣子。清阮元《小滄浪筆談》卷一：「少暇即放舟來讀書於此，或避暑竟日，或坐月終夜，筆牀茶竈，夷猶其間。」❹調心　調攝心性。漢陸賈《新語・慎微》：「如調心在己，背惡向善，不貪於財，不苟於利，分財取寬，服事取勞，此天下易知之道、易行之事也。」

【語　譯】優游於山林泉石之間，凡塵名利之心就會漸漸地止息；流連於詩文書畫之中，世俗之氣就會不知不覺地消失。所以，君子雖然不要沉溺於外物之中而喪失志氣，也要經常借助環境來調養心性。

【評　析】山水怡情，讀書明志。環境對人的影響是十分明顯的。柳宗元謫居永州，寫下了「漱滌萬物，牢籠百態」的八篇遊記，從山水之中尋得了精神的慰藉，達到「心凝形釋，與萬化冥合」的境界；范仲淹登臨岳陽樓，面對煙波浩淼的水面，「不以物喜，不以己悲」，寵辱皆忘，寫下了「先天下之憂而憂，後天下之樂而樂」的名句；蘇東坡忘情於山水之間，「一蓑煙雨任平生」，惟以適意為悅，「孰知得失之所在」，……顏之推則告誡世人：「積財千萬，無過讀書。」南宋大詩人陸游，一生坎坷，「讀書有味身忘老」，將他滿腔的愛國熱情都浸透在詩書之中。可見，清新自然的環境、充滿書卷氣的氛圍，可以培養一個人的氣質和情趣。所以，著者告訴我們，君子應當時常「借境調心」，陶冶自己的情趣，以摒棄世俗之氣。

四六、春日繁華　不若秋清

春日氣象繁華，令人心神駘蕩❶；不若秋日雲白風清，蘭芳❷桂馥❸，水天一色，上下空明❹，使人神骨❺俱清也。

【注　釋】❶駘蕩　舒緩蕩漾。南齊謝朓〈直中書省〉詩：「朋情以鬱陶，春物方駘蕩。」❷蘭芳　蘭草氣味芬芳。蘭指蘭草，非春日蘭花。❸桂馥　桂花的香氣。馥，香氣。❹空明　空曠澄淨。❺神骨　指精神和肉體。

【語　譯】春天繁華的景色，令人心神舒暢蕩漾。然而，比不上秋天，白雲悠悠，清風徐徐，蘭草芬芳，桂子飄香，水天一片，空曠澄澈，使人精神和身體都感到清爽。

【評　析】春天萬物萌生，百花璀璨，柳葉拂面，和風送暖，歷來是文人墨客歌詠的對象。秋天則不然，鴻雁南飛，草木搖落，白露為霜，給人以蕭條淒涼之感。杜甫詩云：「萬里悲秋常作客，百年多病獨登臺。」秋瑾則以「秋風秋雨愁煞人」七個大字作為自己就義前的絕筆。總之，提起秋天，人們便會將它與蕭瑟悲愴聯繫在一起。

然而，自然界有盛有衰，人有生有死，天地萬物都按照其固有的規律運行，領悟了這一點，我們就會對秋天有另一種認識。因為在氣象繁華的春色之後，秋天已經不遠。秋天雖然缺少春的嫵媚、夏的濃郁，但它雲白風清，水天空明，桂花飄香，金菊爭豔，別有一番景致。更可貴的是，秋天是一個豐收的季節——不論是對自然界還是對人生來說。經過春的耕耘，夏的灌澆，金秋迎來了沉甸甸的果實。當你登上絕頂，看到萬山紅遍，層林盡染的時候，便會感到秋色無限好，不似春光，勝似春光。難怪唐劉禹錫詩云：「自古逢秋悲寂寥，我言秋日勝春朝。晴空一鶴排雲上，便引詩情到碧霄。」（〈秋詞〉）

四七、詩家真趣　禪教玄機

一字不識而有詩意者，得詩家真趣；一偈❶不參而有禪味❷者，悟禪教玄機❸。

【注　釋】❶偈　佛經中的頌詞。梵語偈佗的簡稱。多用三言、四言、五言、六言、七言以至多言為句，四句合為一偈。❷禪味　指佛理的氣質。❸玄機　深奧微妙的道理。

【語　譯】一個字都不認識，卻饒有詩意的人，可以說是領會了詩的真正情趣；一句佛家偈語都不曾參研，卻充滿禪機的人，可以說是悟徹了禪宗的高深佛理。

【評　析】人對事物的感受、領會能力是各不相同的，這除了環境的影響，後天的教育諸因素外，遺傳的作用是至關重要的。就像有的人生來就能喝酒，而有的人一杯酒下肚臉就發紅。

初唐王勃，相傳六歲就能寫文章，九歲時就曾指出顏師古注解《漢書》的若干錯誤，這表明他對詩文特別的敏感。所以，古語云：「酒有別腸，詩有別才。」

禪宗六世祖慧能，相傳就是一個特別有悟性的人。年輕時，他在集市賣柴，聞人誦《金剛經》，羡慕不已，於是赴黃梅山謁師。弘忍法師初見慧能，對他說：「汝是嶺南人，又是獦獠（古代對南方少數民族的稱呼），何堪作佛？」慧能答道：「人雖有南北之分，佛性本無南北。獦獠身與和尚不同，佛性有何差別！」五祖弘忍聽完這番話，默識根性，知是法器。不久，弘忍法師擬傳位於人，便令眾僧各寫一首詩偈。神秀寫的是：「身是菩提樹，心如明鏡臺；時時勤拂拭，莫使有塵埃。」慧能在此基礎上稍改數字，便成了：「菩提本無樹，明鏡亦非臺；本來無一物，何處惹塵埃？」按照佛學的眼光，更加明心見性。於是，弘忍便將袈裟傳給了慧能。據說慧能不識字，但他認為「諸佛妙理，非關文字」，而直指見性之學，並在此基礎上建立了中國特有的宗風。

四八、機心生疑　念息見真

機動❶的，弓影疑為蛇蝎❷，寢石視為伏虎❸，此中渾是❹殺氣；念息的，石虎❺可作海鷗，蛙聲可當鼓吹❻，觸處俱見真機❼。

【注　釋】❶機動　機械發動。這裡指動心機。❷弓影疑為蛇蝎　誤將映在酒杯中的弓影認為是蛇和蝎子。典出《晉書・樂廣傳》。即「杯弓蛇影」意，比喻疑神疑鬼，自相驚唬。❸寢石視為伏虎　典出《漢書・李廣傳》。相傳李廣狩獵，夜色中，誤將一塊巨石當作老虎射之，箭沒石中。寢石，臥在地上的石頭。❹渾是　都是。❺石虎　石刻的老虎。❻蛙聲可當鼓吹　典出《南史・孔珪傳》，孔珪家門庭之內，雜草叢生，中有蛙鳴，人問之，珪回答說以蛙鳴當作兩部鼓吹曲聽之。鼓吹，原指軍中之樂，這裡泛指音樂。❼真機　玄妙的道理。

【語　譯】好動心機的人，會把映在酒杯中的弓影誤認為蛇和蝎子，把臥在草叢中的石頭看成伏在地上的老虎，念頭裡全是充滿危險的殺機。內心平和的人，遇見石刻的老虎，可以將其當作海鷗一般看待；聽到聒噪的蛙鳴聲，可以當作優美和諧的音樂來欣賞，在他看來，到處都充滿著玄妙之理。

【評　析】《列子・說符》中有這樣一則故事：有一人丟了一把斧頭，疑心是被鄰居家的兒子偷去了。不論是視其行步，察其臉色，還是聽其說話，都像是偷了斧頭的樣子。不久，這個人到山中鋤地，找到了那把丟失的斧頭，再看鄰居家兒子呢，一舉一動、一言一行，都不像是偷斧頭的樣子。這則寓言說明，好動心機的人，以狹隘的心胸、主觀的想像去看待事物，杯弓蛇影，疑心生鬼，必然歪曲事物的本來面目。反之，一個襟懷坦蕩的人，心地平和，以善良的眼光對待別人，化解矛盾，就能避免許多不必要的煩惱和糾葛，他心中的天地，就會永遠飄浮著五彩祥雲。

四九、來去自如　毀譽何妨

身如不繫之舟❶，一任流行坎止❷；心似既灰之木，何妨刀割香塗❸。

【注　釋】❶不繫之舟　不用繩索拴住的船。比喻自由自在。❷流行坎止　乘流而行，遇坎而止。語本《漢書・賈誼傳》：「乘流則逝，得坎則止。」顏師古注：「孟康曰：『《易》坎為險，遇險難而止也。』張晏曰：『謂夷易則仕，險難則隱也。』」坎，《周易》卦名，象徵險難，代表水。❸刀割香塗　比喻毀譽成敗。

【語　譯】身如沒有繩索繫絆的船，遇到水流而行，碰到險阻而止；心像已成灰燼的槁木，不論刀割香塗，都沒有任何影響。

【評　析】「不繫之舟」一詞典出《莊子・列禦寇》：「巧者勞而智者憂，無能者無所求，飽食而遨遊，汎若不繫之舟。」反映了道家去知、忘我、遺世獨立的思想。它啟示我們：一個人如能排除世俗的雜念，不受名利思想的羈絆，就能寵辱不驚，毀譽無動於心，達到一種「來去自如，融通自在」的境界。

五〇、憂喜取捨　形氣用事

人情聽鶯啼則喜，聞蛙鳴則厭，見花則思培之，遇草則欲去之，俱是以形氣用事❶。若以性天❷視之，何者非自鳴其天機❸，非自暢其生意❹也。

【注釋】❶形氣用事　以感情用事。形，指具體物象。氣，原指構成宇宙萬物最根本的物質，此指人的感情、情緒。❷性天　即天性。謂人得之於自然的本性。語本《禮記．中庸》：「天命之謂性。」❸天機　謂天賦之性。❹生意　生機；生命力。

【語　譯】人的常情，聽到鶯啼就愉悅，聽見蛙鳴就厭惡，看見花就想栽培澆水，見到草就想動手鏟除。這一切都是以自己的好惡來對待事物。倘若按照生物的天性來說，鶯啼蛙鳴，都是在抒發牠們的感情；花開草萌，都是在舒展各自的生機。

【評　析】自然界萬物都按照其本能繁衍生息，不論是鶯歌燕舞、花開花落，還是蛙鳴鴉噪，雜草蔓生，就其本身來說，都無善、惡、美、醜之分，只是人們常常以自己主觀的好惡來決定取捨。於是乎，翩翩起舞的蝴蝶得到人們的青睞，而蛇卻成了陰險、凶殘的象徵。其實，很多蝴蝶的幼蟲都是害蟲，而蛇卻是田鼠的天敵，對保護農作物以及維護生態平衡，都有重要的作用。

評判一個人也是如此，人們往往從衣著容貌、言談舉止等外在形式上的異同，來決定感情的趨向，而忽視對人內在精神的把握，這就叫做「以貌取人」。劉備初見龐統，持的就是這種態度。但龐統畢竟是龐統，他以自己獨特的方式，證明了自己的才幹，使劉備刮目相看。

五一、幻形彫謝　自性真如

髮落齒疏，任幻形❶之彫謝；鳥吟花咲❷，識自性之真如❸。

【注　釋】❶幻形　佛教語。虛幻的形體。佛教謂人的身軀由地、水、火、風假合而成，無實如幻，故曰幻形。❷咲　「笑」的古體。❸真如　佛家語。謂永恆不變的實體。《成唯識論》卷九：「真謂真實，顯非虛妄；如謂如常，表無變易。謂此真實，於一切位，常如其性，故曰真如。」

【語　譯】頭髮掉落，牙齒稀疏，不必在意這虛幻形體的衰謝；鳥兒啼鳴，花兒綻放，大可以從中領悟到本性的永恆不變。

【評　析】人的衰老是生理上的規律，當一個人走完了自己人生的旅途之後，便將生命的火種傳給了下一代，由此生生不息，綿延不絕，匯成人類歷史的長河。對此，大可不必傷感，不必嘆息，只要看一看我們生存的這個世界，花開花落，春去秋來，年復一年，就會有所頓悟。

倒是心理上的衰老應當引起人的重視。莊子說：「哀莫大於心死。」伍子胥一夜之間愁白了頭髮，就是精神上極度的悲哀所致。但在我們周圍，有些人剛剛步入不惑之年，就感嘆「人到中年萬事休」，精神頹靡，未老先衰。這些人不妨讀讀曹操的詩句：「老驥伏櫪，志在千里；烈士暮年，壯心不已。」（〈步出東西門行〉）人到老年，經驗豐富，事業有成，只要保持樂觀進取的精神，發揮自己的長處，做一些力所能及的事情，就能青春煥發，老當彌壯，鋪染出人生最絢麗的晚霞。

五二、欲心火熾　虛心寧靜

欲其中❶者，波沸寒潭；山林不見其寂；虛其中者，涼生酷暑，朝市❷不知其喧。

【注　釋】❶中　內心。❷朝市　原指朝廷與市集，這裡指熙熙攘攘的集市。

【語　譯】心有欲念的人，即使面對寒潭都覺波翻浪湧，即使身在山林，也感受不到寂靜；心無雜念的人，即使在炎熱的夏天，也會感到涼爽，即使身居鬧市，也不會覺得嘈雜。

【評　析】欲望是沒有止境的，一個人如果被私欲所纏，就會在欲路上無休止地奔波追逐，得不到片刻安寧，直至良知泯滅，墜入苦海。因此，佛經上說：「多欲為苦，生死疲勞從貪欲起。」（《佛遺教經》）又說：「若得五欲，當願眾生，拔除欲箭，究竟安穩。」（《華嚴經・淨行品》）人一旦被貪欲牽著鼻子，就宛如執炬逆風而行，必有燒手之患。心有求則苦，無欲則剛，摒棄欲念，便能慧燈高照，「涼生酷暑，朝市不知其喧」。在這一問題上，愛因斯坦的表白意味深長：「人們努力追求庸俗的目標——財產、虛榮、奢侈的生活，我總覺得是可鄙的，……但是也有不少人，他們不追求這些物質的東西，他們追求理想和真理，得到了內心的自由和安寧。」

五三、貧者無慮　賤者常安

多藏者厚亡❶，故知富不如貧之無慮；高步者❷疾顛❸，故知貴不如賤之常安。

【注　釋】❶厚亡　亡失很多。唐白居易〈閒坐看書貽諸少年〉詩：「多取終厚亡，疾驅必先墮。」❷高步者　謂地位尊貴的人。❸疾顛　急速顛覆、失敗。《國語・周語下》：「高位寔疾顛，厚味寔腊毒。」

【語　譯】錢財積聚得多的人，一旦失去也就多，所以倒不如貧窮的人無憂無慮；身居高位的人，往往跌下來也很快，所以倒不如平常人那樣平平安安。

【評析】窮有窮的難處，富也有富的困擾。積聚多的人，唯恐一朝失去，就得多一分警戒，多一分憂患。但正如莊子所云：為防備撬箱破櫃的小賊而加固鎖具，這是世俗的小聰明，因為大盜一來，背起箱櫃就走，還怕你鎖得不牢固而影響了搬運呢。因此，與其守著一堆白花花的黃白之物而整日戰戰兢兢，還不如身無餘物，心無所繫，過著儉樸的生活那樣安穩。

晉代張翰，見秋風起，便想起了家鄉吳中的茭白、蓴菜羹、鱸魚片，毅然掛冠回鄉，他追求的是平常人生活的那種舒適隨意，也因此得免於災禍。但世上總有那麼一些執迷不悟的人，他們拚命地積斂財富，謀取高官厚祿。須知，藏多亡厚，官高易墜。和珅為相二十年，貪縱營私。但乾隆一死，嘉慶皇帝就首先向他發難，籍沒家產，賜其自盡。據當時抄家的清冊，和珅的家產已達八萬萬兩之巨，比清廷十年財政收入的總和還要多。

五四、讀易曉窗　談經午案

讀《易》❶曉窗，丹砂❷研❸松間之露；談經❹午案，寶磬❺宣竹下之風。

【注釋】❶易　指《周易》，又稱《易經》。儒家經典之一。古代卜筮之書。❷丹砂　又稱硃砂。一種礦物，色深紅，古代道教徒用以化汞煉丹。中醫作藥用，亦可製作顏料。❸研　研磨。❹經　這裡指佛經。

❺磬　古代的一種樂器，以玉、石或金屬為材料，形狀如矩，敲打時發出清脆的音響。

【語　譯】黎明時分，坐在窗前閱讀《周易》，用松枝上滴下的清露來研磨硃砂；到了中午，坐在書桌旁誦讀佛經，竹林下的清風，將磬聲傳到遠方。

【評　析】這是一幅優雅的畫卷。你看，東方微明，讀《易》窗前，探究大自然的奧祕；亭午時分，手展書卷，口誦佛經，超然物外，不知人間得失榮辱。更有那松間之露、竹下之風，給人以雅潔的情愫。中國古代的知識分子，一旦仕途受挫，難以實現匡濟天下的抱負後，往往嚮往於一種超凡脫俗、讀書明心的寧靜生活。魏晉間的「七賢」，優游於竹林之下，以避政治上的迫害；陶淵明歸去田園，重返自然，不為五斗米折腰，……看起來這樣做似乎有點兒消極，但與那些奔走於形勢之途、汲汲於功名利祿的人相比，他們無疑是高尚的，是值得同情的。

五五、人為乏趣　天機自然

花居盆內終乏生機，鳥入籠中便減天趣❶。不若山間花鳥錯集成文❷，翱翔自若，自是悠然會心❸。

【注　釋】❶天趣　自然的情趣。❷錯集成文　形容山花交錯聚集，色彩斑斕。文，色彩交錯的樣子。《周易・繫辭下》：「物相雜，故曰文。」❸會心 內心領會。

【語 譯】花栽在盆裡，終究缺乏自然的生機，鳥關在籠中，就少了天然的情趣。不如山間的野花，錯落聚集，色彩斑斕；也不如天空中的飛鳥，自由翱翔，令人感到賞心悅目。

【評 析】動植物有其生存的自然環境，離開這種環境，將其強行納入人工設置的藩籬之中，成為人類的點綴品，也便扼殺了它們的天性。因此，清龔自珍〈病梅館記〉，為受世人擺布的盆景而悲哀，為人性的扭曲而浩嘆。陶淵明有詩云：「羈鳥戀舊林，池魚思故淵……久在樊籠裡，復得返自然。」人類淳樸的天性是最為可貴的，但往往由於人的欲望和偏見，使得天性傾側，這是可悲的事。比如說在教育孩子問題上，有些家長望子成龍，將孩子整日關在書房裡，拚命地學習，結果效果並不理想，這便是壓制了孩子活潑好動的天性。倒不如給孩子一定的時間和空間，因勢利導，讓他們在輕鬆自如的環境中發展自己的學習興趣，這樣也許更有利於他們健康成長。

五六、煩惱由我 嗜好自心

世人只緣❶認得「我」字太真，故多種種嗜好、種種煩惱❷。前人云：「不復知有我，安知物為貴？」又云：「知身不是我，煩惱更何侵？」

真破的❸之言也。

【注 釋】❶只緣 只因為。❷煩惱 佛家語。指身心為貪欲所困惑而產生的精神狀態。❸破的 本指射中目標，這裡指說話切中要害。的，箭靶的中心。

【語 譯】世俗之人只因為把自我看得太認真了，所以才產生種種嗜好和所欲不得的苦惱。古人說：「如果不再知道有我的存在，哪還知道身外之物是否貴重？」又說：「如果明白身體並不是屬於自己的，那麼，煩惱又怎麼能侵害我呢？」這真是切中要害的話啊！

【評 析】世俗之人將「我」看得太重，錢財、功名、地位、享樂，一切都以自我為中心，所謂「人不為己，天誅地滅」，便是他們的信條。罪惡由此而生，紛爭由此而起。歷史上的楊朱，「拔一毛而利天下，不為也」，便是他們理論上的代表。老子針對當時物欲橫流，戰伐不已的社會現狀，提出「知足」、「寡欲」、「無我」的主張。佛家則告誡人們：「身」是苦本，「我」為罪孽，功名財富，生不帶來，死不帶走，一切隨緣，能得自在，放下即得解脫。一個自私自利的人，時刻為自己打著算盤，難以有真正的朋友，難以有合作的伙伴，也難以在社會上立身處世。他們會為個人利益的不滿足而不斷地煩惱，墜入所欲不得的苦海之中。走出「小我」的誤區，匯入社會的「大我」之中，就會襟懷坦蕩，天地寬廣，進入又一番境界。

五七、以失意思　制得意念

自老視少，可以消奔馳角逐❶之心；自瘁視榮❷，可以絕紛華靡麗❸之念。

【注　釋】❶奔馳角逐　形容為著個人利益拚命地奔波爭奪。❷自瘁視榮　從衰敗之中看待榮華。瘁，毀敗；衰敗。❸紛華靡麗　豪華奢侈。

【語　譯】從垂暮之年回顧年少，就能夠消除爭權奪利的心思；經歷衰敗沒落再來看待榮華富貴，就可以棄絕追求豪華奢侈的念頭。

【評　析】無論是儒家提倡安貧樂道、貧賤不移，道家提倡知足無我、清心寡欲，還是佛家提倡四大皆空、六根清淨，都旨在告誡世人，不要為名利和財富而奔波競逐、執迷不悟。老年人經過數十年艱辛的探索，到頭來明白了一個道理，一切功名和財富都會隨著人的軀體的消亡而消亡，只有青山依舊在，幾度夕陽紅。因此，人何必汲汲於這些身外之物呢？而經歷過盛衰變遷的人，對於良辰易逝，盛景不長的規律會認識得比較深刻，因此而看淡榮華富貴。如果我們能以老年人的眼光、歷盛而衰者的心態來看待我們面前這個紛紛擾擾的大千世界，就會少一分貪婪和狂熱，多一分澹泊和寧靜。

五八、世態變化　萬事達觀

人情世態，倏忽❶萬端，不宜認得太真。堯夫❷云：「昔日所云我，而今卻是伊❸。不知今日我，又屬後來誰？」人常作是觀，便可解卻胸中罥❹矣。

【注　釋】❶倏忽　極快地。《淮南子·修務》：「倏忽變化，與物推移。」❷堯夫　即邵雍，字堯夫。宋代理學家。❸伊　他。❹罥　牽掛；纏繞。

【語　譯】人情冷暖，瞬息萬變，不要太過認真。宋儒邵雍說：「過去所說的我，如今卻變成了他；還不知道今天的我，到頭來會變成誰呢？」如果一個人能夠經常以這樣的觀點看待問題，就可以消除心中的一切牽掛了。

【評　析】人情反覆，世態炎涼，自古而然。清代初年，有個叫趙洞門的人，為御史大夫，拍馬逢迎之徒趨之若鶩，整日門庭若市。等到罷官歸里，卻只有幾個人來相送。不久，趙又官復原職，門前又像街市一般熱鬧。可見，趨炎附勢，這是世俗之人的常情。所以，當你春風得意、權勢炙手的時候，切勿相信那些笑容可掬的臉龐、優美動聽的話語；當你事業挫折、失意困頓的時候，也不必把世人的冷漠、勢利放在心頭。明白了這些，就能冷靜理智地對待周圍發生的一切。

五九、鬧中冷眼　冷處熱心

熱鬧中著一冷眼❶，便省許多苦心思；冷落處❷存一熱心，便得許多真趣味。

【注　釋】❶冷眼　用冷靜的眼光審察事物。❷冷落處　淒清寂寞的環境中。

【語　譯】在喧囂熱烈的環境中，如果能以冷靜的眼光看待事物，就可以省去許多不必要的煩惱；在淒清冷寂的環境中，仍然保持一顆熾烈進取之心，就可以得到許多真正的樂趣。

【評　析】天下沒有不散的筵席，沒有永遠轟轟烈烈的輝煌。熱鬧之後，留下的是莫名的淒清；熱鬧之中，也往往潛伏著危機。因此，一個人應以冷靜的目光審視生活中的喧囂熱烈、榮譽鮮花，這樣才能客觀地把握自己，避免蹉跎終身。

而人生失意時，卻不可灰心喪氣，豈不聞，「君子以自強不息」，「有志者，事竟成，破釜沉舟，百二秦關終屬楚；苦心人，天不負，臥薪嘗膽，三千越甲可吞吳。」（清蒲松齡〈國勉〉）正確地對待生活中的「熱」與「冷」，「著一冷眼」，「存一熱心」，這才是一種積極進取的人生。

六〇、事無絕對　安樂尋常

有一樂境界，就有一不樂的相對待；有一好光景，就有一不好的相乘除❶。只是尋常家飯，素位❷風光，才是個安樂的窩巢。

【注釋】❶相乘除　互相補償。❷素位　謂現在所處的地位。語出《禮記・中庸》：「君子素其位而行，不願乎其外。」孔穎達疏：「素，鄉也。鄉其所居之位而行其所行之事，不願行在位外之事。」

【語譯】有一個快樂的境界，就有一個不快樂的境界相對應；有一個美好的光景，就有一個不好的光景相抵消。只有平平常常地生活，做自己本職內的事情，才能保持安定快樂的生活。

【評析】古語云：「日中則移，月滿則虧，物盛則衰。」（《戰國策・秦策三》）任何事物都是相反相成、發展變化的，沒有永恆的盛況，也不存在永久的低落。在這個世界上，沒有人能把福分佔全。才學高的人，多一分名聲，少一分享樂；官位高的人，多一分熱烈，少一分閒適。要想多賺錢，就得四處奔波；要想將來有成，現在就得吃苦。……一樂必有一苦，一喜必有一悲，老天是絕對公平的。所以，不必去羨慕那些轟轟烈烈的輝煌，不必去追求那些登峰造極的至境。一個人，能夠拋棄不切實際的幻想，根據自己的實際情況，踏踏實實地做一些事情，雖然平平常常，但也會得到生活的樂趣。

六一、乾坤自在　物我兩忘

簾櫳❶高敞，看青山綠水吞吐雲煙，識乾坤❷之自在；竹樹扶疏❸，任乳燕鳴鳩❹送迎時序❺，知物我之兩忘。

【注釋】❶簾櫳　窗簾和窗牖。櫳，有格子的窗戶。❷乾坤　天地。❸扶疏　樹木繁茂紛披的樣子。❹乳燕鳴鳩　燕與鳩都是候鳥，春天北飛，秋季南飛。這裡代指春秋季節。❺時序　節候；時節。

【語譯】高高捲起竹簾，推開窗戶，看青山綠水之間，煙霧繚繞，才體驗到大自然的自由自在；修竹搖曳，樹木繁茂，乳燕迎來了溫暖的春天，鳴鳩送走了蕭瑟的秋日，感受到一種物我兩忘的境界。

【評析】《世說新語‧言語》記載：晉簡文帝入華林園，顧謂左右曰：「會心處不必在遠，翳然林水，便自有濠濮間想也，不覺鳥獸禽魚，自來親人。」簡文帝貴為天子，但一入風景之地，便會產生莊子在濠梁欣賞游魚和濮水垂鈞的樂趣，覺得鳥獸禽魚都像通人性似的，與人親近。普通老百姓自然沒有天子的福分，但在青山綠水之間，竹樹扶疏之中，看雲霧吞吐，炊煙縷縷，聽乳燕嗷嗷，鳩鳴聲聲，自會進入一種心曠神怡、物我兩忘的境界。在自然的懷抱裡，人的心靈容易變得純潔，人的思慮容易變得澄澈。然而，生活在現代都市中的人，早已告別了牧童短笛式的生活。推開窗戶，看見的是高樓大廈；所到之處，一片熱鬧嘈雜之聲。現代科技帶來了高度的物質文明，也帶來了環境的劣化和汙染。所以，在發展生產的同時，注意環境的美化，也是人類面臨的一個課題。

六二、生死成敗　一任自然

知成之必敗，則求成之心不必太堅；知生之必死，則保生之道不必過勞❶。

【注釋】❶勞　指花費心思。

【語譯】知道凡事有成功就有失敗，那麼追求成功的心就不必太堅強；知道有生就必然會有死，那麼，就不必為了延年益壽而過於費心。

【評析】自然規律是不可抗拒的。秦始皇翦滅六國，築長城，修馳道，建阿房宮，一心要建立秦王朝的萬世江山，然而殘暴不仁，多行不義，二世而斬。徐福奉命尋長生不老之藥，帶領三千童男童女，飄洋過海，一去不返，秦始皇卻暴死沙丘。所以，凡事要順應規律，因勢利導，而不可強求。明白了這個道理，我們才能客觀地對待生死成敗。做到既有追求，又不脫離實際，既重養生，又不溺於此道。毀譽不繫於心，生死置之度外，心胸開闊，風物長宜。

六三、流水落花　身心自在

古德❶云：「竹影掃堦塵不動，月輪穿沼水無痕。」❷吾儒❸云：「水流任急境常靜，花落雖頻意自閒。」人常持此意，以應事接物，身心何等自在！

【注　釋】❶古德　佛教徒對年高有道的高僧的尊稱。《景德傳燈錄‧諸方廣語》：「先賢古德，碩學高人，博達古今，洞明教綱。」❷竹影掃堦塵不動二句　此為唐代高僧雪峰語。月輪，即明月。沼，池水。❸吾儒　與古德相對。這裡稱某個儒家學者。

【語　譯】有位高僧說過這樣的話：「竹影在臺階上掠過，但臺階上的灰塵並未拂去；月光照射在池塘裡，清澈透底，但水面上並沒有留下任何痕跡。」儒家也說過：「雖然水流動得很急，但四周的環境仍然十分寧靜；花瓣雖然紛紛飄落，但人的意興依舊十分悠閒。」人如果能抱著這種態度來待人接物，處理世事，身心會何等舒適自在！

【評　析】傳說慧能法師來到南海，混在人叢中聽印宗講解經義。忽然，一陣狂風吹來，掀動了臺上的旗幡。一僧隨口說：「風把旗幡吹動了。」另一僧說：「明明是旗幡自己在動，怎麼能說是被風吹動了呢？」於是，兩個僧人各執一辭，爭論不休。慧能上前道：「兩位師父別爭了。且聽我說：眼前所爭，既非風動，也非幡動，而是你們自己的心在動。」眾僧聽到此言，十分驚訝，便恭恭敬敬地請慧能上座，請問佛法。這則故事說明了佛家的一種認識，即心是本體，只要守住本體，視外物如過客，就能不為欲動，保持六根清淨。儒家則認為，澹泊以明志，寧靜以致遠，一個人只有不受外物所擾，才能擔當起濟世救民的重任。

古人的這些見解，對於我們堅定自己的意念，矢志不移地追求人生的理想，不無啟迪作用。

六四、乾坤妙趣　天地文章

林間松韻❶，石上泉聲，靜裡聽來，識天地自然鳴佩❷；草際煙光❸，水心雲影，閒中觀去，見乾坤最上文章。

【注　釋】❶松韻　林中的松濤聲。❷鳴佩　古人腰間佩帶的玉飾，行走時互相撞擊，發出悅耳的響聲，故稱鳴佩。這裡指大自然的聲音。❸煙光　因煙霧而產生的迷離景象。

【語　譯】林間的松濤聲，石上的清泉聲，寧靜中側耳聆聽，可以領悟到大自然的美妙樂章。草木之間迷濛的煙霧，水中白雲的倒影，悠閒地觀賞這一切，就會發現天地間最優美的文章。

【評 析】大自然是與人相通的，孔子說：「智者樂水，仁者樂山。」《論語・雍也》晉簡文帝說：「會心處不必在遠，翳然林水，便自有濠濮間想也，不覺鳥獸禽魚，自來親人。」《世說新語・言語》宋歐陽修說：「醉翁之意不在酒，在乎山水之間也。山水之樂，得之心而寓之酒也。」〈醉翁亭記〉近人錢鍾書則說：人於山水，如「好美色」；山水於人，如「驚知己」，歷代文人墨客，寫下了無數優美動人的詩章。

而世俗之人，但知琴瑟管弦為樂，卻不知濤濤松聲、淙淙泉鳴，乃是自然界氣勢恢宏的樂章；但知筆墨字句為文章，卻不知草際煙光、水心雲影，乃是天造地設的最瑰麗多彩的手筆。本則從常見的自然景致入手，上昇到一種理性的思索，給人以無盡的遐想。

六五、猛獸易服 人心難制

眼看西晉之荊榛❶，猶矜白刃❷；身屬北邙❸之狐兔，尚惜黃金。語云：「猛獸易伏，人心難降；谿壑易填，人心難滿。」信哉！

【注 釋】❶西晉之荊榛 典出《晉書・索靖傳》：索靖有遠量，知天下將亂，指洛陽宮前銅駝曰：「會見汝在荊棘中耳！」荊榛，泛指叢生灌木，形容荒涼景象。❷矜白刃 誇耀兵器精良。矜，誇大。白刃，指兵器。❸北邙 在洛陽北面，自漢代起便為著名的墓地。唐沈佺期〈邙山〉詩云：「北邙山上列墳塋，萬古千秋對洛城。城中日夕歌聲起，山上唯聞松濤聲。」

【語　譯】眼看西晉的洛陽皇宮掩沒在灌木草叢之中，還有人在炫耀他的兵器精良；軀體已經葬進了北邙山上的墓地，成為狐狸和野兔的食物，尚且捨不得金銀錢財。古語說：「凶猛的野獸容易制伏，人心卻難以制伏；谿流和峽谷容易填平，人心卻難以滿足。」這確是警世之言啊！

【評　析】西晉歷時不長，但窮奢極侈、爭豪鬥富的現象在歷史上是有名的。統治階層的腐敗，加劇了內外矛盾，引發了八王之亂、五胡入據。有識之士早就看到了這種衰微的跡象，故而有「荊棘銅駝」之嘆。然而，人心不足，欲壑難填。儘管舊都傾圮，雜草叢生，一片荒涼；儘管身入邙山，化作孤魂野鬼，成為狐兔的口中之物，人們仍然不停地廝殺爭鬥，不停地攫取掠奪，以致重蹈覆轍。由此可以看出，加強自身的修養，從歷史中汲取經驗教訓，是何等的重要！

六六、心地平靜　青山綠水

心地上無風濤，隨在皆青山綠樹；性天❶中有化育❷，觸處見魚躍鳶❸飛。

【注釋】❶性天　謂天性、本性。❷化育　本指自然界生成萬物，此指培育善良的德行。《禮記．中庸》：「能盡物之性則可以贊天地之化育，可以贊天地之化育則可以與天地參矣。」❸鳶　鷙鳥名。俗稱老鷹。《詩經．大雅．旱麓》：「鳶飛戾天，魚躍於淵。」

【語譯】心中平靜不起波瀾，所到之處感覺到的都是青山綠樹；保持並涵養本性中的善良德性，隨時都可以看到魚兒躍出水面，雄鷹翱翔藍天的祥和景象。

【評析】人們大都有這樣的體驗，當心情愉快的時候，周圍充滿著溫馨祥和的氣氛；當情緒低落的時候，遇到的一切都不順心。其實，外界的環境並沒有多大改變，只是人的主觀意念發生了作用。宋代畫家宗炳提出「澄懷味象」的主張。所謂「澄懷」，就是莊子所說的虛靜之心；所謂「味象」，就是對大自然作美的觀照。惟有「澄懷」才能「味象」。宗炳談的是美學理論上的問題，但同樣適合於對人生的理解。一個人如果襟懷坦蕩、心地澄澈，帶著和善的眼光去看待周圍的世界，就會覺得生活中山青水秀、魚躍鳶飛，處處充滿明媚的陽光。

六七、自適其性　宜若平民

峨冠大帶❶之士，一旦睹輕蓑小笠❷，飄飄然逸也，未必不動其咨嗟❸；長筵廣席❹之豪，一旦遇疏簾淨几，悠悠焉靜也，未必不增其綣戀❺。人奈何驅以火牛❻，誘以風馬❼，而不思自適其性哉？

【注　釋】❶峨冠大帶　高冠和闊衣帶。古代士大夫的裝束。峨，高。❷輕蓑小笠　蓑衣竹笠。平民和隱居者的服裝。❸咨嗟　嘆息。❹長筵廣席　形容宴席奢侈豪華，場面壯觀。❺綣戀　依戀。❻火牛　即火牛陣。古代作戰時，將牛的雙角縛上兵刃，尾部束葦灌脂，焚之使衝殺敵軍。齊將田單曾以火牛破燕軍。❼風馬　猶言風馬牛不相及，比喻毫不相干的事。《左傳・僖公四年》：「君處北海，寡人處南海，唯是風馬牛不相及也。」孔穎達疏引服虔曰：「牝牡相誘謂之風，……言此事不相及，故以取喻不相干也。」

【語　譯】頭戴高帽，身著寬衣大帶的士大夫，一旦看見肩披蓑衣、頭戴竹笠的漁夫村民無憂無慮、怡然自得的樣子，未嘗不會發出感嘆。生活奢靡宴請不斷的豪門巨富，偶爾看見陳設簡樸的茅舍中，窗明几淨，悠然清靜，未必不對此產生一種眷戀之情。然而，世俗之人為何總是效田單，驅火牛以攻敵；仿齊桓，風馬牛以伐楚，而不想順應自己的本性呢？

【評　析】世俗之人仰慕做官，看重財富，因而，見到高官便生敬畏之心，看到富豪則露羨妒之情。其實，做官有做官的難處，在其位，得謀其事，操其勞，迎來送往，大會小會，有時還得卑躬屈膝，何如無官一身輕，自由自在，無拘無束？錢財是好東西，但錢多了也有錢多的憂患，你得固門窗，請保鏢，應付窮親戚的乞討，提防強橫者的敲詐，何如身無餘物，心無可繫，半夜不怕賊臨門的人來得坦然？當官的，看到漁父樵夫悠閒自得的樣子，不時會發出幾聲感嘆；吃慣了山珍海味的，見到窗明几淨、墨香滿室的窮書生的生活，也會徒生幾分眷戀之心。然而，感嘆歸感嘆，眷戀歸眷戀，倘若調換一個位置，如何呢？恐怕是沒有人願意的。所以，儘管「風馬牛不相及」，世俗之人仍然抵擋不住名利財富的誘惑，競相奔走驅逐，無休無止。

六八、處世忘世　超物樂天

魚得水游而相忘乎水，鳥乘風飛而不知有風。識此可以超物累❶，可以樂天機❷。

【注釋】❶物累　事物的困擾。❷天機　自然的機趣。

【語譯】魚在水中游來游去，忘卻了自己就在水中；鳥憑風力自由飛翔，卻意識不到風的存在。領悟這個道理，就可以超脫外物的束縛，獲得天然的樂趣。

【評析】世上之事紛紛擾擾，人生之路何其漫漫，鮑照詩云：「酌酒以自寬，舉杯斷絕歌路難。」（〈行路難〉之四）然而，一個人若能摒棄私念，超脫物欲，就不會被路程的艱難所嚇倒，就能毀譽不繫於心，得失不形於色，如魚游淺底，鷹擊長天，自由灑脫，獲得生活的真趣。

六九、人生無常　盛衰何恃

狐眠敗砌❶，兔走荒臺，盡是當年歌舞之地；露冷黃花❷，煙迷衰草，悉屬舊時爭戰之場。盛衰何常，強弱安在？念此令人心灰！

【注　釋】❶砌　臺階。❷黃花　菊花的異名。宋李清照〈醉花陰〉：「簾捲西風，人比黃花瘦。」

【語　譯】狐狸做窩的斷壁殘垣，野兔出沒的荒涼亭臺，都是昔日笙歌曼舞的繁華之地。寒露下開滿野菊的原野，煙霧中連片衰草的大地，都是當年殺聲震天的戰場。盛衰成敗，變化無常；強者弱者，如今又在何處？想起這些，令人心灰意冷！

【評　析】歲月流逝，世事滄桑，辛棄疾因此浩嘆：「千古江山，英雄無覓，孫仲謀處。舞榭歌臺，風流總被，雨打風吹去。斜陽草樹，尋常巷陌，人道寄奴曾住……」《紅樓夢・好了歌注》亦云：「陋室空堂，當年笏滿牀；衰草枯楊，曾為歌舞場。蛛絲兒結滿雕梁，綠紗今又糊在蓬窗上。」功名富貴，歌舞盛景，宛如過眼煙雲，轉瞬即逝。不論是王侯將相，還是布衣草民，如今都已化作塵土，沒有什麼兩樣。而世俗之人，為何看不透這一切，為著眼前利益而苦苦相爭呢？

七〇、寵辱不驚　去留無意

寵辱不驚❶，閒看庭前花開花落；去留❷無意，漫隨天外雲卷雲舒。

【注　釋】❶寵辱不驚　對得寵和受辱都不動心。指把得失置之度外。❷去留　指離去官場或留在仕途。

【語　譯】不論是得寵還是受辱，都不放在心上，平靜地看待庭院前的花開花落；對於陞遷貶抑都不在乎，心隨著天邊的浮雲聚散舒卷。

【評　析】仕途險惡，宦海沉浮，如果沒有寵辱不驚、去留無意的情懷，一朝從權力的金字塔上跌落下來，是很難承受的。蘇東坡屢次遭貶，不縈於心，一曲「大江東去，浪淘盡，千古風流人物」，引發人多少豪情。張翰見秋風起，便想起了家鄉的菰菜、蓴羹、鱸魚鱠，遂命駕歸，而不以仕途窮達為進退的依據。因為官場少有常青樹，得意終有失意時。一個人如果能像天邊的浮雲那樣，無拘無束，自由舒卷，就能面對生活中的各種風浪，勝似閒庭信步。

七一、安分守己　莫做蠢事

晴空朗月，何天不可翱翔，而飛蛾獨投夜燭❶；清泉綠卉，何物不可飲啄？而鴟鴞❷偏嗜腐鼠。噫！世之不為飛蛾鴟鴞者，幾何人哉？

【注釋】❶飛蛾獨投夜燭　比喻自尋死路，自取滅亡。宋黃庭堅〈演雅〉詩：「蛣蜣轉丸賤蘇合，飛蛾赴燭甘死禍。」❷鴟鴞　一種鳥，頭大，嘴短而彎曲，喜吃鼠、兔等小動物。俗稱夜貓子。

【語譯】晴空萬里，皓月當空，天地如此寬廣，何處不可以自由自在地飛翔呢，而飛蛾偏偏撲向黑夜中的燭火；清澈的泉水，綠色的花卉，什麼東西不可以飲食充飢呢，可是鴟鴞卻偏偏喜歡吃腐爛的老鼠。唉！世人之中不像飛蛾、鴟鴞的人，究竟有幾個呢？

【評析】飛蛾無知，夜投燭火，鴟鴞食腐，出自天性，而人為萬物之靈，是充滿智慧，明白利害得失的。但由於私欲的蒙蔽，卻往往喪失理智，做出許多愚蠢的事情來。因而，自古至今，追腐逐臭者有之，縱欲傷身者有之，飲鴆止渴者有之，玩火自焚者有之。譬如說，人人知道賭博會使人傾家蕩產，但總有人抱著僥倖的心理，沉迷其間；人人知道吸毒無異於慢性自殺，但為了一時的滿足，總有人甘願染指，為自己挖掘墳墓。本則通過動物界的現象，比喻人生。但願人們能從中汲取教訓，得到啟發。

七二、求心內佛　卻心外法

才就筏❶便思舍筏，方是無事道人❷；若騎驢又復覓驢，終為不了禪師❸。

【注釋】❶筏　竹或木編成的渡河工具。❷無事道人　指不為事物羈絆而已悟道的人。❸不了禪師　尚未悟得佛理的和尚。

【語譯】剛上竹筏就想到過河後捨筏登岸的人，才是懂得不受外物羈絆的有道之人；騎著驢子卻又一心想著另外找一匹驢子，這樣的人就永遠也成不了了卻塵緣的高僧。

【評析】佛家認為，一切眾生皆有佛性，佛無須外求，就在你心中，心即是佛。《傳燈錄》中說：「如不了解心即是佛，那真是騎驢而覓驢。」用佛學的眼光來看待人生，成功的道路本來就在腳下，命運掌握在自己手中，只要善於發現自己的長處，發揮自己的潛能，善假於物而不為外物所拘，踏踏實實地努力，就一定能實現自己的理想。但世俗之人往往注意不到這一點，「騎驢覓驢」心猿意馬，以致蹉跎歲月，一事無成。

七三、冷情當事　如湯消雪

權貴龍驤❶，英雄虎戰，以冷眼視之，如蟻聚羶❷，如蠅競血；是非蜂起，得失蝟興❸，以冷情當之，如冶❹化金，如湯消雪。

【注　釋】❶龍驤　又作「龍襄」。昂舉騰躍貌。《漢書・敘傳下》：「雲起龍襄，化為侯王，割有齊楚，跨制淮梁。」顏師古注：「襄，舉也。」❷羶　羶氣。羊肉的氣味。❸蝟興　像刺蝟毛一樣豎起。比喻紛然興起。蝟，獸名，即刺蝟。❹冶　冶鑪；熔鑪。

【語　譯】達官貴人，像龍一樣翹首騰躍；英雄豪傑，像虎一樣廝殺爭鬥。以冷靜的眼光來觀察，這一切正如螞蟻聚集在散發著羶氣的羊肉上、蒼蠅爭著吮食血腥。人世間的是非，宛如群蜂飛舞一般紛亂；得失則宛如刺蝟的針毛一般密集豎起。以冷靜的頭腦來對待問題，所有這些，就會像冶鑪熔化了金屬、沸水融化了積雪一樣。

【評　析】從某種意義上來說，中國數千年的文明史，就是一部戰爭的歷史。翻開這部史冊，龍虎爭鬥，群雄逐鹿，白骨丘山，生靈塗炭，哪一朝政權的更迭不伴隨著腥風血雨？哪一次社會的動蕩不回響著鼓角鉦聲？然而，今天我們回過頭來，以冷靜的眼光審視這一切，當年權貴勢要的你爭我奪，與螞蟻聚羶、蚊蠅吮血又有什麼兩樣？明楊慎〈臨江仙〉詞說得好：「滾滾長江東逝水，浪花淘盡英雄。是非成敗轉頭空，青山依舊在，幾度夕陽紅。」當年的英雄豪傑，如今安在？以冷靜的心態思考人生，就能少一分爭鬥之心，多一分澹泊情懷。

七四、知哀破俗　知樂臻聖

羈鎖❶於物欲，覺吾生之可哀；夷猶❷於性真❸，覺吾生之可樂。知其可哀，則塵情❹立破；知其可樂，則聖境自臻❺。

【注　釋】❶羈鎖　羈絆；束縛。❷夷猶　從容自得的樣子。❸性真　謂真摯的本性。❹塵情　猶言凡心俗情。唐王勃〈七夕賦〉：「鄙塵情於春念，擬仙契於秋諾。」❺臻　到來；到達。

【語　譯】被物欲所束縛的人，會覺得人生是可悲的。優游於純真本性之中的人，會感受到生命的歡樂。明白了受物欲困擾的悲哀，凡心俗情就會立即破除；領悟到順應本性的歡樂，神聖美好的境界就自然會到來。

【評　析】人生的歡樂並不在於財富的多寡、功名的大小、職位的高低，而取決於心靈是否寧靜滿足。因此，顏回「一簞食，一瓢飲，在陋巷，人不堪其憂，回也不改其樂」《論語・雍也》。而人一旦為個人利益所左右，便會陷入所欲不得的苦海之中，煩惱悲哀接踵而至。佛家勸誡世人勿為物欲所纏，要在徹悟心性上多下功夫。認為只有拔除欲箭，才能明心見性，進入圓應無生的境界。老子也說過「吾所以有大患者在吾有身，及吾無身，吾有何患」。因此主張「去欲」、「無我」。一個人如能多存一分公心，去除一分私欲，便能夠增加一分歡樂與滿足，減少一分憂愁與煩惱。

七五、胸中無欲　眼前空明

胸中即無半點物欲，已如雪消爐焰冰消日，眼前自有一段空明❶，時見月在青天影在波。

【注釋】❶空明　空曠明朗。

【語譯】心中如果沒有絲毫物質的貪欲，已經像雪在爐火中、冰在陽光下一樣，迅速消融，那麼，眼前自然會出現一片空曠開朗，就像皓月當空，月影映在水波上一樣。

【評析】《淮南子・齊俗》中云：「日月欲明，浮雲蓋之；河水欲清，沙石濊之；人性欲平，嗜欲害之。」人一旦被嗜欲所纏，便如浮雲蔽日，邪念頓生，喪失本性，成為物欲的奴隸。所以宋代理學家周敦頤也說：「無欲則靜，靜則明。」一個人如能去除私欲，看淡名利，就能心志澄澈，通達事理，進入一種「月在青天影在波」的境界。具有這種心境的人，才能禁受得起生活中各種風浪的考驗，保持澹泊的襟懷和明睿的識見。

七六、灞橋詩思　鏡湖野趣

詩思在灞陵橋❶上，微吟就，林岫❷便已浩然；野興在鏡湖❸曲邊，獨往時，山川自相映發❹。

【注釋】❶灞陵橋　又稱霸橋，在陝西省長安縣東，因漢文帝陵墓而得名，古人常在此送別。李白詞〈憶秦娥〉：「年年柳色，霸陵傷別。」❷林岫　叢林群山。泛指山林。岫，峰巒。❸鏡湖　又稱鑑湖，在浙江紹興會稽山北麓。李白〈越女詞〉之五：「鏡湖水如月，耶溪女如雪。」❹映發　輝映。

【語譯】詩的靈感就產生在灞陵橋這樣的折柳送別之地，剛剛低聲吟詠，山巒叢林間便充滿了詩情畫意；鏡湖的曲折處是最具野趣的所在，獨自漫步，只見水光山色，交相輝映。

【評析】詩興的激發，在一定程度上有賴於客觀事物的感召。梁鍾嶸說：「氣之動物，物之感人，故搖蕩性情，形諸舞詠。」（〈詩品序〉）梁劉勰也說：「人稟七情，應物斯感。」（《文心雕龍・明詩》）就是說，詩緣情而發，情動於中而形於言，是之為詩。明月清風、客舍柳色、寒山楓林、南國紅豆……這些景物最容易引起人們情感的活動，因而成為詩人千古不易的歌詠題材。而無病呻吟，閉門造車，是斷然寫不出好詩篇的。有人曾問唐代丞相鄭綮：「近日可有新作？」鄭答道：「詩興在灞橋風雪中，驢子背上怎能得到？」

鏡湖在會稽山北麓，後漢時太守馬臻築塘蓄水，堤塘周三百餘里，灌溉田地九千頃，因水平如鏡而名鏡湖。「山川自相映發」一句出自《世說新語・語言》，王子敬云：「從山陰道上行，山川自相映發，使人應接不暇。若秋冬之際，尤難為懷。」徜徉於鏡湖之畔，穿行於山陰道中，水波蕩漾，林靜山幽，山水相映，自然別有一番情致。

七七、不憂蹭蹬　當消躁急

伏久者飛必高，開先者謝獨早。知此，可以免蹭蹬❶之憂，可以消躁急之念。

【注　釋】❶蹭蹬　遭遇挫折。

【語　譯】潛伏很長時間的鳥，一旦飛起來一定飛得很高；先開的花，必然凋謝得早。懂得這個道理，可以避免遭受挫折的憂患，也可以消除浮躁焦急的念頭。

【評　析】「不飛則已，一飛沖天；不鳴則已，一鳴驚人。」鳥經過長時間的潛伏，積蓄了足夠的能量，一旦展翅飛翔，便能扶搖而上，直指蒼穹。人也要學會忍耐，不要急於求成。因為任何急功近利的東西都是不能保持長久的。注意在平時不斷增強自己的學識和才幹，養精蓄銳。而一旦時機成熟，便要抓住機會，積厚而發，實現人生的理想和抱負。

七八、華萼徒榮 玉帛何益

樹木至歸根❶，而後知華萼❷枝葉之徒榮；人事至蓋棺❸，而後知子女玉帛❹之無益。

【注釋】❶歸根 謂樹葉落到地面上。比喻事物歸於根本。❷華萼 花與萼。萼，包在花瓣外面的部分，花開時托著花冠。❸蓋棺 人死後入棺加蓋。比喻人生的終結。❹玉帛 圭璋和束帛。這裡泛指財富。

【語譯】看到樹木落葉歸根，才明白枝繁葉茂、花團錦簇，只不過是一時的榮華；看人入殮蓋棺，才知道子女和錢財都是沒有什麼用處的。

【評析】大自然是無情的，有春榮就有秋枯，有花開之日就有花落之時，樹高千丈，落葉歸根，沒有永遠的繁盛。人事代謝，也是如此。榮華富貴，只不過是過眼煙雲，生不帶來，死不帶走，待到入殮蓋棺時，富豪和乞丐，同赴黃泉，並無二致。因此，與其汲汲於功名財富，倒不如去做一些於國於民有益的事。這樣，當你走完人生的旅途之時，你會覺得你的生命已融匯進一種事業之中並得到延續，而不會有「悔不當初」之憾。

七九、在世出世 善自修持

真空❶不空，執相❷非真，破相❸亦非真，問世尊❹如何發付❺？在世出世，狥欲❻是苦，絕欲亦是苦，聽吾儕❼善自修持。

【注釋】❶真空　佛教語。謂超出所有色相意識的真實境界。❷執相　佛教語。執著於色相。❸破相　佛教語。謂破除一切妄相而直顯性體。❹世尊　佛教徒對釋迦牟尼的尊稱。❺發付　發表見解。❻狥欲　追逐物欲。狥，同「徇」。謀求。❼吾儕　我輩。

【語譯】真空並不空，執著於色相不能看清本質，破除色相也無法看清本質，請問佛祖，如何解釋呢？置身於世俗，要超脫世俗，追逐物欲是痛苦，棄絕欲望也是痛苦，這就全靠我們自己修行了。

【評析】佛法是十分靈活的，反過來這樣說，覆過去又那樣說，不滯不礙，不執不偏，並由此闡明玄奧的佛理。如《般若波羅密多心經》上說：「色即是空，空即是色。」執著於色的人，不懂得「色即是空」，放縱人欲，爭名逐利，結果陷入所欲不得之苦。執著於空的人，棄絕一切人生的欲望，心如止水，形同槁木，無異於行屍走肉，同樣墮入苦海。那麼，怎樣正確地把握人生呢？本則告訴我們：身居世俗社會，要有超脫出世的思想；置身於紛紛擾擾的世界，要靜心修持，不徇欲也不絕欲，這才是佛家上乘的境界。

八〇、名有尊卑　貪無二致

烈士❶讓千乘❷，貪夫爭一文，人品星淵❸也，而好名不殊❹好利；天子營家國，乞人號饔飧❺，位分❻霄壤也，而焦思❼何異焦聲❽？

【注　釋】❶烈士　重道義節操的人。❷千乘　千輛戰車。古代四匹馬拉一輛戰車稱一乘。這裡以千乘代指一個諸侯國。❸星淵　星在天，淵在地，因指天壤之別。❹不殊　沒有區別；一樣。❺饔飧　早飯與晚飯。泛指飯食。古人早餐稱饔，晚餐稱飧。❻位分　職務權限。❼焦思　焦苦思慮。❽焦聲　聲嘶力竭的喊聲。

【語　譯】重氣節的人，甘願將千乘之國拱手讓人；貪婪的人，為一文錢而拚命爭奪。人品的高低有著天淵之別，但好名聲與貪錢財，在本質上並沒有什麼兩樣。天子苦心治理家國，乞丐為著三餐而聲嘶力竭地乞討。地位職權有著天壤之別，然而，天子的焦苦思慮，和乞丐的焦枯之聲，在本質上又有什麼區別呢？

【評　析】「讓千乘」與「爭一文」，從表面上看似乎高低懸殊，不可同日而語，其實，就本質而言，並無二致。孟子說：「好名之人，能讓千乘之國；苟非其人，簞食豆羹見於色。」

《孟子・盡心下》意思是說：沽名釣譽的人，只要能滿足他對名譽的欲望，即使拱手讓出千乘之國，他也情願；倘若滿足不了他的這種欲望呢？即使吃他一頓飯喝他一碗湯，他也會面有慍色。所以說，求名與逐利，都是為了個人的私欲，只是表現形式不同罷了。

天子與乞丐，一個在天的最高處，一個在地的最底層，如何相提並論呢？其實不然，俗話說：「每個人都有一本難唸的經。」天子想到的是怎樣經營自己的「家國」，怎樣鞏固自己的統治，怎樣提防別人篡位奪權，因此常常食不甘味，睡不安寢。而乞丐沿街討乞，擔憂的是一日三餐如何果腹。所以說各有各的愁苦。一個人不必去羨慕別人，還是從自己的實際情況出發，走自己的道路，這便是本則給人的啟示。

八一、毀譽褒貶　一任世情

飽諳❶世味，一任覆雨翻雲❷，總慵❸開眼；會盡人情，隨教呼牛喚馬❹，只是點頭。

【注釋】❶諳　熟悉。❷覆雨翻雲　也作「翻雲覆雨」。比喻反覆無常。杜甫〈貧交行〉：「翻手作雲覆手雨，紛紛輕薄何須數。」❸慵　懶散；懶惰。❹呼牛喚馬　比喻他人的毀譽。典出《莊子・天道》：「夫巧知神聖之人，吾自以為脫焉。昔者子呼我牛也而謂之牛，呼我馬也而謂之馬。苟有其實，人與之名而弗受，再受其殃。」

【語　譯】一個飽經世故的人，任憑世態如何翻覆無常，他都懶得睜開眼睛；一個看透人情的人，不論別人呼他為牛還是喚他為馬，他都只是點頭而已。

【評　析】戰國時蘇秦發跡前後的遭遇，為人熟知，《唐摭言》卷三記載盧肇的一則故事，對於了解世態人情，也頗具典型意義：盧肇和黃頗同是袁州人，黃頗家中富有，盧肇則家境貧寒，兩人約好同日赴京趕考。郡刺史在離亭為黃設宴餞行，正喝得高興時，盧肇騎驢從亭旁經過，沒有一個人理睬他。盧肇只好走到城外停下來，等候黃頗一起上路。第二年，盧肇考取狀元，由京返鄉，郡刺史和手下的人都出城迎接，熱鬧非凡，並邀盧肇看龍舟競渡。席上，盧肇賦詩曰：「向道是龍剛不信，果然銜得錦標歸。」郡刺史大慚。由此可見，人情冷暖，世態炎涼，自古已然。一個人如果飽經了人世間的酸甜苦辣，悟透了人情世故，對於人際關係中翻雲覆雨的現象，就不會感到困惑和迷惘。達到這種境地，便是一種心理上的成熟。但也得注意，在加深對社會認識的同時，不要墮入圓滑、世故和虛偽之中。

八二、凡事隨緣　漸漸入無

今人專求無念❶，而終不可無。只是前念不滯❷，後念不迎，但將現在的隨緣❸打發得去，自然漸漸入無。

【注　釋】❶無念　沒有私心雜念。❷滯　停留。❸隨緣　佛教語。謂佛應眾生之緣而施教化。緣，指身心對外界的感受。

【語　譯】現在的人一心想做到心中沒有雜念，卻始終做不到。其實，只要先前的欲念不滯留在心頭，後來的欲念不讓它萌生發展，將現有的欲念隨著機緣排除掉，自然就會進入一種純真無欲的境界。

【評　析】悔恨過去，怨天尤人，憧憬將來，想入非非，卻不知道從現在做起，是某些人的通病。本則從破除欲念的角度出發，告訴我們，必須努力克服已有的缺點，注意不使新的不良因素萌生滋長，把握時機，隨緣而發，才能漸入一種崇高的境界。因為過去的已成為陳跡，未來的尚在虛無飄渺之中，惟有認清目標，從現在做起，踏踏實實，兢兢業業，才能創造明天的輝煌。

八三、天然真機　造作減味

意所偶會便成佳境，物出天然才見真機❶，若加一分調停❷布置，趣味便減矣。白氏❸云：「意隨無事適，風逐自然清。」有味哉，其言之也。

【注　釋】❶真機　謂玄妙之理。❷調停　安排處理。❸白氏　指唐代詩人白居易。

【語　譯】內心偶爾有所領悟，便會進入一種絕妙的境界；事物自然生成，才能現出真實的機理。倘若添加一分人為的修飾，便會減少一分天然的意趣。白居易說過：「心意因為無事而分外舒適，微風習習吹拂，自然使人感到清涼。」這真是值得細細體味的至理名言啊！

【評　析】文貴質樸而忌浮豔，物重自然而忌雕飾。東施效顰，貽人笑柄；邯鄲學步，失其故步。所以說，天然才見真機，造作便減意趣。唐代詩人白居易的文學創作，也體現著這一原則。他的詩歌，感之於事，動之以情，明白曉暢，清新自然。他寫成詩作後，常常拿去讀給婦人、兒童聽，他們聽懂後才最後定稿，因此得到廣泛的傳誦。「意隨無事適，風逐自然清」這二句詩，既表現了一種自然的現象，同時也闡述著深刻的人生哲理。

八四、性天澄徹　何必談禪

性天❶澄徹，即飢餐渴飲，無非康濟❷身心；心地沉迷，縱談禪演偈❸，總是播弄❹精魂❺。

【注　釋】❶性天　天性；本性。❷康濟　原指安民濟眾，這裡作增益健康解。❸談禪演偈　談論禪理，解釋偈語。偈，佛經中的頌詞。❹播弄　擺弄；賣弄。❺精魂　精神魂魄。

【語　譯】本性清純的人，即使是餓就吃飯，渴就喝水，都能增進身心健康；沉迷物欲的人，即使整天談論佛理、研究經義，也不過是白白耗費精神體力。

【評析】今人唐弢《摩羅小品》中說：「儒家崇實，所以平易；佛家近玄，所以虛奧。但虛奧裡也一樣有平易，決不怪誕。」「飢餐渴飲」，即是虛奧佛理中的平易之說。它說明，一個人品行的修養，本來就是一件日常的事，只要心地澄澈，就能不斷有所收穫。這不由使人想起慧海法師回答如何修持的那句話：「飢來吃飯，困來即眠。」人如果能夠以平常心，行平常事，就能得自然之趣。而一個內心充滿欲望的人，即使終日念經頌佛、說偈談禪，也是成不了正果的。這段文字告訴我們，看問題必須注重本質，而不要光看形式，被外在的假象所蒙騙。

八五、絕慮忘憂　游衍真境

人心有個真境，非絲非竹❶而自恬愉，不煙不茗❷而自清芬。須念淨境空，慮忘形釋❸，才得以游衍❹其中。

【注釋】❶非絲非竹　不藉助音樂。絲竹，代指音樂。絲，指弦樂器。竹，指管樂器。❷不煙不茗　不用焚香烹茶。❸形釋　形體開釋。❹游衍　逍遙遊樂。

【語譯】人的心中有一個純真的境界，沒有悅耳的音樂也會感到愉快，不必焚香烹茶也會滿室清香。必須意念澄淨，心境空靈，忘卻憂愁與煩惱，解脫身心的束縛，才能沉浸悠遊於其中。

【評　析】輕歌曼舞，絲竹清音，都是暫時的現象；焚香烹茗，滿室清芬，也不能保得長久。一個人唯有加強道德情操的修養，心地澄澈，氣質純正，才能永遠保持樂觀的心境。佛家說：「諸法無我得解脫。」老子說：「吾所以有大患者，為吾有身。及吾無身，吾有何患？」摒棄私欲，才能心地磊落，襟懷坦蕩；破除「小我」，通達到「無我」，精神才能得到充實，心靈才會得到淨化，即使外界沒有賞心悅目的自然景物，內心也會出現一片青山綠水、魚躍鳶飛的氣象。

八六、真不離幻　雅不脫俗

金自鑛出，玉從石生，非幻❶無以求真❷；道得酒中❸，仙遇花裡，雖雅不能離俗。

【注　釋】❶幻　謂事物空無虛幻。《金剛經》：「一切有為法如夢幻泡影。」❷真　真如實相。《唯識論》：「真謂真實，顯非虛妄；如謂如常，表無變易。」❸道得酒中　謂從飲酒之中悟出真知。形容道無所不在。

【語　譯】金子從礦山挖掘出來，美玉從石頭中琢磨而成，真實的東西來自於變幻之中。在酒杯中一樣可以悟得道理，煙花巷裡也會遇到神仙，可見高雅不能完全脫離凡俗。

【評析】非凡之物總是從平常中生成的，就像黃金隱埋在礦砂裡，玉璞包孕在石塊中一樣。但是，最具優秀本質的東西，如果不經過陶冶、雕琢，也無法顯現出其內在的美色。人生也是如此，只有經過不斷的修省、磨鍊，才能成長為有用之才。

深奧的道理可以從最平常的事物中悟出。東郭子曾問莊子：「所謂道，惡乎在？」莊子曰：「無所不在。」東郭子曰：「期而後可。」莊子曰：「在螻蟻。」曰：「何其下邪？」曰：「在稊稗。」曰：「何其愈下邪？」曰：「在瓦甓。」曰：「何其愈甚邪？」曰：「在屎溺。」（《莊子·知北遊》）莊子的回答每下愈況，乃至有點不堪入耳，但卻說明了一個道理，「道」並不是虛無飄渺、高不可及的，「道」無所不在，只要用心體會，便會處處悟得人生的真諦。

八七、俗眼有別　道眼是常

天地中萬物，人倫❶中萬情，世界中萬事，以俗眼觀，紛紛各異；以道眼❷觀，種種是常。何煩分別？何用取捨？

【注釋】❶人倫　即人類。《荀子·富國》：「人倫並處，同求而異道，同欲而異知，生也。」注：「倫，類也。」❷道眼　指具有辨別真妄的眼光。

【語　譯】天地中的各種物類、人際間的各種感情，世界上的各種事情，用世俗的眼光來看，紛紛擾擾，各不相同；如果用超脫的眼光來看，一切事物都是很平常很自然的，何必人為地去區分？去抉擇取捨呢？

【評　析】紛紛擾擾的人生，千差萬別的事物，用世俗的眼光來看待，就會感到眼花撩亂、無所適從，但如果能超越時空的障礙，破除個人私欲的藩籬，站得高一點，看得遠一點，從事物的發展變化中去尋求規律，便能透過錯綜複雜的表象，看清事物的本質。所以，佛家主張用道眼來洞悉一切，辨別真妄；現代人提倡用科學的觀點來觀察、認識事物。

八八、神酣得和　味足識真

神酣❶布被窩中，得天地沖和❷之氣；味足藜羹❸飯後，識人生澹泊之真。

【注　釋】❶神酣　精神酣暢。❷沖和　和順。《晉書・阮瞻傳》：「神氣沖和。」❸藜羹　藜菜做的湯。泛指粗劣的食物。藜，一種野菜，嫩葉可食。《莊子・讓王》：「孔子窮於陳、蔡之間，七日不火食，藜羹不糝。」成玄英疏：「藜菜之羹，不加米糝。」

【語　譯】只要精神酣暢，睡在粗布被窩中，也能體會到天地間的和順之氣；滿足於粗茶淡飯的人，才能領悟恬淡中的真正樂趣。

【評　析】人生的歡樂並不取決於物質財富的多寡，而決定於精神上是否滿足。「貧士之腸習藜莧，富人之口饜膏粱」，清貧的生活，有助於磨鍊人的毅力，激發人的意志。孔子說：「飯疏食飲水，曲肱而枕之，樂亦在其中矣。不義而富且貴，於我如浮雲。」鮑照詩云：「自古聖賢盡貧賤，何況我輩孤且直！」君子安貧樂道，所以能保持澹泊的情懷，能領悟人生的真趣，也能成就宏偉的事業。倒是生活在富貴溫柔鄉裡的紈袴子弟是令人擔憂的，這已被無數歷史事實所證實。

八九、心了淨土　未了俗家

纏脫❶只在自心，心了則屠肆❷糟廛❸，居然淨土❹。不然，縱一琴一鶴，一花一卉，嗜好雖清，魔障❺終在。語云：「能休塵境為真境，未了僧家是俗家。」信夫！

【注　釋】❶纏脫　解脫束縛。❷屠肆　屠宰場。❸糟廛　放置酒渣的房子。糟，古指未漉清的帶滓的酒，後指酒渣。廛，指存儲貨物的房舍。❹淨土　佛教語。指佛所居住的無塵世汙染的清淨世界。❺魔障　佛教語。修身的障礙。宋董嗣杲〈近苦多故坐病乏藥〉詩：「魔障在前無妄想，飢寒隨處肯言貧。」

【語　譯】一個人能否解脫束縛，完全決定於自己的內心。內心了悟，即使是屠宰場，或是堆滿酒渣的作坊，也宛如佛國清淨世界。不然，縱使有琴、鶴為伍，有花、草相伴，興趣愛好似乎很高雅，修身的障礙卻依然存在。古語說：「能擺脫塵境就能進入真境，塵心未了的僧人仍然是個俗人。」此話真是千真萬確啊！

【評　析】琴、鶴都是高雅的東西，宋人趙抃，一生不治資財，不畜聲伎，入蜀為成都轉運使，隨身只帶一琴一鶴。神宗曾問他：「聞卿前已匹馬入蜀，所攜獨琴鶴，廉者固如是乎？」（葉夢得《石林詩話》）但是，如果撫琴養鶴僅僅流於形式，而不注意內在品質的培養，也是成不了雅潔之士的。一個人生活在熙熙攘攘的世界上，只有心地純正，排除雜念，才能坐懷不亂，保持心靈上的一片淨土。

九〇、斷絕思慮　光風霽月

斗室❶中萬慮都捐❷，說甚畫棟飛雲，珠簾捲雨❸；三杯❹後一真自得，唯知素琴❺橫月，短笛吟風。

【注　釋】❶斗室　室小如斗。形容房屋狹小。❷捐　放棄。❸畫棟飛雲二句　語本唐王勃〈滕王閣〉詩：

「畫棟朝飛南浦雲，珠簾暮捲西山雨。」形容居所富麗堂皇。❹三杯　語本李白〈月下獨酌〉：「三杯通大道，一斗合自然；但得醉中趣，勿為醒者傳。」❺素琴　不加裝飾的琴。《晉書・陶潛傳》：「（潛）性不能音，而蓄素琴一張，弦徽不具。」

【語　譯】住在狹小的房子裡，拋開一切憂慮，說什麼「畫棟朝飛南浦雲，珠簾暮捲西山雨」；三杯酒下肚後，一片真情自得，只知道月光下撫弄琴弦，清風中吹奏短笛。

【評　析】元人盧琦詩云：「欣然坐我斗室底，滿室嵐氣生清秋。開窗一覽數千里，滄海微茫等盃水。」（〈古道了堂二師〉）一個人如果具有高遠的志向、博大的胸懷，即使身居斗室，心中也會有朝雲暮雨、霽月光風。杜甫窘困於茅舍之中，但他心繫社稷黎民，寫下了不朽的詩章；陸游去職後，潛心於「書巢」之內，仍不忘光復河山，臨終前還告誡其子：「王師北定中原日，家祭無忘告乃翁！」簡陋狹小的居室，因主人的德業而蓬蓽生輝。這正如劉禹錫〈陋室銘〉所云：「山不在高，有仙則名；水不在深，有龍則靈。斯是陋室，惟吾德馨。」因此，對一個有高尚品行的人來說，陋室蝸居，又「何陋之有」呢？

九一、性天未枯　機神觸發

萬籟寂寥❶中，忽聞一鳥弄聲，便喚起許多幽趣；萬卉摧剝❷後，忽見一枝擢秀，便觸動無限生機。可見性天❸未嘗枯槁，機神❹最宜觸發。

【注釋】❶萬籟寂寥　形容一點聲音都沒有。籟，聲響。❷摧剝　猶摧殘。宋王安石〈丙申八月作〉詩：「秋風摧剝利如刀，漠漠昏煙玩日高。」❸性天　天性；本性。❹機神　機微玄妙。晉葛洪《抱朴子．任命》：「識機神者，瞻無兆而弗惑；闇休咎者，觸強弩而不驚。」

【語譯】當萬籟俱寂時，忽然聽到一聲鳥鳴，會喚起許多幽情雅趣；百花凋零後，忽然看見一枝獨秀，會觸發內心無限的生機。可見人的本性從來就沒有枯萎過，生命的機趣是最容易激發的。

【評析】王維詩云：「行到水窮處，坐看雲起時。」（〈終南別業〉）世界上的事情就是這樣，往往在山窮水盡、萬般無奈時突生轉機，出現柳暗花明又一村的景象。所以說，堅韌不拔的意志，堅定不移的信念，在任何時候都是至關重要的。人的一生，正是經歷過許多次厭倦絕望、絕路逢生之後，才成熟起來的。因此，愈是困難的時候，愈要咬緊牙關，「氣可鼓而不可泄」。要從萬籟俱寂中的一聲鳥鳴聲，從百花凋零後的一枝獨秀中，觸發機神，激發自己本性中蓬勃向上的因素，鼓舞鬥志，努力拚搏，就一定會獲得成功。

九二、操持身心　收放自如

白氏❶云：「不如放身心，冥然❷任天造。」晁氏❸云：「不如收身心，凝然❹歸寂定❺。」放者流為猖狂，收者入於枯寂，唯善操身心的，欛柄在手，收放自如。

【注　釋】❶白氏　指白居易，字樂天。唐代詩人，有《白氏長慶集》。❷冥然　玄默貌。❸晁氏　指晁補之，字無咎。宋代詩人，有《雞肋集》。❹凝然　猶安然。形容舉止安詳沉靜。❺寂定　排除欲念，進入禪定狀態。

【語　譯】白居易說：「不如放任身心，默然聽任造化。」晁補之說：「不如檢束身心，安然歸於禪定。」主張放任身心的人，容易導致狂妄自負；主張檢束身心的人，容易陷入枯寂僵化。只有善於操持身心的人，才能把握事物的規律，達到收放自如的境界。

【評　析】古語云：「謀事在人，成事在天。」強調了人在命運面前的百般無奈。白居易「放身心，任天造」的主張，與此有異曲同工之妙，同樣帶著幾分宿命論的色彩；晁補之「收身心，歸寂定」的主張，反映了宋代理學思想，又帶著些許禪宗意味。但不論是「放」還是「收」，都必須適度。過放則流於疏狂、玩世不恭；過收則思想枯寂、悲觀厭世：均失之偏頗。所以，把握中和之道，亦即事物變化發展的規律，才能收放自如、遊刃有餘。

九三、自然人心　融合一體

當雪夜月天，心境便爾❶澄徹❷；遇春風和氣，意界❸亦自沖融❹。

造化❺、人心，混合無間。

【注釋】❶爾　如此。❷澄徹　寧靜清明。❸意界　意境；境界。❹沖融　恬適、沖和。❺造化　創造化育。

【語譯】在雪花紛飛皓月當空的夜晚，心情會變得那樣的寧靜清明。在和風習習春意盎然的日子裡，心境自然會恬適沖和。可見大自然和人的心靈是相互溝通融會的。

【評析】雪花潔白，給人以純潔之美，月光如水，給人以靜謐之感，因此，歷來是文人墨客筆下歌詠的對象。李白詩云：「牀前明月光，疑是地上霜；舉頭望明月，低頭思故鄉。」岑參詩：「忽如一夜春風來，千樹萬樹梨花開。」蘇軾〈後赤壁賦〉：「月白風清，如此良夜何！」元黃庚〈雪〉詩則云：「江山不夜月千里，天地無私玉萬家。」雪和月，具有豐富的審美特徵，尤其是在下雪後的夜晚，天空中一輪皓月，大地上銀裝素裹，使人心情澄澈，萬慮俱釋。而在春和日暖的季節，萬物復蘇，桃花綠水，鶯歌燕舞，一片欣欣向榮的景象。謝靈運詩云：「池塘生春草，園柳變鳴禽。」此時，人的心情也會變得十分舒適和暢。本文以自然景物對人心情的影響，說明人與自然是互相溝通的。人如果能注意從大自然中去體會生活，領略情趣，便能襟懷開闊，意趣高遠，長此以往，就可以有陶冶情操的作用。

九四、文以拙進　道以拙成

文以拙進，道以拙成，一「拙」字有無限意味。如桃源犬吠，桑間雞鳴❶，何等淳龐❷。至於寒潭之月，古木之鴉，工巧中便覺有衰颯❸氣象矣。

【注　釋】❶桃源犬吠二句　語本陶淵明〈桃花源記〉：「阡陌交通，雞犬相聞。」及〈歸園田居〉：「狗吠深巷中，雞鳴桑樹顛。」形容淳樸的田園生活。❷淳龐　淳厚質樸。❸衰颯　衰敗淒涼。

【語　譯】文章以質拙為進步，修道以質拙為成就。一個「拙」字，包含著無窮的奧妙。像桃花源的狗吠，桑樹間的雞鳴，是多麼淳樸的田園氣息。至於寒潭倒映著月色，古木上棲息著烏鴉，工巧中終究使人覺得有衰頹淒清的景象。

【評　析】這裡所謂的「拙」，不是「拙劣」，不是「笨拙」，而是不依綴巧的意思。宋羅大經《鶴林玉露》卷三云：「作詩必以巧進，以拙成……至於拙，則渾然天全，工巧不足言矣。」明初的臺閣體，講究形式的典雅工麗，巧則巧矣，只是內容空乏，文風柔靡，因此受到前、後「七子」的猛烈抨擊。而漢魏文學，質拙清新，獨具風骨，歷來為人們所稱道。天下之「道」，也是如此。老子說：「大直若屈，大巧若拙，大辯若訥。」管子說：「雖有巧目利手，不如拙規矩之正方圓也。」世界上最可貴的就是老老實實的態度，而最忌的就是賣弄小聰明，華而不實。大凡工巧的人，結果總是弄巧成拙，聰明反被聰明誤。古語說：「自古巧物不堅牢，彩雲易散琉璃脆。」巧者不堅，唯有淳樸拙進，才能保得無虞。

九五、以我轉物　逍遙自在

以我轉物❶者，得固不喜，失亦不憂，大地盡屬逍遙；以物役我❷者，逆固生憎，順亦生愛，一毛便生纏縛❸。

【注釋】❶以我轉物　以我為中心去支配事物，即以我為事物的主宰。❷以物役我　受外物的控制，被操縱，被役使。❸纏縛　束縛；困擾。

【語譯】以我為中心去支配事物的人，成功了不會喜形於色，失敗了也不至於憂愁失望，大地都是我悠閒自得的所在。受外物奴役的人，遇到逆境心中便生憎惡，處於順境又沾沾自喜，只要一點小事，就會產生困擾。

【評析】從某種意義上說，以「我」為軸心的人充滿自信，進退取捨都掌握著事物的主動，即便失敗了，也會創造機會，重新開始。而受外物束縛的人，處處被動，因此總是患得患失，怨天尤人，煩惱不斷。兩種觀念，兩種思維方式，造成兩種截然不同的人生。佛語云：「心迷法華轉，心悟轉法華。」以我轉物，是積極進取的態度，但要注意，必須以科學為依據。孟子曾舉例說：「為長者折枝」，於人曰「吾不能」，是不願做，不是真的不能。「挾太山以超北海」，於人曰「吾不能」，則是真的做不到。明白這個道理，實事求是，才能避免盲目，否則，沒有不栽跟頭的。宋靖康年間，道士林靈素善妖術，受寵於徽宗。金兵入侵汴梁，林靈素說他能役使六丁六甲護城，徽宗憑其作法。但結果如何呢？自然是受到了歷史的無情嘲弄。

九六、理寂事寂　心空境空

理寂則事寂，遣事執理者，似去影留形；心空則境空，去境存心者，如聚羶❶卻蚋❷。

【注　釋】❶聚羶　把有羶味的肉集中放在一起。❷卻蚋　趕走蚊子。蚋，「蜹」的省文，即蚊子。《說文》：「秦、晉謂之蜹，楚謂之蚊。」

【語　譯】道理如果歸於空寂，事物也就歸於空寂。理不空寂而僅要求事物的空寂，就好比要除去影子而保留形體一樣。內心空寂，外在環境也就靜寂。心不空寂而要環境空寂，那就好比堆積著散發羶氣的肉食，卻要驅趕蚊蠅一樣。

【評　析】世界上的許多事情原本是不可分割的，李白詩云：「我歌月徘徊，我舞影凌亂。」月和影就是這樣的一對事物，有月方成影，無影不為月。同理，人生活在現實社會中，要想擺脫這個社會，羽化而登仙，純屬無稽之談。古語云：「執著事物原是謎，執理不捨亦非悟。」只有勇敢地面對現實，拋棄不切實際的幻想，執著於自己的追求，保持心靈的純潔，而又不脫離現實生活，這才是正確的人生態度。

九七、幽人自適　不牽不泥

幽人❶清事❷總在自適，故酒以不勸為歡，棋以不爭為勝，笛以無腔為適，琴以無弦為高，會以不期約為真率，客以不迎送為坦夷❸。若一牽文泥跡❹，便落塵世苦海矣！

【注　釋】❶幽人　幽居的人；隱士。《周易・履》：「履道坦坦，幽人貞吉。」孔穎達疏：「幽人貞吉者，既無險難，故在幽隱之人守正得吉。」❷清事　清雅之事。❸坦夷　坦率自然。❹牽文泥跡　謂拘泥於繁瑣的世俗禮節。牽文，牽扯於禮節。泥跡，拘泥於形跡。

【語　譯】隱居之人的清雅之事，總要適合自己的本性。所以，飲酒時以不勸酒為快樂，下棋時以不爭勝為高明，吹笛子以不講究腔調為適意，彈琴以沒有琴弦為高雅，與友人相見以不約定時間為真摯坦率，客人以不迎不送為自然。反過來，如果受限於繁文縟節，拘泥於形跡，就落入世俗的苦海之中了！

【評　析】陶淵明不解音律，卻在家裡放上一張沒上弦的古琴，每當喝酒喝到興頭上，就會情不自禁地撫弄這張無弦琴，並且說：「但識琴中趣，何勞弦上聲？」孔子在路上遇見程本子，便停下車來與他交談，一談就是一整天，並借用《詩經・鄭風・野有蔓草》中的話：「野有蔓草，零露漙兮！有美一人，清揚婉兮！邂逅相遇，適我願兮！」來說明自己的愉悅心情。可見，人生貴在適意，而不能拘泥於外在的形式。只有順應人的自然本性，才會有「此時無聲勝有聲」的領悟，有「不期而遇」的驚喜，有坦然直率的情感，有雅潔脫俗的襟懷。

九八、思及生死　寂然超物

試思未生之前有何象貌❶，又思既死之後作何景色❷，則萬念灰冷，一性寂然，自可超物外，游象先❸。

【注　釋】❶象貌　形象。❷景色　作「樣子」解。❸象先　天地萬物尚未成形以前的形狀。

【語　譯】試想一下，人在出生之前是副什麼模樣，再想一下，人死了以後又會變成什麼樣子，那麼，種種欲念就會淡漠冷卻，內心也會變得十分沉靜。自然可以超脫於世俗之外，優游於形體之先。

【評　析】人生匆匆，轉眼就是百年，生前是何形狀？身後是何模樣？古今哲人，苦苦思索。佛家歸之於靈魂，在生死輪迴中，人得到永恆。道家主張物我為一，莊周夢蝶，不知蝶為莊周，還是莊周為蝶。儒家的觀點比較貼近現實。孔子說：「未能事人，焉能事鬼？」「未知生，焉知死？」（《論語・先進》）意思是：人間的事情尚未辦好，生的事尚未明瞭，怎麼有資格去談論鬼，談論死呢？蘇軾〈前赤壁賦〉中說：「寄蜉蝣於天地，渺滄海之一粟。哀吾生之須臾，羨長江之無窮。挾飛仙以遨遊，抱明月而長終。知不可乎驟得，託遺響於悲風。」蘇軾的情感，與常人頗多共通之處。談到生死，人很自然會產生一種愴然之感。既然生命不會永恆，人何必斤斤計較生前的名利，又何必不以自己有限的生命投入到無限的事業之中去呢？人如能這樣看待生死，就容易消除雜念，以超脫的態度對待人生。

九九、卓智之人　洞燭機先

遇病而後思強之為寶，處亂而後思平之為福，非蚤智❶也；倖福❷而知其為禍之本，貪生而先知其為死之因，其卓見乎。

【注　釋】❶蚤智　謂先見之明。蚤，同「早」。❷倖福　僥倖得到的幸福。

【語　譯】生了病才體會到健康的寶貴，處禍亂之中才意識到安定便是幸福，這些都還不算有先見之明。能預先看到僥倖得到的幸福是災禍的根源，貪生是死亡的原因，這才稱得上是真知灼見吧。

【評　析】實踐出真知。大病之中對健康體魄的認識，喪亂之後對安寧生活的理解，都會變得深刻起來。一個人正是經過這種不斷的生活體驗、經驗積累，才成熟起來的。然而，是否每一件事都要經過自己的親身經歷之後才有發言權呢？也不盡然。諸葛亮隆中之對，分析了天下大勢，提出「北讓曹操佔天時，南讓孫權佔地利，將軍可佔人和，先取荊州為家，後即取西川建基業，以成鼎足之勢」的戰略策略。諸葛亮當時才二十多歲，且未經歷過戰爭的磨鍊，何來這種戰略眼光呢？應該說這是建立在書本知識的積累、前人經驗的總結和對客觀現實的清醒認識的基礎之上的，這便是先見之明，便是真知灼見，這是一個人能否正確面對人生，能否成功建立事業的關鍵。

一〇〇、雌雄妍醜　一時假相

優人❶傅粉調硃❷，效❸妍醜於毫端❹。俄而❺歌殘場罷，妍醜何存？

弈者❻爭先競後，較雌雄❼於著子。俄而局盡子收，雌雄安在？

【注　釋】❶優人　舊稱唱戲的人。❷傅粉調硃　塗脂抹粉。❸效　呈現；顯現。❹毫端　筆尖。❺俄而　一會兒。❻弈者　下棋的人。❼雌雄　比喻勝負。

【語　譯】演員塗脂抹粉，用筆毫顯現美麗或醜陋的效果。不一會兒歌舞結束，好戲散場，美醜哪裡還存在？下棋的人競相角逐，隨著棋子的下落較量勝負。轉眼之間棋下完了，棋子收了起來，方才的勝負又在哪裡？

【評　析】從人類歷史的長河中看，人生數十寒暑，只不過是短暫的一瞬，彈指之間，灰飛煙滅。宋儒邵堯夫詩云：「堯舜指讓三杯酒，湯武爭逐一局棋。」戰國爭雄，楚漢爭霸，羽扇綸巾，橫槊賦詩，千古英雄，如今安在？更不要說是芸芸眾生！人生旅途，宛如演戲，你方唱罷，他又登場，何必計較一時的美妍醜陋，追求一時的名利財富，競逐一時的高低勝負呢？

一〇一、自然真趣　閒靜可得

風花之瀟灑，雪月之空清❶，唯靜者為之主；水木之榮枯❷，竹石之消長，獨閒者操其權❸。

【注　釋】❶空清　空曠清新。❷榮枯　指樹木的繁茂與凋零。❸權　秤錘。這裡指權柄。

【語　譯】風中姿態的灑脫，雪夜皓月下的空曠清新，只有內心寧靜的人才能感受得到；水邊樹木的茂盛與凋零，竹石的生長與消亡，只有意態閒適的人才能領略得到。

【評　析】一個人終日忙碌操勞，自然不會有閒情逸致去欣賞花的妍美、月的皎潔，去關注草木的榮枯、竹石的消長，所以說，只有內心沉靜閒適的人，才能領略大自然的真趣。陶淵明「採菊東籬下，悠然見南山」，王維「獨坐幽篁裡，彈琴復長嘯；深林人不知，明月來相照」，都是在閒適從容的心態下，對自然景物感觀的真情流露。人如果能經常在大自然中領略情趣，便能調劑身心，澹泊名利，陶冶情操。但是，也得注意，不要一味地流連於泉石山水，而忘記了人生的責任。

一〇二、天全欲淡　第一境界

田父野叟❶，語以黃雞白酒則欣然喜，問以鼎養❷則不知；語以縕袍❸短褐❹則油然樂，問以袞服❺則不識。其天全❻，故其欲淡，此是人生第一個境界。

【注　釋】❶田父野叟　泛指生活在農村的老人。❷鼎養　猶鼎食。指精美食物。宋周煇《清波雜志》卷八：「以是知貴人鼎養豐厚，冥冥中自有定數，貧儒豈可不安藜藿之分。」❸縕袍　用亂麻襯在裡面的袍子。❹短褐　古代平民所穿的粗布衣裳。❺袞服　古代帝王及公侯所穿的禮服。❻天全　完全天然的本性。

【語譯】生活在農村的老人，和他們談論黃雞、米酒，他們的興致很高，問他們山珍海味，就茫然不知。談論粗袍短衣，他們神情愉悅，一問起龍袍紫蟒，便無人知曉。因為他們的天性淳樸，所以欲望淡薄，這正是人生最崇高的境界。

【評析】物質文明的發展帶來都市的繁華，也帶來了喧囂嘈雜和人際關係的冷漠。激烈的競爭，極易使人的精神疲憊，這時，人們會很自然地嚮往鄉村田園式的清靜生活，懷念真誠質樸的農家之情。「故人具雞黍，邀我至田家。綠樹村邊合，青山郭外斜。開軒面場圃，把酒話桑麻。待到重陽日，還來就菊花。」孟浩然〈過故人莊〉的詩句把我們帶入了一幅充滿天然情趣的鄉居畫圖之中，令人神往。田父野叟，生活清淡，聽到看到的都少，因而思想單純，作風樸實；然而，這正是他們最可貴的地方，也是都市人最缺少的品質。

一〇三、觀心增障　齊物剖同

心無其心❶，何有於觀？釋氏曰「觀心」❷者，重增其障；物本一物，何待於齊？莊生❸曰「齊物」❹者，自剖其同❺。

【注釋】❶心無其心　前一個「心」指心的本體，後一個「心」指思想。「心無其心」，謂心中沒有任何思慮、邪念。❷觀心　謂自我省察。❸莊生　即莊周。戰國時人。著有《莊子》三十三篇。❹齊物　老莊學派的一種哲學思想。認為一切事物都應同等看待。見《莊子・齊物論》。❺剖其同 萬物本為一體，所謂「齊物」，是分割了原本同一的事物。剖，割裂。

【語 譯】如果心中沒有雜念，又何必要自我省察呢？佛家所說的「觀心」，實際上反而增加了修行的障礙。天地萬物本來是一體的，何必去整齊劃一呢？莊子所說的「齊物」，就是剖裂了原本屬於一體的事物。

【評 析】佛家主張「觀心」，道家主張「齊物」，旨在闡明人生修養的道理。然而，世界上的許多事情往往愈說愈糊塗。有首名偈說得好：「拿著苕帚不掃地，深怕掃起心上塵。」就是說人心本來清淨，可是用苕帚一掃，卻會把心中的塵土給掃起來，反而「重增其障」。六祖慧能禪師曾經說過：「菩提本無樹，明鏡亦非臺；本來無一物，何處惹塵埃？」這即是佛家所謂的四大皆空，一塵不染。莊子提倡「齊物」，認為宇宙間的一切事物，如物我有無、生死壽夭、是非得失，都應同等看待。作為一種哲學思想，容易理解，但作為人生處世之道，卻是很難實踐的。王安石就不同意這種說法，他在〈季子〉一文中說道：「昔莊周喪妻，鼓盆而歌；東門吳喪其子，比於未有。此棄人齊物之道，吾儒之罪人也。」

一〇四、勿待興盡 適可而止

笙歌❶正濃處，便自拂衣長往❷，羨達人撒手懸崖❸；更漏已殘❹時，猶然夜行不休，咲❺俗士沉身苦海❻。

【注釋】❶笙歌　吹笙歌舞。❷拂衣長往　形容毫不留戀。人欲起行，必先振衣。❸撒手懸崖　比喻在險惡環境中及時身退。❹更漏已殘　形容夜已很深。更漏，古代的計時器具，視水漏的多少，確定時間。❺咲　「笑」的古字。❻苦海　佛教比喻俗世，謂人間煩惱，苦深如海。

【語譯】歌舞盛會正高潮的時候，就毫不留戀地離席而去，可羨此類達觀之士能夠懸崖勒馬。夜深人靜的時候，仍然奔走不息，可笑這些俗世中人已墜入了茫茫苦海。

【評析】「千里搭長棚，沒有個不散的筵席。」因此，凡事勿待興盡，用力勿至極限，恰如「花要半開，酒要微醉」，適可而止，見好即收，才能免除身疲力竭之憂、樂極生悲之患。然而，人處溫柔極樂鄉中，往往不能自制。西晉貴族，爭奇鬥富，窮奢極侈，導致洛陽宮前銅駝，隱沒於蔓草荊棘之中；唐明皇晚年耽於酒色，荒於朝政，「緩歌慢舞凝絲竹，盡日君王看不足」，引發「漁陽鼙鼓動地來，驚破霓裳羽衣曲」（白居易〈長恨歌〉），唐王朝從此走向衰落。所以，笙歌正濃處，振衣而起，懸崖絕壁旁，就此打住，才是明達睿智之人。

一〇五、修行絕塵　悟道涉俗

把握未定，宜絕跡塵囂，使此心不見可欲❶而不亂，以澄吾靜體❷；

操持既堅，又當混跡風塵❸，使此心見可欲而亦不亂，以養吾圓機❹。

【注釋】❶可欲 指足以引起欲念的事物。《老子》：「不見可欲，使民心不亂。」❷靜體 指寂靜之心的本體。❸風塵 風起塵揚。比喻人世擾攘。❹圓機 環中。比喻超脫是非，不為外物所拘牽的機理。《莊子・盜跖》：「若是若非，執而圓機。」成玄英疏：「圓機，猶環中也。執環中之道以應是非。」

【語譯】意志還沒有堅定時，應該遠離世俗的喧囂擾攘，使自己看不到那些足以引起欲念的事物，避免心神迷亂，以澄清原本純靜的心性。意志既已堅定，又應當到複雜的社會環境中，讓自己面對誘人的物質也毫不動心，以培養質樸超脫的情懷。

【評析】人的成長有個過程，青少年時期，思想尚未成熟，意志還較薄弱，最容易受外界的影響，因此，要特別注意用健康的思想、高尚的道德、良好的習慣去培養、去薰陶他們，以避免受醜惡現象的誘惑而誤入歧途。孟母為教育子女，三擇其鄰，就是這個道理。而一個人長大之後，品性漸定，對善惡具有了識別能力，這時就要到社會上去磨鍊摔打，學會生存，學會競爭，否則，只能是一個迂腐的人。明姚舜牧《藥言》中說：「盤根錯節，可以驗我之才；波流風靡，可以驗我之操；艱難險阻，可以驗我之思；震撼折沖，可以驗我之力；含垢忍辱，可以驗我之量。」人經過長期的鍛鍊，才能成熟起來，在社會上站穩腳跟，進而創造輝煌的人生。

一〇六、人我一視　動靜兩忘

喜寂厭喧者，往往避人以求靜，不知意在無人，便成我相❶；心著於靜，便是動根。如何到得人我一視❷，動靜兩忘的境界？

【注釋】❶我相　佛教語。佛教四相之一。指把輪迴六道的自體當做真實存在的觀點。《金剛經・大乘正宗分》：「若菩薩有我相、人相、眾生相、壽者相，即非菩薩。」❷人我一視　用相同的眼光看待別人與我。

【語譯】喜愛寂靜厭惡喧囂的人，常常會離群索居，以求得安寧，殊不知遠離人群，便是執著於自我。一心一意追求安靜，便是內心騷動的根源，怎麼能夠達到人與我一視同仁，動與靜兩相遺忘的境界呢？

【評析】古語云：「靜以養身，儉以養德。」寧靜的氛圍，容易使人的思緒清晰，心境澄澈，有利於思想品行的養成。但是，如果一味地追求寧靜，以至於離群索居，脫離社會，則走向了反面。須知，內心寧靜，遠勝於環境的寧靜。一個人，如果心中充滿欲望，即便是隱居在深山幽谷，也會煩躁不安。而內心恬靜，坦蕩無私的人，身居鬧市，也能一塵不染，保持住心靈上的一片淨土。

一〇七、山居清灑　物我都忘

山居胸次❶清灑❷，觸物皆有佳思：見孤雲野鶴而起超絕之想，遇石澗流泉而動澡雪❸之思，撫老檜寒梅而勁節挺立，侶沙鷗麋鹿而機心❹頓忘。若一走入塵寰，無論物不相關，即此身亦屬贅旒❺矣。

【注　釋】❶胸次　胸間；胸懷。❷清灑　清新灑脫。❸澡雪　洗滌使之清潔。《莊子・知北遊》：「老聃曰：『汝齋戒疏瀹而心，澡雪而精神。』」成玄英疏：「澡雪，猶精潔也。」這裡指除去雜念，保持心靈的純潔。❹機心　機巧功利之心。❺贅旒　比喻為多餘的裝飾。旒，旌旗上的飄帶。

【語　譯】在山林中生活，胸懷清新灑脫，所接觸到的事物都能引起美好的思緒：看見天空飄動的孤雲、山間飛舞的野鶴，會引起超凡脫俗的念頭；遇見岩石澗谷間流動著的泉水，會產生滌盡世俗雜念的想法；撫摸蒼老的檜樹、寒風中的臘梅，會感受到一種挺拔剛毅的氣節；與沙鷗麋鹿為伴時，機巧功利之心會頓然消失。如果此時再回到喧囂俗世，不用說任何事物都不再與我相干，即便是自己的身體，彷彿也是多餘的。

【評　析】孔子說：「智者樂水，仁者樂山。」將自然景觀與人的精神現象聯繫在一起，是儒家的一種思維方式。究其原因，在於大自然的壯麗景色能夠滌蕩人的心靈，陶冶人的情操。所以，孔子登東山而小魯，登泰山而小天下；范仲淹登臨岳陽樓，心曠神怡，寵辱皆忘，寫下了「先天下之憂而憂，後天下之樂而樂」的名句。十六國時，前涼國主張天錫荒於政事，大臣上書勸諫，他回答說：我並不是喜歡四處遊玩，我遊覽的目的是為了得到啟發：早晨看到花開，就會敬重優秀的人才；賞玩芝蘭，就會愛護有德行的大臣；看到松竹，就會思念有貞操的賢者；面觀清流，就會重視廉潔的行為；看到蔓草，就會鄙視貪贓的官吏；遇到飆風，就會痛惡凶狡之徒，如此這般，發揚光大，就不會在道德和政治上有什麼遺漏了。張天錫說得天花亂墜，實際上一樣也做不到。但是，如果撇開其人其事，單就這段話本身來說，我們不得不承認是確有道理的。生活在喧囂環境中的人，如果偶爾回到青山綠水之間，便會感到神清氣爽，機心頓忘。所以，多接觸大自然，對人的身心都是十分有益的。

一〇八、物我合一　鳥伴雲留

興逐時來，芳草中撒履❶閒行，野鳥忘機❷時作伴；景與心會，落花下披襟兀坐❸，白雲無語漫相留。

【注釋】❶撒履　脫掉鞋子。❷忘機　忘卻機心。即忘卻與人在一起時應保留的警惕。❸兀坐　靜坐。

坐得出神的樣子。

【語　譯】興致到來時，脫下鞋子在芳草中閒走，時時有野鳥忘記了危險，飛來作伴。景色與人心融為一體時，敞開衣襟在落花下凝神靜坐，天上白雲默默無語，留連不去。

【評　析】翁森〈四時讀書樂〉詩云：「山光照檻水繞廊，舞雩歸咏春風香；好鳥枝頭亦朋友，落花水面皆文章。」當人的興致很高的時候，周圍的事物都會顯得十分迷人，山中的小鳥好像特地飛來與你作伴，連天上的白雲似乎也通了人性，留連不去。人的心靈與天地萬物融成了一體，這便是所謂的天人感應現象。它啟示我們：人如果能保持樂觀的情緒，心中就會有春風吹拂，綠水蕩漾，人生也就會變得明麗與美好。

一〇九、禍福苦樂　一念之差

人生福境禍區皆念想造成，故釋氏❶云：「利欲熾然❷即是火坑，貪愛❸沉溺便為苦海；一念清淨烈焰成池，一念警覺船登彼岸❹。」念頭稍異，境界頓殊，可不慎哉！

【注　釋】❶釋氏　釋迦牟尼的略稱。這裡指佛教。❷熾然　熾烈燃燒。然，通「燃」。❸貪愛　貪戀；

迷戀。❹船登彼岸　渡過苦海，抵達對岸。比喻修成正果。

【語　譯】人生的幸福和災禍都是由自己的念頭、想法造成的。所以，佛家說：「名利的欲望太熾烈，就是火坑；過分的貪戀沉迷，就是苦海。只要一個清淨的念頭，烈焰騰騰的火坑就會變成清涼明淨的水池；一旦警覺，便能夠渡越苦海，到達對岸。」念頭稍微有些差異，境界馬上就不一樣，怎麼可以不小心謹慎呢！

【評　析】佛家說：「多欲為苦，生死疲勞從貪欲起。」《佛遺教經》又說：「使人愚蔽者，愛與欲也。」「愛欲之人，猶如執炬逆風而行，必有燒手之患。」《四十二章經》貪婪的人，永遠不會滿足，也就永遠沉溺於所欲不得的苦海之中。而胸懷坦蕩的人，即使身居陋室，生活清苦，也能安貧樂道，知足常樂。所以說，禍福苦樂，全在人的意念之中，全靠人自己去改變、去創造。這正應了佛學上的那句話：「萬法唯識，境由心造。」靈雲禪師見桃花而悟道，梵谷畫出像火一般燃燒著的田野，就是出自自身的一種感悟。而人生的禍福也往往決定於見識的異同。北宋的寇準再度拜相時，有人勸他婉言推辭，免蹈覆轍。他卻不以為然，只見皇恩浩蕩，不見危機四伏。結果一去不返，貶到雷州，客死他鄉，實在令人惋嘆。

一一〇、學道力索　得道任天

繩鋸木斷❶，水滴石穿，學道者須加力索❷；水到渠成，瓜熟蒂落，得道者一任天機❸。

【注　釋】❶繩鋸木斷　用繩當鋸子，將木頭鋸斷。比喻力量雖小，日久為之，也能成事。語本《漢書・枚乘傳》：「泰山之霤穿石，單極之統斷幹。水非石之鑽，索非木之鋸，漸靡使之然也。」❷力索　努力探索。❸天機　天賦靈機；自然的造化。

【語　譯】把繩索當鋸子，可以鋸斷木頭；水滴在岩石上，可以滴穿岩石；學道須努力探索。水流經過，自然形成溝渠；瓜果成熟，瓜蒂自然脫落；悟道要聽任自然。

【評　析】《荀子・勸學》中說：「不積蹞步，無以至千里；不積小流，無以成江海。騏驥一躍，不能十步；駑馬十駕，功在不舍。鍥而舍之，朽木不折；鍥而不舍，金石可鏤。」這段話說明了一個道理，任何宏偉壯觀的事物，都是從細微處積累而成的。而一個人要想成就一番事業，就必須經過長期的努力，鍥而不舍，矢志不移，所以說「學道者須加力索」。但是，主觀的努力與付出，是否即成功的保證呢？那又不盡然。主觀的努力，只是成功的必要條件，仍須有客觀的充分條件相配合，才得以竟其功。所以，俗話說：「謀事在人，成事在天。」這個「天」字，如果把它理解為客觀存在的一些狀況，那是相當有意義的。不管如何，人生在世，最能把握的是自己，所以，只要已經盡心盡力，無所愧怍，那麼，成功與否，也就不是頂重要的了。

一一一、機息不苦　心遠無塵

機息❶時便有月到風來，不必苦海人世；心遠處自無車塵馬跡❷，何須痼疾丘山❸？

【注　釋】❶機息　機心止息。猶忘機。唐戴叔倫〈將巡郴永途中作〉詩：「機息知名誤，形衰恨道貧。」❷心遠處自無車塵馬跡　此句化用陶淵明〈飲酒〉詩：「結廬在人境，而無車馬喧。問君何能爾，心遠地自偏。」心遠，謂思想遠離塵俗。❸痼疾丘山　謂特別喜愛隱居山林的生活。痼疾，比喻不易改變的習慣或嗜好。

【語　譯】機械巧詐之心止息時，心中就有明月高懸，清風拂面，不必將人世看作苦海。思想超脫悠遠時，心中就沒有車塵馬跡，又何必一心嚮往山林泉石呢？

【評　析】相傳堯曾有意讓許由當九州長，許由認為這話玷汙了他的耳朵，於是跑到穎水濱去洗耳。李白頗不認同這種做法，他在〈送裴十八圖南歸嵩山〉一詩中說道：「歸時莫洗耳，為我洗其心。洗心得真情，洗耳徒買名。」然而，世俗之人往往只注意表面文章，一提到美景便想到月白風清，一談及高雅便只有山林泉石。其實，只要心地純淨，志趣悠遠，隨處都會有明月高懸，清風徐來的景象，又何必拘泥於雅潔幽靜的環境，受制於一時的浮名美譽呢？

一一二、生生之意　天地之心

草木才零落，便露萌穎❶於根底；時序❷雖凝寒❸，終回陽氣❹於飛灰❺。肅殺之中，生生❻之意常為之主，即是可以見天地之心。

【注　釋】❶萌穎　萌芽。穎，指萌芽的尖端。❷時序　時節的次序。❸凝寒　寒氣凝結。形容天氣十分寒冷。❹陽氣　暖氣。《管子・形勢解》：「春者，陽氣始上，故萬物生。」❺飛灰　古人將葭灰裝在竹筒中，冬至時一陽來復，其灰自然飛出，以此來定時序。❻生生　孳生不絕；繁衍不已。

【語　譯】草木剛剛凋謝零落，根底處已經露出了新萌的芽尖；節令雖然還在寒氣凝結的嚴冬，終究會在葭灰從竹筒中飛出時，開始生成陽氣。在肅殺的季節裡，常常有著勃勃生機，這就可以看出大自然化育萬物的仁心。

【評　析】寒來暑往，春去秋至，天地運行，萬物生息，凋零中孕育著新的萌芽，肅殺中潛伏著勃勃生機。如此循環往復，永遠沒有止境。然而，正是在這種不斷的運動之中，社會走向進步，人類走向文明。明白了這個道理，就不要被一時的挫折所嚇倒，不要以一時的成敗論英雄。順境時，常存惕厲之心；逆境中，不墜青雲之志。《周易》中說：「天行健，君子以自強不息。」一個人只要對前途充滿信心，不斷地總結經驗，朝著既定的目標奮鬥不止，嚴冬過後，終會有絢麗明媚的春天。

一一三、雨後山妍　靜夜鐘清

雨餘觀山色，景象便覺新妍❶；夜靜聽鐘聲，音響尤為清越❷。

【注釋】❶新妍　清新妍美。❷清越　清脆悠揚。

【語譯】下雨後觀看山景，分外清新妍美；夜靜時聆聽鐘聲，更為清脆悠揚。

【評析】談到深夜鐘聲，人們會很自然地想起唐代詩人張繼的〈楓橋夜泊〉：「月落烏啼霜滿天，江楓漁火對愁眠，姑蘇城外寒山寺，夜半鐘聲到客船。」暗夜之中，萬籟俱寂，人的聽覺升居到對外界事物感受的首要地位，清脆悠揚的鐘聲，給人的印象特別的強烈。這鐘聲襯托著夜的靜謐、夜的深永和清寥，蘊含著佛理的意蘊，令人回味無窮。而雨後的群山，景色分外迷人。王維〈山居秋暝〉詩云：「空山新雨後，天氣晚來秋。明月松間照，清泉石上流……」講的是雨後山間的晚景，想來霽日晴空之下，山青樹綠，溪水淙淙，當另有一番情致。「雨後觀山，靜夜聽鐘」，一個通過人的視覺，一個通過人的聽覺，感悟自然界的美色，與心靈發生共鳴。人如果能不時地徜徉於自然環境之中，便能陶冶自己的性情，淨化自己的心靈。

一一四、登高心曠　臨流意遠

登高使人心曠，臨流使人意遠。讀書於雨雪❶之夜，使人神清；舒嘯❷於丘阜❸之巔，使人興邁❹。

【注　釋】❶雨雪　下雪。雨，當動詞使用。❷舒嘯　猶長嘯。放聲歌嘯。晉陶淵明〈歸去來兮辭〉：「登東皋以舒嘯，臨清流而賦詩。」❸丘阜　小山崗。❹興邁　興致勃發。邁，奮發。

【語　譯】登臨高處，使人心胸空曠；面對清流，使人意趣悠遠。在雪夜裡讀書，使人神志清爽；在山崗頂長嘯，使人豪興大發。

【評　析】登高望遠，使人胸懷寬廣，意趣深遠。王羲之與友人勝會蘭亭，「天朗氣清，惠風和暢；仰觀宇宙之大，俯察品類之盛」，極目騁懷，極視聽之娛，以神來之筆，寫下了〈蘭亭集序〉，不僅文辭優美，而且書法超逸，被譽為「天下第一行書」。據說，日後王羲之曾多次書寫，然而皆不如原稿具有神韻。杜甫遊覽泰山，留下了著名的〈望岳〉詩：「……蕩胸生層雲，決眦入歸鳥。會當凌絕頂，一覽眾山小。」你看，胸中翻滾著層層白雲，映入眼簾的是天邊的歸鳥，多麼壯闊豪邁的氣勢。詩的最後一句，富有哲理的意蘊，發人聯想，引人深思。可見外在環境對於人的影響力之大，它不僅刺激人的感官，甚至於還能觸發人的思考。

一一五、萬鍾一髮 存乎一心

心曠則萬鍾❶如瓦缶❷，心隘則一髮❸似車輪。

【注 釋】❶萬鍾 指優厚的俸祿。鍾，古代量器名。❷瓦缶 小口大腹的瓦器。與萬鍾相對，比喻量少。❸一髮 一根頭髮。比喻極其微小。

【語 譯】心胸寬廣，即使萬鍾的財富，也當作破瓦罐一樣；心胸狹隘，即便是像一根頭髮那樣細小的利益，也會看成像車輪一般的大。

【評 析】萬鍾與瓦缶，孰輕孰重，是最明顯不過的事了。有的人視金錢為糞土，視萬鍾如瓦缶，仗義疏財，慷慨解囊，接濟窮人，資助公益事業，為人仰瞻；而有的人卻像巴爾扎克筆下的老葛朗臺，心地狹隘，慳吝成癖，斤斤計較，淪為金錢的奴隸。對待金錢財物的這兩種態度，反映了人的兩種思想境界。古語云：「賢者多財損其志，愚者多財生其過。」（《貞觀政要．貪鄙》）孔子視不義而富且貴如浮雲，子罕以不貪為寶，這才是豁達的人生。

一一六、以我轉物 塵情理境

無風月花柳不成造化❶，無情欲嗜好不成心體❷。只以我轉物，不以物役我，則嗜慾莫非天機❸，塵情即是理境矣。

【注 釋】❶造化 指大自然的創造化育。❷心體 心的本體。❸天機 大自然的奧祕。

【語 譯】沒有清風明月鮮花垂柳，就不成其為大自然；沒有七情六欲各種嗜好，就構不成心的本體。只要能夠以我來支配事物，而不是我被外物奴役，那麼，一切嗜好欲望，無不是自然的機趣，塵俗之情，也就會是真理之境了。

【評 析】自然界有風花雪月，桃紅柳綠，人有七情六欲，各種嗜好，由此構成大千世界，構成百態人生。如何對待這五光十色的外部世界呢？佛家認為四大皆空，五蘊非有，主張禁欲；儒家則承認在合乎情理的原則下可以適當地滿足人的欲望，所謂「君子愛財，取之有道」，就反映了這一原則。人對於外物必須持一種正確的態度。對於功名、事業、物質利益有一定的要求並沒有什麼過錯，但若放縱情欲，過分貪求，就會被嗜欲所困擾、所左右，陷入歧途。《莊子・大宗師》云：「其嗜欲深者，其天機淺。」可見，在情與理、物質與精神之間，正確地把握好自己，顯得特別重要。

一一七、就身了身　出世於世

就一身了❶一身者，方能以萬物付❷萬物；還天下於天下者，方能出世間❸於世間。

【注釋】❶了　了悟；明瞭。❷付　給予。❸出世間　超脫世俗。

【語譯】能夠就自身來了悟自身的人，才能夠把萬物還給萬物；能夠將天下歸還給天下的人，才能身處世間而超越世間。

【評析】蘇軾詩云：「橫看成嶺側成峰，遠近高低各不同。不識廬山真面目，只緣身在此山中。」身在山中，看不清山的全貌；一心想著自我，也就不能正確地認識自我。只有跳出自我的圈子去考慮問題，才能擺脫世俗名利思想的束縛，領悟人生的真諦。

而對於得天下者來說呢，應造福於天下之民。古語云：「天下者，天下人之天下，不得以一己私專之。」上古之時，人心淳樸，並不將權力看得很重。堯讓位給舜，舜讓位給禹，禹之後才破壞了禪讓制度，變成了家天下。但隨著社會的進步與發展，人們愈來愈清醒地意識到，國家應是人民的國家，國家機構的工作人員應是人民的公僕，而不應是高高在上，為個人謀取私利的官僚。還天下於天下之民，已成為社會的共識，與人們心底的呼喚。

一一八、抱身心憂 耽風月趣

人生太閒，則別念竊生❶；太忙，則真性❷不現。故士君子不可不抱身心之憂，亦不可不耽❸風月之趣。

【注釋】❶別念竊生 私心雜念在暗中悄悄滋生。別念，雜念。❷真性 純真的本性。❸耽 沉迷。

【語譯】人如果過於閒散，雜念就會悄悄滋生；過於忙碌，純真的本性就會掩沒。所以，士大夫既不可以不思慮操勞，也不可以不在風花雪月中領略生活的情趣。

【評析】一個人終日游手好閒，無所事事，很容易滋生雜念。因為精力不用在正途上，就很可能用到邪門歪道上。所以，古語云：「罔游於逸，罔淫於樂。」（《尚書・大禹謨》）而一個人終日奔波操勞，也不利於身心的健康。這就好比機器需要定時上油，良馬需要按時伏櫪一般。《禮記・雜記》云：「一張一弛，文武之道也。」人如果能為理想、為事業奮鬥不止，同時又能不時地從生活中領略情趣、陶冶情操，就能鑄成完善的人格。

一一九、一念不生　真境真機

人心多從動處失真，若一念不生，澄然❶靜坐，雲與而悠然共逝，雨滴而冷然❷俱清，鳥啼而欣然有會，花落而瀟然❸自得。何地非真境❹？何物無真機❺？

【注　釋】❶澄然　清澈靜穆的樣子。形容心無雜念。❷冷然　涼爽的樣子。❸瀟然　清幽寂靜貌。唐牟融〈題朱慶餘閒居〉詩：「閒客幽棲處，瀟然一草廬。」❹真境　道教之地。這裡指仙境。❺真機　玄妙之理。

【語　譯】人心大多因為動而失去純真。倘若心中沒有任何雜念，凝神靜坐，那麼，雲起而心與白雲一起飄逸，雨滴而心與雨水同樣清爽，鳥鳴而內心欣然有所領悟，花落而內心清淨自在。人間何處不是仙境？世上何物不蘊含著玄妙的機理？

【評　析】常聽人們說，日子過得太枯寂、太單調。其實，只要用心體會，雜念不生，則生活中是處處充滿著生機的。一朵白雲，二三滴雨水，數聲蛙鳴，都會引起詩人無限的情思。即使是茫茫黃沙的塞外，在王維眼裡，煙起大漠，日落長河，也是一派雄渾壯麗的景色。柳宗元貶官柳州，在這塊當時還十分落後荒涼的邊遠之地，發現了幽靜的小丘、澄澈的石潭，領略了自然的情趣。可見，人的感受是與人的思想境界緊密相聯的。內心充實的人，不論在什麼惡劣的條件之下，都會深切地感受到人生的歡樂與生活的機趣。

一二〇、順逆一視　欣戚兩忘

子生而母危，鏹❶積而盜窺，何喜非憂也；貧可以節用，病可以保身，何憂非喜也。故達人❷當順逆一視，而欣戚❸兩忘。

【注　釋】❶鏹　古時用來串錢幣的繩索。借代為「錢」。❷達人　通達事理的人。❸欣戚　高興與悲傷。

【語　譯】生孩子的時候，母親有生命的危險，積蓄錢財，容易引起盜賊的窺視，哪一件值得高興的事不存在著憂患；貧窮可以節省著過日子，生病可以促使人注意保養，哪一件值得擔憂的事不存在著喜悅。所以，通達事理的人，應當順境、逆境一視同仁，高興、悲傷全部遺忘。

【評　析】任何事物都有兩重性，禍與福，戚與喜，好與壞，都不是絕對的。它們在一定的條件下可以互相轉化，好事可以引出壞的結果，壞事也可以引出好的結果，塞翁失馬的故事就很能說明這個問題。據《淮南子・人間》：「近塞上之人有善術者，馬無故亡而入胡，人皆弔之。其父曰：『此何遽不為福乎？』居數月，其馬將胡駿馬而歸，人皆賀之。其父曰：『此何遽不能為禍乎？』家富馬良，其子好騎，墮而折其髀，人皆弔之。其父曰：『此何遽不為福乎？』居一年，胡人大入塞，丁壯者引弦而戰，近塞之人死者十九，此獨以跛之故，父子相保。」正因為「禍福無常，利弊相隨」，通達事理的人就必須做到順境不喜，逆境不憂，善於總結經驗教訓，才能防患於未然。

一二一、過而不留　空而不著

耳根❶似飆谷❷投響，過而不留，則是非俱謝；心境如月池浸色，空而不著，則物我兩忘。

【注　釋】❶耳根　佛教語。佛教以眼、耳、鼻、舌、身、意為六根，耳為聽根。《楞嚴經》卷三：「耳根勞，故頭中作聲。」❷飆谷　大風吹過山谷。飆，暴風；旋風。

【語　譯】如果耳朵能像山谷風聲一樣，大風過後便無聲息，那麼，一切是非都會自行消失。如果心境能像池水中的月色一樣，空無不著痕跡，那麼，就能進入外物和自我全然忘懷的境界。

【評　析】人在許多情況下是需要忘卻的，忘卻煩惱，忘卻名利，忘卻恩怨，忘卻自我。這樣才能襟懷寬廣，目光遠大，不為環境變化所困擾，不為個人私利所左右。這方面的例子很多，宋代呂夷簡就是比較典型的一個：仁宗景祐年間，范仲淹知開封府，屢次上表，指陳呂夷簡之失。康定五月，呂復任宰相，他向仁宗推薦說：「范仲淹是一個難得的人才，朝廷應當委以重任。」於是，仁宗任范仲淹為龍圖閣直學士、陝西經略安撫副使。范仲淹因呂不計前隙，當面向呂致謝。呂夷簡回答說：「同為朝廷大臣，怎能記個人恩仇呢？」（《五朝名臣言行錄》卷六）

一二二、世間可樂　苦自心生

世人為榮利纏縛，動曰塵世苦海。不知雲白山青，川行石立❶，花迎鳥笑，谷答樵謳❷。世亦不塵，海亦不苦，彼自塵苦❸其心爾。

【注　釋】❶川行石立　指河水奔流，岩岸屹立。❷樵謳　樵夫的歌唱。❸塵苦　謂受紅塵之苦。

【語　譯】世上的人受榮華利祿的束縛，動不動就說世間塵囂，人生苦海，卻不知白雲悠悠，山色青青，大河奔流，岩岸聳立，花色迎人，鳥聲如笑，樵夫謳歌，空谷回響，世間並不是塵囂萬丈，人生也不是苦海，只是人們自己將心靈陷入塵俗與苦海之中罷了。

【評　析】何為苦？何為樂？不同的人有不同的回答。貪圖榮華富貴、功名利祿的人，以無休止的佔有為目標，因此，即使腰纏萬貫、頭戴高冠，也總是覺得不滿足，總是陷入所欲不得的苦海之中。心靈純美的人，以不斷的耕耘、無私的奉獻為人生的追求，即使身居陋室，也仍然能感受到明媚的陽光、和煦的春風、青山綠水、鳥語花香。在他們的身後，會留下一串閃光的足跡。正是在這默默而又艱韌的跋涉中，他們領略到了時代的風雲，生活的樂趣。這兩種截然不同的人生，都是自己的選擇而已。

一二三、花看半開　酒飲微醉

花看半開，酒飲微醉，此中大有佳趣。若至爛熳酕醄❶，便成惡境矣。履盈滿❷者，宜思之。

【注釋】❶酕醄　酩酊大醉的樣子。唐姚合〈閒居遣懷〉詩之六：「遇酒酕醄飲，逢花爛熳看。」❷履盈滿　即履盈蹈滿，謂榮顯至極。

【語譯】花在半開時看，酒在微醉時停，這當中大有趣味。倘若等到花開得繽紛爛熳，酒喝得酩酊大醉，便已大煞風景了。志得意滿、榮顯至極的人，應當想想這個道理。

【評析】天道忌盈，人事懼滿，月盈則虧，花盛則謝，任何事物到了頭，就會走向它的反面。所以，含苞欲放的花，最具生氣；酒喝到微醉，飄飄欲仙，最能暢懷；事業在中途階段，充滿奮鬥的艱辛，也充滿成功的喜悅，生機勃發，前程似錦，最令人難以忘懷。而到達頂峰時，處在鮮花與掌聲的包圍之中，卻應格外的小心謹慎，兢兢業業，如臨深淵，如履薄冰。因為

「強弩之末，力不能穿魯縞」，偶一疏忽，便會從榮譽的金字塔上跌落下來。

一二四、不染世法　臭味迥然

山肴❶不受世間灌溉，野禽不受世間豢養❷，其味皆香而且洌❸；吾人能不為世法❹所點染❺，其臭味❻不迥然別乎？

【注　釋】❶山肴　山間的野菜。如山菇、木耳之類。❷豢養　飼養。❸洌　清澄。❹世法　世俗的法則。❺點染　玷染。❻臭味　氣味。這裡指氣質。

【語　譯】山間野菜不需要人去灌澆，野外飛禽不需要人工飼養，它們的味道既香淳又清洌。我們如果能不受世俗思想的汙染，氣質品格就會迥然與眾不同。

【評　析】物貴天然，野生的藥材，一經人工培植，藥效便減了許多；人貴自然，天生麗質，不事修飾，依然動人，而一到東施效顰、邯鄲學步，便醜態百出。用這種現象來比喻人的思想，也不無道理。山野之民，與外界接觸較少，作風樸實；而市井中人，整日接觸聲色犬馬、利害交易，惡習亦多；這便是環境影響的結果。但是，在現代社會，要尋覓一處潔淨的世外桃源，已是天方夜譚的事。一味地強調回歸山野，以保持淳樸的本性，是不足取的。人類在文明的進程中，始終伴隨著汙泥濁水，只有勇敢地面對現實，加強自身的修養，才能拒腐蝕，永不沾染。

一二五、觀物自得　勿徒留連

栽花種竹，玩鶴觀魚，亦要有段自得處。若徒留連光景，玩弄物華❶，亦吾儒之口耳❷，釋氏之頑空❸而已，有何佳趣？

【注　釋】❶物華　萬物的精華。❷口耳　口頭說說，耳朵聽聽。形容無實際益處。❸頑空　佛教語。指一種無知無覺、無思無為的虛無境界。

【語　譯】種植花草竹樹，觀賞仙鶴游魚，也要自己能有所領會。如果僅僅是貪戀景色，玩賞事物華麗的外表，那就如同儒家所說的「口耳」，佛家所謂的「頑空」一樣，有什麼樂趣可言呢？

【評　析】栽植花草竹木，觀賞游魚舞鶴，是文人的雅興，既是一種消遣，又可陶冶情操，愉悅身心。晉陶淵明獨愛菊，明周敦頤尤愛蓮花，清鄭板橋視幽蘭修竹為清高人品的象徵，而宋林和靖「梅妻鶴子」的故事，千古傳為美談。然而，世上既有雅潔之事，便有附庸風雅之徒。這樣的人玩弄物華，留連光景，裝模作樣，而內心空空，一無所得。本文告誡我們，不要追求表面的形式，而要注重內在的修養。否則，便墮入了「口耳」、「頑空」之中，不僅毫無用處，還令人作嘔不已。

一二六、失身市井　生不若死

山林之士，清苦而逸趣❶自饒❷；農野之夫，鄙略而天真❸渾具。若一失身市井❹駔儈❺，不若轉死溝壑❻，神骨❼猶清。

【注釋】❶逸趣　高雅的趣味。❷饒　富足。❸天真　謂未加調教的稟性。❹市井　街市。市，指交易之所。井，指街道。❺駔儈　原指牲畜交易的經紀人，後泛指市場經紀人。❻溝壑　山溝、溪谷。這裡泛指野外。❼神骨　神韻風骨。

【語譯】隱居山林的人，生活清苦，而趣味高雅；農夫野老，粗魯而天性淳樸。倘若一不留神步入市井，成為交易場中的奸商，還不如死在荒郊野外，尚能保持神韻風骨的清白。

【評析】中國自古重義輕利，即所謂「君子謀道不謀富」（唐柳宗元〈吏商〉），因此，十分看不起商人。從戰國時李悝的「重農」思想，到西漢晁錯提出「重本抑末」的政策為景帝所採納，二千多年來，中國走的是一條重農抑商的道路。在人們眼裡，商人雖然有錢，但卑鄙奸詐，唯利是圖。因此，君子寧可餓死溝壑，也不願意失身市井。歷史上也有人不同意這種看法，范蠡農商俱利的思想就是其代表，只是這一思想並不為傳統的中國文化所接受。必須指出，歷史上對待商人是存在一定的偏見的，而這一偏見是不利於商品市場的形成和人類社會的發展的。

一二七、非分之福　人世機阱

非分之福，無故之獲，非造物❶之釣餌，即人世之機阱❷。此處著眼不高，鮮不墮彼術❸中矣。

【注　釋】❶造物　上天；大自然。❷機阱　機關陷阱。❸術　計謀。

【語　譯】不是自己應該有的福分，無緣無故的獲得，如果不是上天故意安排的誘餌，便一定是別人布下的機關陷阱。在這種地方眼光不放亮，很少有人不落入對方圈套的。

【評　析】鳥為了果腹，自投羅網；魚為了攫食，誤上釣鉤；人也是如此，往往為了名利、聲色，走入別人事先設置的圈套，欲罷不能，以致身敗名裂。古語云：「欲取姑與」、「餌兵勿食」、「天欲禍之，必先福之」、「人為財死，鳥為食亡」。天上不會無緣無故掉下餡餅，人生也不會莫名其妙地鴻運臨頭。對那些「非分之福，無故之獲」多一分戒心，多一分警惕，就可以少一分悔恨。

一二八、根蒂在手　超越提掇

人生原是一傀儡❶，只要根蒂❷在手，一線不亂，卷舒❸自由，行止在我，一毫不受他人提掇❹，便超出此場中矣。

【注　釋】❶傀儡　木偶戲中的木頭人。比喻受人操縱。❷根蒂　原指植物的根與瓜果的把兒，比喻為事物的根基或基礎。❸卷舒　收與放。❹提掇　操縱。

【語　譯】人生原本就是一具木偶，只要控制活動的引線在手，一絲不亂，收放自如，行動與否完全決定於我，絲毫不受別人的操縱。這樣的話，就可以超越任人擺布的木偶戲場了。

【評　析】人生的畫圖靠自己去描繪，去創造，如果聽任命運的安排，終成不了大器。元末明初的王冕就是一個能在惡劣環境中奮力抗爭，把握住自己的人。年幼時，他因家貧無力上學，牧牛隴上，竊入學舍聽諸生誦讀，暮歸，忘其牛。夜晚，入僧寺，在長明燈下讀書，通宵達旦。成年後，數次應舉不中，即看穿了科舉制度的本質，發出「此童子羞為者，吾何溺於是」的感慨，毅然棄之如敝屣，轉而「下東吳，渡大江，入淮楚，歷覽名山川」（明宋濂〈王冕傳〉），終於成為卓有成就的詩人、畫家。相比之下，秦相李斯，雖然學富五車，位極人臣，但因一念之差，受制於趙高，終成傀儡。最後為趙高所構陷，腰斬咸陽街市，臨刑前懊悔莫及。所以，在人生的關鍵之處，清醒地把握自我，「一線不亂，卷舒自由」，顯得何等重要！

一二九、事起害生　無事為福

一事起則一害生，故天下常以無事為福。讀前人詩云：「勸君莫話封侯事，一將功成萬骨枯。」❶又云：「天下常令萬事平，匣中❷不惜千年死。」雖有雄心猛氣，不覺化為冰霰❸矣。

【注釋】❶勸君莫話封侯事二句　語出唐曹松〈己亥歲〉詩：「澤國江山入戰圖，生民何計樂樵蘇。憑君莫話封侯事，一將功成萬骨枯。」封侯，以戰功封為諸侯。❷匣中　匣中劍。泛指兵器。❸霰　雪珠。

【語譯】有一件事情發生，就會有一種弊害隨之而來。所以，天下常以無事便是幸福。讀古人詩句：「勸您不要談論封侯拜相的事，因為每一員大將功成名就的背後，都堆滿了成千上萬士卒的屍骨。」又云：「天下如能常保太平無事，即使寶劍在劍匣中閒置一千年也不可惜。」讀了這些詩，就算原來有一片雄心、萬丈猛氣，也會不知不覺地化為像冰雪一般的冷寂。

【評析】中國幾千年的文明史充滿著鼓角硝煙，封建統治者大多好大喜功，窮兵黷武，因此，常年征伐，戰亂不斷。而古代戰爭，以首級之數計功，更造成了殘酷的殺戮，士卒大量死亡，人民流離失所。唐張蠙〈弔萬人冢〉詩云：「可憐白骨攢孤冢，盡為將軍覓戰功。」唐劉商〈行營即事〉詩云：「將軍誇寶劍，功在殺人多。」而本則引用曹松的詩句：「勸（原作『憑』）君莫話封侯事，一將功成萬骨枯。」字字血，聲聲淚，將顯赫戰功背後，血流成河、生靈塗炭的悲慘情景，揭露得淋漓盡致。人民渴望和平、渴望安寧，寧願匣中之劍閒置千年，也不願看到封侯拜相、勒石紀功的熱烈場面。所以，明達之士雖有建功立業的雄心壯志，但只要想起戰爭帶來的苦難，也會黯然傷神。

一三〇、清淨之門　淫邪之窟

淫奔❶之婦，矯❷而為尼；熱中之人❸，激❹而入道。清淨之門，常為淫邪之淵藪❺也如此。

【注釋】❶淫奔　謂男女私自奔就，自行結合。❷矯　假託。❸熱中之人　謂沉迷於功名利祿之中的人。❹激　激憤。❺淵藪　比喻人或事物匯聚的地方。淵，魚所處。藪，獸所處。古稱水少而草木茂盛的湖澤為藪。

【語譯】淫亂私奔的女子，會假意而削髮為尼；熱中仕途的人，會因一時激憤而去當道士。清淨的寺廟，常常成為淫蕩奸邪之人的聚集地，竟然到這地步。

【評析】天底下，只要是美好的事物，就會被人「改造」得面目全非。譬如說，山林是隱士們修性養身的地方，卻被沽名釣譽之徒利用為「終南捷徑」；寺廟本來是清靜潔淨之地，卻成了邪惡淫蕩之人避身的場所。屠夫口誦佛經，豺狼披著羊皮，冠冕堂皇的背後是寡廉鮮恥，燦爛陽光下藏著陰謀與罪惡。所以，善良的人們切勿被表面現象所迷惑，而要學會通過現象看清事物的本質，才能避免上當受騙。

一三一、身在事中 心超事外

波浪兼天❶，舟中不知懼，而舟外者寒心；猖狂罵坐❷，席上不知警，而席外者咋舌。故君子身雖在事中，心要超事外也。

【注釋】❶兼天 連天；滔天。❷罵坐 謾罵同席的人。《史記．田蚡傳》：「劾灌夫罵坐，不敬，繫居室。」

【語譯】波浪滔天，坐在船中的人並不感到害怕，而船外的人卻看得膽戰心驚；酒醉後，肆意謾罵在座的人，同席者不感到驚訝，而席外的人卻聽得吐舌頭。所以君子雖然置身於事物之中，心智卻要超脫於事物之外。

【評析】山巒深處，看不清山的全貌；颱風中心，感受不到風的威力。一個人沉溺於事，就難以把握事物發展的方向，有時處在十分危險的境地，也茫然無所知。東漢禰衡，才學過人，稟性孤傲。一次，他與江夏太守黃祖一同飲酒，皆醉。黃祖問：「君在許都，有何人物？」禰衡回答：「大兒孔文舉，小兒楊德祖，除此二人，別無人物。」孔文舉即孔融，楊德祖即楊修，是東漢著名的文人。黃祖又問：「似我何如？」禰衡說：「汝似廟中之神，雖受祭祀，恨無靈驗！」黃祖大怒道：「汝以我為土木偶人耶！」遂斬之。正所謂「腐儒舌劍，反自殺矣」。俗話說：「當局者迷，旁觀者清。」一個人如能身居局中，心超事外，就能冷靜而理智地看待和處理事物，多一分成功而少一分失誤，避免禰衡這樣的結局。

一三二、減省一分　超脫一分

人生減省一分，便超脫一分。如交游減，便免紛擾；言語減，便寡愆尤❶；思慮減，則精神不耗；聰明減，則混沌❷可完。彼不求日減而求日增者，真桎梏❸此生哉！

【注釋】❶愆尤　過失。❷混沌　原指天地未開闢以前的形狀，這裡指人的淳樸本性。❸桎梏　枷鎖。這裡作「束縛」解。

【語譯】人生在世，少一分事情，就能超脫一分。如少一些交際應酬，就能免卻糾紛干擾；

少說一些話，就能少犯一些過失；少一些思考，精神就少耗費一些；少一些自作聰明，就能保持淳樸的本性。那些不求逐漸減少卻求日益增加的人，真是在束縛自己的生命。

【評析】《莊子・應帝王》云：「南海之帝為儵，北海之帝為忽，中央之帝為渾沌。儵與忽時相與遇於渾沌之地，渾沌待之甚善。儵與忽謀報渾沌之德，曰：『人皆有七竅，以視聽食息，此獨無有，嘗試鑿之。』日鑿一竅，七日而渾沌死。」渾沌原無七竅，南北二海之帝為了報答渾沌，為他鑿了七竅，渾沌享受到了這個光怪陸離的世界，卻因此而死去。這則寓言反映了道家崇尚自然、返璞歸真的思想。人在混沌狀態，純樸善良，而一旦有了耳目見聞，便會產生種種欲望，從而喪失人的本性。聰明才智本來是一件好事，但聰明過了頭，就會危及自身。從這個意義上來說，人生開竅憂患始，聰明反被聰明誤。

一三三、滿腔和氣　隨地春風

天運❶之寒暑易避，人世之炎涼❷難除；人世之炎涼易除，吾心之冰炭❸難去。去得此中之冰炭，則滿腔皆和氣，自隨地有春風矣。

【注釋】❶天運　天體的運行。唐韓愈〈君子法天運〉詩：「君子法天運，四時可前知。」❷炎涼　謂人情冷暖。❸冰炭　冰塊與炭火。比喻性質相反，不能相容。這裡指心中的恩恩怨怨。

【語　譯】天地運行所形成的寒暑容易躲避，而世態炎涼、人情冷暖卻難以消除；人世間的炎涼冷暖容易消除，而我們心中的恩恩怨怨難以去除。如果能把積壓在心中的恩恩怨怨一併去除，那麼，我們的心胸就會充滿祥和之氣，無論到哪裡，都會有如沐春風的感覺。

【評　析】人情冷暖，世態炎涼，自古以來就是如此。孟嘗君食客三千，落魄時作鳥獸散，而東山再起時，又雲集而來，他因此而感慨係之。消極地看待現實生活中這種反覆無常的人際關係，就會感到一片灰暗。但如果你能抱著一種博大的心胸，寬恕待人，「以德報德，以直報怨」，就較容易消除心中的恩恩怨怨。事實上，大多數人還是通情達理的。投之以桃，報之以李，你厚待我，我自然尊敬你。以寬厚的態度處理人與人之間的關係，便會融洽和諧，處處蕩漾著和煦的春風。

一三四、超越嗜欲　但求真趣

茶不求精而壺也不燥❶，酒不求洌❷而樽❸亦不空；素琴❹無弦而常調，短笛無腔而自適。縱難超越羲皇❺，亦可匹儔❻嵇阮❼。

【注　釋】❶燥　乾涸。❷洌　清醇。❸樽　盛酒的器具；酒樽。❹素琴　不加裝飾的琴。❺羲皇　伏羲氏，為上古時代的帝王。❻匹儔　匹敵；媲美。❼嵇阮　指嵇康與阮籍。三國時魏人，性皆孤傲。與山濤等合稱「竹林七賢」。

【語　譯】喝茶不一定要喝名茶，茶壺就不會乾；飲酒不一定要飲名酒，酒杯就不會空。不加裝飾的琴雖無琴弦，而常常撫弄；短笛雖然吹不成曲調，而怡然自得。一個人能達到這種境界，縱然不能超過伏羲氏，也可以像嵇康、阮籍那樣。

【評　析】陶淵明不懂得音樂，但家中卻備有一張素琴，每當喝酒吟詩痛快酣暢時，就在沒上弦的琴上撫弄一番，借以抒發感情。宋初王弘之隱居山林，常在上虞一個叫三石頭的地方垂釣。路過的人問他：「釣的魚賣不賣？」他回答說：「也釣不到，釣到了也不賣。」意思是說，釣魚的樂趣只在垂釣上，至於釣到釣不到那是無關緊要的。超逸灑脫的人，做事但求適意，而不會拘泥於表面的形式。所以，喝茶飲酒、穿衣戴帽，不講求精品名牌；彈琴吹笛，引吭高歌，不拘於旋律腔調。怡然自得，逍遙自在。這是那些附庸風雅者所無法企及的。

一三五、隨緣素位　無入不得

釋氏隨緣❶，吾儒素位❷，四字是渡海的浮囊❸。蓋世路茫茫，一念求全則萬緒紛起，隨寓而安❹則無入不得矣。

【注　釋】❶隨緣　佛教語。謂佛應眾生之緣而施教化。緣，指身心對外界的感觸。❷素位　謂安守本分。

語出《禮記・中庸》：「君子素其位而行，不願乎其外。」孔穎達疏：「素，鄉也。鄉其所居之位而行其所行之事，不願行在位外之事。」❸浮囊 浮在水上的氣囊，渡水用。唐慧琳《一切經音義》卷三：「浮囊者，氣囊也。欲渡大海，憑此氣囊輕浮之力也。」❹隨寓而安 即隨遇而安。謂能安於所處的境遇。

【語 譯】佛家主張順應自然，儒家主張安守本分。「隨緣」、「素位」，這四個字是渡越苦海的氣囊。因為人世的道路茫茫，如果抱著一種求全責備的念頭，就會引起許多憂愁和煩惱；而隨時安於自己所處的境遇，就能適應各種情況，得到心理上的平衡和滿足。

【評 析】凡事有緣，無緣不成事。但緣又難以捉摸，有時「眾裡尋他千百度，驀然回首，那人卻在，燈火闌珊處」（辛棄疾〈青玉案〉詞）；有時，機緣與你擦肩而過，令你抱憾終身。佛家主張「隨緣」，就是說，萬事順應自然，不作強求。這與「宿命論」是有本質區別的：前者順應事理，有所把握；後者隨波逐流，心隨境轉。

儒家主張「素位」，即樂天知命，不作非分之想。《中庸》十三章云：「素富貴行乎富貴，素貧賤行乎貧賤，素夷狄行乎夷狄，素患難行乎患難，君子無入而不自得焉。」按鄭玄的注解，「素」就是「置身」的意思。置身在什麼樣的環境之中，就順應什麼樣的環境，安於本分。清梁章鉅《退菴隨筆・官常一》云：「士君子到一處，便思盡一處職業，方為素位而行。」

「隨緣」、「素位」，似乎缺少了點銳氣，缺少了點奮發進取的精神，但人的境遇各不相同，自身條件千差萬別，有時憑著良好的願望一意孤行，往往碰得頭破血流。順其自然，隨遇而安，就可以少一些海市蜃樓的幻想，少一些憤世嫉俗的牢騷，而時時保持一種怡然自得的心情。

新譯范文正公選集
新譯蘇洵文選
新譯蘇軾文選
新譯蘇軾詞選
新譯蘇軾詩選
新譯蘇轍文選
新譯曾鞏文選
新譯王安石文選
新譯唐宋八大家文選
新譯柳永詞集
新譯李清照集
新譯辛棄疾詞選
新譯陸游詩文選
新譯歸有光文選
新譯唐順之詩文選
新譯徐渭詩文選
新譯袁宏道詩文選
新譯薑齋文集
新譯顧亭林文集
新譯納蘭性德詞
新譯方苞文選
新譯閒情偶寄
新譯鄭板橋集
新譯袁枚詩文選
新譯李慈銘詩文選
新譯聊齋誌異選
新譯閱微草堂筆記
新譯浮生六記
新譯弘一大師詩詞全編

教育類

新譯爾雅讀本
新譯顏氏家訓
新譯聰訓齋語
新譯曾文正公家書
新譯三字經
新譯百家姓
新譯幼學瓊林
新譯增廣賢文・千字文
新譯格言聯璧

歷史類

新譯史記
新譯漢書
新譯後漢書
新譯三國志
新譯資治通鑑
新譯史記——名篇精選
新譯尚書讀本
新譯周禮讀本
新譯逸周書
新譯左傳讀本
新譯公羊傳
新譯穀梁傳
新譯春秋穀梁傳
新譯戰國策
新譯國語讀本
新譯說苑讀本
新譯新序讀本
新譯吳越春秋
新譯西京雜記
新譯列女傳
新譯越絕書
新譯燕丹子
新譯東萊博議
新譯唐六典
新譯唐摭言

宗教類

新譯金剛經
新譯高僧傳
新譯碧巖集
新譯百喻經
新譯楞嚴經
新譯梵網經
新譯圓覺經
新譯法句經
新譯六祖壇經
新譯禪林寶訓
新譯維摩詰經
新譯經律異相
新譯阿彌陀經
新譯無量壽經
新譯妙法蓮華經
新譯景德傳燈錄
新譯大乘起信論
新譯釋禪波羅蜜
新譯八識規矩頌
新譯永嘉大師證道歌
新譯華嚴經入法界品
新譯地藏菩薩本願經
新譯悟真篇
新譯无能子
新譯坐忘論
新譯列仙傳
新譯抱朴子
新譯神仙傳
新譯性命圭旨
新譯老子想爾注
新譯周易參同契
新譯道門觀心經
新譯養性延命錄
新譯樂育堂語錄
新譯沖虛至德真經
新譯長春真人西遊記
新譯黃庭經・陰符經

地志類

新譯山海經
新譯水經注
新譯佛國記
新譯大唐西域記
新譯洛陽伽藍記
新譯徐霞客遊記
新譯東京夢華錄

政事類

新譯商君書
新譯鹽鐵論
新譯貞觀政要

軍事類

新譯孫子讀本
新譯司馬法
新譯尉繚子
新譯三略讀本
新譯六韜讀本
新譯吳子讀本
新譯李衛公問對

◎新譯小窗幽記

馬美信／注譯

《小窗幽記》是一部輯錄嘉言格論、麗詞醒語的雜著，有人稱之為「清言小品」，也有人稱之為「格言小品」。全書十二卷，其所採錄的文獻，從先秦兩漢直至明代晚期，包括經史典籍、諸子百家、佛教道藏、小說戲曲、筆記雜著。內容則涉及道德修養、處世原則、隱逸之樂、山水之趣等各方面。本書版本精校、注釋精潔、語譯到位，加上旁徵博引、援古引今的研析，讓您輕鬆體會古人修身處世的智慧，優遊於閒適的山水田園間。

國家圖書館出版品預行編目資料

新譯菜根譚／吳家駒注譯;黃志民校閱.——三版一刷.——臺北市：三民，2024
面；　公分.——(古籍今注新譯叢書)

ISBN 978-957-14-7775-6（平裝）
1. 修身

192.1　　113003845

古籍今注新譯叢書

新譯菜根譚

注譯者｜吳家駒
校閱者｜黃志民

創辦人｜劉振強
發行人｜劉仲傑
出版者｜三民書局股份有限公司(成立於1953年)

三民網路書店
https://www.sanmin.com.tw

地　址｜臺北市復興北路386號　(復北門市)　(02)2500-6600
臺北市重慶南路一段61號(重南門市)　(02)2361-7511

出版日期｜初版一刷1998年4月
二版十二刷2022年1月
三版一刷2024年4月
書籍編號｜S031620
ISBN｜978-957-14-7775-6